メルボルン事件
個人通報の記録

国際自由権規約第一選択議定書に基づく申立

メルボルン事件弁護団 編

はじめに　本事件の顛末と国内人権状況からみた本事件記録の意義

弁護団長　山下 潔

グローバリゼーション（経済、政治、文化等の世界化・地球化）の時代は、地球上に起きたことがらは、たちどころに全世界に拡がる状況である。

われわれ弁護団は、オーストラリア国に対して、グローバリゼーションの状況の中で、日本人の人権確保（ensure）のために一石を投じることができた。

メルボルン事件である。メルボルン事件は、オーストラリアで刑事事件として立件され、懲役20年〜15年の刑を受け既に収監後約４年を経過していた日本人５名の人権救済を図るべく、日本の弁護団が国境を超えて取り組んだものである。

日本からマレーシアのクアラルンプールを経由して、メルボルンで観光するために、日本人一行がクアラルンプールに到着した。ある者は大きめのバッグを抱え、ある者は旅行用スーツケースを引いて。ところが、クアラルンプール市内のレストランで食事中、現地ガイドの車の中に置いておいたスーツケースが車ごと盗まれたのである。翌日、スーツケースが発見されたものの、ズタズタに切られていたために、ガイドから新しいスーツケースが届けられた。このスーツケースの底にヘロインがくみこまれていたのである。

メルボルン事件の始まりは、オーストラリアの裁判所が、スーツケースが盗まれたこと等は５人の共謀による虚偽のものであるといとも簡単に認定してしまった点にある。オーストラリアでないマレーシアという国で生じ、かつ日本人らは英語が全く解せないし、話せないハンディがあった。さらに、オーストラリアのリーガルエイドの弁護士にも日本語が通訳を通してしかわからないため、裁判所はもちろん、弁護活動にも多くの問題が横たわっていた。

われわれ弁護団は、1998年から2006年にかけて活動をしてきたが、認定されたシンプルな事実の反証のために、クアラルンプールに４回にわたり調査をしたし、証拠の蒐集に努めた。そして、ほぼ無罪となりうる事実を突き止めることができた。残念ながらメルボルン事件は、国内的救済手続を尽くしていないとして許容性がないと判断されたわけであるが、弁護団の活動がマスコミに報道されたこともあって、日本政府がオーストラリア政府に対して釈放要請を行うという異例の展開となり、早期仮釈放が実現した。そして、この人達に対しては日本のメディアがトップ記事に、「無実であった」との趣旨が報道され、また全員実名で帰国したことが特筆される。

平成20年5月23日、メルボルン事件についてアジア国際法学会研究会（大阪・東京）が開催された。東京側は岩沢雄司自由権規約委員会委員長、阿部浩已神奈川大学教授らがおられ、いろいろ有益な議論が交わされた。

私は岩沢先生に今回の却下決定をふまえて「自由権規約委員は世界で18名おられる。しかし、例えばスワヒリ語を母語とする者から申立てられたり、ブータンの人々から申立てられたりした場合、委員会がこれらの言葉の特殊性と文化なども異なることから、委員たちが若干のヒアリングの機会と場を持たないと誤判の恐れがあること、英語圏、就中、英米法系の人たちが多くの委員である関係上、個人通報制度の審査に限界があるのではないか」と述べた。単に一件を踏まえての私の意見には問題があるかも知れないが、阿部教授は私の意見に共感すると述べられた。

メルボルン事件は、日本人の海外の観光旅行者に対して、刑の重さからいっても一つの警鐘ともなりうる。他方、どのようにすれば具体的に救済しうるのか、道しるべとなろう。日本経済新聞がこの問題を取り上げたが、日本弁護士連合会ないし53単位弁護士会が正面からこの問題に取り組まない限り、やはり当面は日本領事館に直ちに連絡することと、日本の弁護士がいち早く現地に飛び法廷外活動することが大切と考えられる。

メルボルン事件の個人通報は、日本で最初に取り組まれたものである。これはオーストラリアが国際自由権規約第一選択議定書を批准していたからこそ活用できたものである。日本政府が一日も早く、日本国のために個人通報制度の批准をし、日本が批准した条約に基づいて活用できることを希求するものである。

ジュネーブにある自由権規約委員会に個人通報中にメルボルン事件弁護団を導いていただいた堀田牧太郎先生（立命館大学国際関係学部教授）及び弁護団の佐井孝和弁護士の死去を悼みこの書を捧げる。個人通報のため翻訳等に献身的に協力いただいた津田守先生（大阪大学グローバルコラボレーションセンター教授）、長尾ひろみ先生（広島女学院大学学長）、西松鈴美さん（通訳・翻訳業）、水野真木子先生（金城学院大学英語英米文化学科教授）、渡辺修先生（甲南大学法科大学院院長）及びメルボルン在住の中根育子先生（メルボルン大学アジア研究所准教授）に深甚な誠意を表するものである。

又、クアラルンプールやオーストラリアでの調査・接見を含む様々な弁護団活動は、数多くの弁護士仲間及び数多くの一般の方々からの寄付に負うところが大きい。一人一人のお名前を挙げることは出来ないが、この場を借りて改めて感謝申し上げる。

最後に、今回の出版にあたって、大阪スモン裁判原告であった故石角元一氏の人権基金により協力していただいたことに感謝する。

又、メルボルン事件のオーストラリアの調査と本出版に協力していただいた藤田有紀さんにも感謝する。

はじめに――山下 潔　i
本事件の顛末と国内人権状況からみた本事件記録の意義

第1部 メルボルン事件のあらまし

1. メルボルン事件のあらまし　3
2. メルボルン事件年表　5
3. 弁護団名簿――個人通報代理人と常任弁護団　6
4. メルボルン事件個人通報協力者　8

第2部 メルボルン事件個人通報の記録(日本語訳)

記録1. 個人通報申立書(Communication)　11
記録2-1. 補充報告書(個人通報を支持する追加的な法的及び事実的主張)　25
(Additional Legal and Factual Arguments in Support of the Individual Communications)
記録2-2. 補充報告書(各論)　85
記録3. オーストラリア政府からの答弁書　140
(Australian Government Submission on Admissibility and Merits to The United Nations Human Rights Committee)
記録4. 答弁書に対する反論　218
(Comments by the Authors on the State Party's Submissions)
記録5. 自由権規約委員会の決定　263
(Decisions of the Human Rights Committee)
6. 自由権規約委員会の決定に対する批判　280
7. 自由権規約委員会の決定に対する弁護団声明　282

第3部 メルボルン事件における個人通報の実務

1.メルボルン事件における国際人権規約及び手続規定の適用　285
2.メルボルン事件弁護団と国連自由権規約委員会個人通報担当者とのやりとり　302

第4部 メルボルン事件 個人通報関係者のコメント

元自由権規約委員会委員長のコメント 335
安藤仁介(京都大学法学部名誉教授)

国際人権法研究者のコメント 338
藤本晃嗣(敬和学園大学教授)

日弁連個人通報等実現委員会のコメント 347
菅 充行(日弁連個人通報等実現委員会委員長)

翻訳及び分析担当者のコメント 349
長尾ひろみ、水野真木子、中根育子

通報者のコメント 357
勝野正治、勝野光男、勝野良男、浅見喜一郎、本多千香

常任弁護団のコメント 365
ジョン・J・トービン、田中 俊、近藤厚志、沢田篤志、中西 啓、正木幸博

第5部 資料

資料1. 市民的及び政治的権利に関する国際規約の選択議定書 375
(B規約第一選択議定書)

資料2. オーストラリア政府報告書に対するカウンターレポート 379
(The Australian Criminal Process: Problems Regarding Accused/Defendants who do not Speak English)

資料3. マスコミによる報道 388

あとがき 392

メルボルン事件
個人通報の記録
CD-ROM
目次

※この目次は、書籍の日本語目次と対応して作られている。
※CD-ROMには、書籍で取り上げた資料のうち下記のものの原典等を収録している。
原則として原状のままの資料を収録しているが、一部補正をした部分がある。
また、頁左上に、通し頁番号を付けた。

第2部　メルボルン事件個人通報の記録

1　個人通報申立書(Communication)　1
2　補充報告書(個人通報を支持する追加的な法的及び事実的主張
Additional Legal and Factual Arguments in Support of the Individual Communications)　14

Attachment A
Reflections From The County Court Trial by Stephen Young
Attachment B
Statements on The Interpretation Point by Chris Poole
Attachment C
Reflections From The Magistrate Court by Stephen Young
Attachment D
Magistrate Court - Brown Cross Examination
Attachment E
Magistrate Court - Cross Examination of Tony Kan Kittong
Attachment F
Magistrate Court - Cross Examination of Investigator Bassett

3　オーストラリア政府からの答弁書(Australian Government Submission on Admissibility and Merits to The United Nations Human Rights Committee)　60

4　答弁書に対する反論(Comments by the Authors on the State Party's Submissions)・
中根レポート(Report by Ikuko Nakane)　132

5　自由権規約委員会の決定(Decisions of the Human Rights Committee)　390

第3部　メルボルン事件における個人通報の実務

2　メルボルン事件弁護団と国連自由権規約委員会個人通報担当者とのやりとり　401

連絡文書1　2000.11.28
連絡文書2　2001.11.16
連絡文書3　2001.12.8
連絡文書4　2002.1.21
連絡文書5　2002.2.11
連絡文書6　2003.1.30
連絡文書7　2003.4.16
連絡文書8　2003.7.2
連絡文書9　2003.11.20
連絡文書10　2004.9.27
連絡文書11　2005.11.9
連絡文書12　2005.12.24
連絡文書13　2006.11.7

第5部　資料

2　オーストラリア政府報告書に対するカウンターレポート(The Australian Criminal Process : Problems Regarding Accused/Defendants Who do not Speak English)　433

編者注: Human Rights Committeeの日本語訳については「規約人権委員会」とも「自由権規約委員会」とも訳されておりますが、本書では「自由権規約委員会」で統一することに致しました。

第1部

メルボルン事件のあらまし

１．メルボルン事件のあらまし

⑴　事件の概要

1992年６月15日、日本人のあるグループが、成田空港から、オーストラリア旅行に旅立った。途中立ち寄ったクアラルンプールにあるレストランで会食中、彼らの旅行用カバンを積んでいた車が盗まれた。翌日、中国系マレーシア人のガイドが、カバンを見つけてきたが、カバンはズタズタに切り裂かれて使い物にならない状態であった。ガイドは代わりのスーツケースを渡し、彼らは、このスーツケースを持って、オーストラリアに向かった。その後到着したメルボルン空港にて、彼らのスーツケースから大量のヘロイン（末端価格約2000万〜3000万ドル、当時日本円にして10数億円〜20億円）が発見された。スーツケースは２重底になっており、そこにヘロインが隠されていたのである。彼らは、直ちに、身柄を拘束され取調べが始まった。彼らは、捜査、公判をつうじて一貫して身の潔白を主張したが、クアラルンプールで旅行カバンが盗まれたことは、作り話であると決めつけられ、彼らに代わりのスーツケースを手渡した中国系ガイドも、盗難騒ぎのとき一緒に会食していた同じツアー客の日本人２名も証人として法廷に呼び出されることもなく裁判は結審した。結局、最終的には、主犯格とされた者に懲役20年、他の者に懲役15年の判決が下され刑は確定した。

⑵　個人通報の申立てに至るまでの経緯

1992年に彼らが逮捕された当時、現地のマスコミは「ジャパニーズ・マフィアの犯罪」等と大々的に報道したが、現地では当初から無実を信じて約30名のオーストラリア在住日本人を中心に支援の会が結成され、彼らの公判活動を支援していた。しかし、日本ではそれほど関心をもって報道されることはなかった。

彼らが刑務所に収容された後の1998年になって、立命館大学国際関係学部の堀田牧太郎教授（故人）が、電子メールで支援者と連絡を取りこの事件を知った。

1998年６月17日から21日にかけて、堀田教授と弁護士の山下潔、田中俊（いずれも大阪弁護士会）がビクトリア州内にある刑務所を訪れ、収容されていた彼らと面会した。

山下らは、彼ら全員から事情を聴取して、通訳は付されてはいたものの、捜査・公判を通じて、通訳の日本語能力が十分ではなかったため彼らの弁明は、裁判官、捜査官、弁護人にも伝わらず、訴訟において十分な防御活動はできなかったこと等幾つかの問題点が明らかになった。

この段階で彼らが無実を訴える方法として普通考えるのは、オーストラリアにおいて再審手続を取ることである。しかし、オーストラリアには日本におけるような再審手続の規定はない。パードン（恩赦手続）や行政手続（オンブズマン）による方法はある。しかし、明確に無罪を立証できる物的証拠があるわけでなく、証言に頼るしかないことから、これらの方法をオーストラリア国内でとったとしても困難を極めるし、時間がかかることは必至であった。（現に、メルボルン事件弁護団ではこれらの手続を念頭において現在に至るまで多くの証拠を蒐集しているが、未だ国内手続を踏むに至っていない。）

最初に現地を訪問した一人である山下潔は、たまたま、1992年10月28日から６年にわたり大阪弁護士会において国際自由権規約に基づく「選択議定書批准推進協議会」の座長として活動をしていた。（奇しくもメルボルン事件が発生した年に上記協議会が発足していることになる。）従って、オーストラリアが国際自由権規約選択議定書を批准していることを知っていたし、日本人であっても個人通報を利用しうる事案であることを理解していた。

メルボルンまで飛んで彼らに直接面談し、事件の核心が通訳の不備にあるのではないかと疑うことが出来たことから、個人通報制度を利用することが最も彼らの救済になると考えた。そこで、堀田牧太郎教授とも協議し、同教授もこれに賛意を示したことから、個人通報申立てへの取組みを本格化したものである。

２．メルボルン事件年表

		事件の経過
1992年	６月15日	日本人グループが成田空港を出発
	６月15日夕方	クアラルンプールでスーツケースが盗まれる。ただし、スーツケースは、毀損された状態で未明に発見され、代わりに別のスーツケースを渡される。
	６月16日	メルボルンに向けて出発
	６月17日	メルボルン空港にて、代わりに渡された４人のスーツケースからヘロインが発見される
	６月17日～19日	一行は、警察により、ホテルで軟禁状態となる
	11月９日	マジストレート・コートの審理（コミッタル・ヒアリング） ＊この辺りから、オーストラリア人のリーガルエイドの弁護士が１人ずつに付いた。
1994年	３月24日	メルボルン・カウンティー・コートでの審理が始まる
	５月28日	全員につき有罪の評決
	６月10日	５人に刑が宣告される １名は、懲役25年 他の４名は、懲役15年 →全員控訴
1995年	12月15日	４名の控訴棄却 →４名が上告 勝野良男氏１名の控訴のみ認められる。
1996年	10月	勝野良男氏の再審理（retrial）開始
	11月30日	勝野良男氏に対し、メルボルン・カウンティー・コートにて有罪判決 刑の宣告、懲役20年 →控訴
1997年	６月６日	連邦最高裁判所への上告却下（４人）
	12月23日	勝野良男氏の控訴棄却
1998年	６月21日	故堀田牧太郎教授・山下潔弁護士・田中俊弁護士が初めて現地で５名と面会。帰国後直ちに弁護団を結成。
	９月	勝野良男氏、連邦最高裁に上告
	９月22日	個人通報の申立（４人、弁護士42人が申立代理人となる）
1999年	３月	勝野良男氏の上告、連邦最高裁で弁論
	９月30日	勝野良男氏の連邦最高裁判所への上告棄却
2001年	８月	勝野良男氏に対する個人通報追加
2002年	11月６日	３名の日本人男性、仮釈放。直ちに送還。10年ぶりに帰国。
	11月17日	本多千香氏、仮釈放。直ちに送還。10年ぶりに帰国。
2006年	５月12日	勝野良男氏が仮釈放。直ちに送還。14年ぶりに帰国。
	11月15日	自由権規約委員会が、個人通報申立を却下（許容性なし）

3. 弁護団名簿――個人通報代理人と常任弁護団

⑴ 個人通報代理人

1.	山下　　潔	弁護団長	（大阪弁護士会）
2.	田中　　俊	事務局長	（大阪弁護士会）
3.	秋田　真志		（大阪弁護士会）
4.	荒尾　直志		（名古屋弁護士会）
5.	梓澤　和幸		（東京弁護士会）
6.	藤井　美江		（大阪弁護士会）
7.	平井　龍八		（大阪弁護士会）
8.	平栗　　勲		（大阪弁護士会）
9.	池田　崇志		（大阪弁護士会）
10.	井上　隆彦		（大阪弁護士会）
11.	石田　法子		（大阪弁護士会）
12.	岩本　　朗		（大阪弁護士会）
13.	岩永　惠子		（大阪弁護士会）
14.	金井塚康弘		（大阪弁護士会）
15.	笠松　健一		（大阪弁護士会）
16.	片岡　詳子		（大阪弁護士会）
17.	片山　善夫		（大阪弁護士会）
18.	川崎　全司		（大阪弁護士会）
19.	近藤　厚志		（大阪弁護士会）
20.	越尾　邦仁		（大阪弁護士会）
21.	小山　章松		（大阪弁護士会）
22.	日下部　昇		（大阪弁護士会）
23.	目方　研次		（大阪弁護士会）
24.	富﨑　正人		（大阪弁護士会）
25.	茂木　鉄平		（大阪弁護士会）
26.	野村　　務		（大阪弁護士会）
27.	太田　健義		（大阪弁護士会）
28.	佐井　孝和		（大阪弁護士会）

29.　沢田　篤志　(大阪弁護士会)
30.　関戸　一考　(大阪弁護士会)
31.　島尾　恵理　(大阪弁護士会)
32.　菅　充行　(大阪弁護士会)
33.　高橋　直人　(大阪弁護士会)
34.　田島　義久　(大阪弁護士会)
35.　田中　幹夫　(大阪弁護士会)
36.　寺沢　達夫　(大阪弁護士会)
37.　豊川　義明　(大阪弁護士会)
38.　上柳　敏郎　(第一東京弁護士会)
29.　山上　耕司　(大阪弁護士会)
40　横内　勝次　(大阪弁護士会)
41.　吉岡　良治　(大阪弁護士会)
42.　養父　知美　(大阪弁護士会)

(敬称略)

(2) メルボルン事件常任弁護団（50音順）

池田　崇志
黒田　悦男
小切間　俊司
近藤　厚志
佐井　孝和（故人）
沢田　篤志
田中　俊
中西　啓
中西　裕人
正木　幸博
山下　潔
湯原　裕子

堀田　牧太郎（顧問）（故人）
ジョン・トービン（顧問）

（敬称略）

４． メルボルン事件個人通報協力者

1，研究者

安藤仁介（京都大学名誉教授）
藤本晃嗣（敬和学園大学教授）
申　惠丰（青山学院大学教授）
新倉修（青山学院大学法科大学院教授）
李嘉永（大阪歯科大学人権教育室講師）

2，取調テープの翻訳及び分析を担当した方々

津田守（大阪大学グローバルコラボレーションセンター教授）
長尾ひろみ（広島女学院大学学長）
西松鈴美（通訳・翻訳業）
水野真木子（金城学院大学英語英米文化学科教授）
渡辺修（甲南大学法科大学院院長）
中根育子（メルボルン大学アジア研究所准教授）
スティーブン・ヤング（オーストラリア在住牧師）
クリス・プール（オーストラリア在住通訳・翻訳業）

3，マスコミ関係者

堀内雄一郎（〔株〕ワイズプロジェクト）

玉木達也（毎日新聞）
鈴木まゆみ（朝日新聞）

浜村淳（タレント）

4，国会議員

井上哲（共産党）

第2部

メルボルン事件
個人通報の記録（日本語訳）

記録１　個人通報申立書

〔解説〕

１．山下らは、帰国後、彼ら５名が、市民的及び政治的権利に関する規約（自由権規約）が保障している公正な裁判を受けることができなかった事などを問題にして、ジュネーブにある自由権規約委員会に個人通報することを決めた。「個人通報申立書」（英文）の作成は、堀田教授が行なった。

２．ここで個人通報制度について一般的に説明しておく。

⑴　概要

メルボルン事件で利用された個人通報制度とは、1966年に国連で採択された「市民的及び政治的権利に関する国際規約」（以下、「自由権規約」という。）に附属している第１選択議定書に規定されている通報制度である。

自由権規約を批准している国家（締約国）が、さらにこの第１選択議定書を批准した場合において、自由権規約上保障されている権利を侵害された個人は、その国家内で裁判等の手を尽くしても権利が回復されない場合に国連の自由権規約委員会に通報を行うことができ、通報を受けた自由権規約委員会は、一定の手続きに従って自由権規約違反の有無を審査し、自由権規約違反があると判断すれば、当該加害国政府に対して然るべき救済措置を講じるよう命じる、という制度である。したがって、人権侵害を受けた個人は、直接、自由権規約委員会に救済を求めることができるわけである。

メルボルン事件の５名が個人通報制度により個人通報ができたのは、オーストラリアが第１選択議定書を批准していたからである。

⑵　制度の内容

通報審査の事務は、ジュネーブの国連欧州本部内にある国連人権高等弁務官事務所内の事務局が担当する。通報が届くと、まず通報をした者にその旨通知される。

（ⅰ）許容性審査

まず、第１段階として、自由権規約委員会は、寄せられた通報を審査の対象として取り上げるべきかどうか判断する。この段階では、主に、以下の事情について審査される。

ア　通報者の適格性（選択議定書１条、２条）

通報者になることが出来るのは、個人またはその代理人である。法人や組合は通報をすることができない。

イ　通報者と締約国権限の範囲（選択議定書１条）

自由権規約に違反する人権侵害を受けた時点で、当該通報者が締約国の管轄の及ぶ範囲に居れば適用される。それには、締約国の国民だけでなく、外国人も含まれる。

ウ　通報と他の救済手段との関係（選択議定書５条、２条）

通報者にとって、他の救済手段が残されていないことが必要である。すなわち、他の国際機関や機構などにおいて同じ案件が同時に審議されていないこと、締約国内での救済手段を尽くしていることが必要である。

メルボルン事件の場合、通報者は、被拘禁者５人および代理人弁護士42人であり、通報者本人が自由権規約に違反する人権侵害を受けたのはオーストラリアの管轄の及ぶ地域（オーストラリア領土内）であったので、ア・イの点では問題がなかったが、ウの点で要件を充たしていないのではないかが問題となった。

（ii）本案審査

第２段階として、自由権規約委員会は、自由権規約に照らして通報の内容を審査し、「見解」(views) を出す。

審査は最初から最後まで委員会をはさんで、通報者と締約国の書面でのやりとりを中心に行われる。一連の手続はすべて非公開で行われる。

（iii）「見解」(views) の効果

以上の審査を経て、自由権規約委員会は当該事件に対する「見解」(views) を出すが、「見解」(views) には法的な意味での拘束力はなく、これを守らなくても締約国が罰せられるというようなことはない。勧告にとどまると言える。

しかし、「見解」(views) が出されれば、国内の人権問題が国際社会の関心にさらされることとなり、締約国には国際社会からの圧力がかかることとなる。

また、見解において自由権規約に違反しているという判断が下された場合、自由権規約委員会が締約国に対し、どのような救済措置をとったかについて報告するよう要請する。締約国がこの要請に応えなかったり、何の改善策も講じなかったりした場合、自由権規約委員会は締約国の国の名前を報告書の中で公表する。このような事後措置によって、「見解」（views）を踏まえた締約国の改善への対応が期待出来る。

⑶　制度の利用状況

個人通報制度発足後現在に至るまで、世界中から自由権規約委員会に寄せられた通報のうち約1900件が形式面を充たしているとして登録され、さらなる許容性審査のスクリーニングを経た通報について、自由権規約違反の有無に関する自由権規約委員会による実質的な審査がなされ、その結果、549件のケースで人権侵害が認定されている（2009年10月30日現在）。

人権侵害を認定した各ケースについて自由権規約委員会は、各国政府に救済するよう「見解」（views）を通じて勧告を行い、その後フォローアップとして勧告に従った人権救済がなされたかどうかについて調査を続けている。例えば、オランダでは失業保険受給手続きにおける男女の不平等な取扱いが改められたし、フランスでは国籍を理由とする軍人年金支給における差別的取扱いが是正された。

⑷　第１選択議定書の批准状況と日本のこれまでの対応

2011年２月現在で、166ヶ国が自由権規約を批准し、そのうち113ヶ国が第１選択議定書を批准している。

日本は、自由権規約を批准しているものの、未だ第１選択議定書を批准していない。自由権規約委員会は、第３回日本政府報告書審査（1993年）で政府に対して第１選択議定書を批准するように勧告したのを皮切りに、第４回日本政府報告書審査（1998年）及び第５回日本政府報告書審査（2008年）でも同様の勧告を繰り返し行った。2008年に行われた国連人権理事会での普遍的定期審査（UPR）の場でも日本政府に対して第１選択議定書を批准するよう勧告がなされ、日本政府は検討する旨文書で回答したが、マニフェストに選択議定書を批准すると明記していた民主党政権が2009年に誕生したにもかかわらず、未だ批准されていない。

３．彼らが個人通報するにあたって、大阪弁護士会に所属する弁護士を中心に弁護団が結成され、1998年９月22日、42名の弁護士が、４名の個人通報申立の代理人となって、国際宅急便にて、書面で個人通報を申し立てた。この時、勝野良男氏については、上告中であり、刑が確定していなかったので、国内的救済手段を尽くしたという要件を充たしておらず、彼の申立は、後日（2001年８月）となった。

４．個人通報のねらいは、自由権規約委員会に彼ら５名に対する人権侵害の事実を認めてもらい、自由権規約委員会からオーストラリア政府に対し、勧告を出してもらうことであった。勧告の具体的な内容は、①オーストラリアにおいて、当事件に関し必要な再審理または再審を求めること、②再審理などの際、弁護の準備と弁護人との連絡のための適切な時間と便宜が与えられること、③再審理などの際、証人尋問の機会と、証人の出頭及び尋問の機会が与えられること、特に、当時マレーシアにおいて逃亡中又は勾留中の重要証人と、何らの問責もされずに日本への帰国を許された日本人２名の証人尋問が認められること、④再審理などの際、申立人らは法廷で使用される英語に不慣れで理解できないため、通訳能力と資格のある通訳者の援助が得られること、⑤最も重要な目的は、再審理などの際、公平で公正な裁判または審理が実施されるための真実かつ実質的機会が与えられること、であった。

本件通報が問題としたオーストラリア政府による自由権規約違反行為は、具体的には、第９条１項（恣意的逮捕抑留の禁止）及び２項（逮捕の際の被疑事実の告知）、第14条（公正な裁判を受ける権利）、とりわけ第14条１項（公平な裁判所による公正な公開審理を受ける権利）及び３項（a―理解する言語で罪の性質及び理由を告げられること）（b―弁護人と連絡でき、防御の準備のために十分な時間と便益を与えられること）（e―証人の出席及びこれに対する尋問を求めること）（f―無料で通訳の援助を受けること）違反である。

個　人　通　報

宛先：　The Human Rights Committee
c／o Centre for Human Rights
United Nations Office
8－14 avenue de la paix
1211 Geneva 10, Switzerland

通報者：　勝野正治、
勝野光男、
本多千香、
浅見喜一郎の
個人及び団体として。
以上の者は、現在、オーストラリア・ヴィクトリア州の
刑務所で服役中である。

代理人：　弁護士　山下潔および
以下の文書内のリストに掲げる弁護士。

相手当事国：オーストラリア

通報期日：　1998年9月22日

目　　次

1. 通報者…………p.2 （英文原文の頁、以下同じ）
2. 個人通報…………p.2
3. 目　的…………p.2
4. 代 理 人…………p.3
5. 通報者の氏名、住所、年齢、職業…………p.3
6. 秘密通信…………p.3
7. 当事国の名称…………p.3
8. 個人通報の目的…………p.3
9. 代替的目的…………p.4
10. 人権規約の規定…………p.4
11. 手　続…………p.4
12. 追加的手続…………p.5
13. 国際的審査などのその他の手続…………p.5
14. 事　実…………p.5
15. 日本の弁護団のリスト…………p.8

自由権規約委員会、事務総長殿

1. 通報者　現在、オーストラリア、ビクトリア州の刑務所に収容されている以下の４名の収監者に代わり、個人通報の通報者としての日本国民の個人通報を行います。

⑴ 勝野正治、（生年月日：略）生まれ
⑵ 勝野光男、（生年月日：略）生まれ
⑶ 本多千香、（生年月日：略）生まれ
⑷ 浅見喜一郎、（生年月日：略）生まれ

注：この件では勝野良男という５人目の通報者（（生年月日：略）生まれ）がいますが、1998年内にオーストラリア連邦最高裁判所での審理が予定されており、オーストラリア国内救済手続完了の要件を満たさないため、今回は個人通報を行いません。

2. 個人通報

個人通報のモデル書式により、上記の４名は自己の個人通報書を作成しました。必要かつ関連情報は、1998年6月19日付けの署名のふされた４つの個人通報に、それぞれ必要事項や情報が記載されているので、そちらをご覧下さい。

3. 目的

この支援書は、当申立にかかわる事実や、その他の関連資料についての詳細な事実を含めることにより、人権規約選択議定書に基づく審査に資することを目的としたものです。

4. 代理

代理権の授権は、1998年6月19日に、3名の弁護団がオーストラリア、ヴィクトリア州の刑務所にて上記4名に面会した際になされています。オーストラリア当局による国際規約違反は明確かつ顕著であると思われますが、我々は、以下の補足的情報をもとに、自由権規約委員会が真実と正義を発見することにお役に立ちたいと考えています。

5. 通報者の氏名、住所、年齢、職業

通報者の氏名、住所、年齢、職業は各個人通報に記載されています。また、秘密通信のための4名の住所については、現在服役中のため記載されていません。

6. 秘密通信

しかし、服役中の4名に代わり、支援グループの一員である以下の2名の住所を秘密通信のための住所として記載します。

Rev. Stephen Young
住所：略
Australia
Telephone & Fax, 略

又は、

Professor Makitaro Hotta
Professor of Comparative Law
College and Graduate School of International Relations
Ritsumeikan University
住所：略
Telephone, 略； Fax, 略

7. 相手方当事国はオーストラリアです。

8. 当個人通報の目的

(1) オーストラリアにおいて、当事件に関し必要な再審理又は再審を求めるため
(2) 再審理などの際、我々の弁護準備と弁護人との連絡のための適切な時間と便宜が与えられること。
(3) 再審理などの際、証人の尋問の機会と、我々のための証人の出頭及び尋問の機会が与えられること。特に、現在マレーシアにおいて逃亡中又は勾留・拘留中の重要証人と、当局によりなんらの問責もされずに日本への帰国を許された日本人被疑者2名の証人尋問が認められること。
(4) 再審理などの際、4名は法廷で使用される英語に不慣れで理解できないため、通訳の能力と資格のある通訳者の援助が得られること。

(5) 最後に、最も重要な目的は、再審理などの際、我々及び同様な状況に置かれている他の被告人らに対して、公平で公正な裁判又は審理がオーストラリアにおいて実施されるため、真実かつ実質的な機会が与えられること。

9. 代替的目的

(1) 我々は、既に実質的に長期間収監されているうので、各種の恩赦の有無を問わず、即時に釈放されること。これは特に以下の者について必要である。

(2) 日本に扶養家族を有し、既に高齢である1名（浅見）のため。

(3) 裁判の以前、裁判中、有罪決定以後において、度重なる事故、誤った治療、病気のため、深刻な精神的及び肉体的苦痛を被っている1名（本多）のため。

10. 国際人権規約の規定違反

(1) 第9条1項及び2項。

(2) 第14条、とりわけ14条1項及び3項 (a),(b),(e),(f)。

11. 手続

通報者のとった国内的救済手続

(1) 1994年3月16日、ビクトリア州カウンティ・コート決定。

(2) 1994年3月21日、ビクトリア州カウンティ・コート決定。

(3) 1994年6月10日、メルボルン、ビクトリア州カウンティ・コート判決（判決写しが当個人通達に添付してあります。）

(4) 1995年12月15日、ビクトリア州最高裁判所・控訴院刑事部（メルボルン）判決（判決写し添付）

(5) 1997年6月6日、オーストラリア連邦最高裁判所上告棄却決定（決定写し添付）

12. 追加的手続

参考のため、1998年8月までに、5人目の被害者である勝野良男が行った手続を以下に記します。

(1) 1994年6月10日、メルボルン、ビクトリア州カウンティ・コート判決（判決写し添付）

(2) 1997年12月23日、ビクトリア州最高裁判所・控訴院刑事部判決（判決写し添付）

(3) 1998年9月特別上告許可に基づき、1998年内にオーストラリア州連邦最高裁判所による審理が予定されています。

13. その他、国際機関による審査手続きまたは調停は行われていません。

14. 当事件の事実

(1) 1992年6月17日、メルボルン空港で13キログラムのヘロインをオーストラリア国内に持ち込んだ容疑で、勝野良男と、上記の4名を含む6名の日本人が逮捕された。

(2) 空港での税関職員及び連邦警察職員による尋問の際、7名の日本人に対しては1名の、しかも適切でない通訳しか付されなかった。以前、日本で警察官であったことがある勝野正治以外の者は、取調官が適切な警告をしなかったため、自分たちが逮捕された状態であったことを知らず、また、自己の陳述が証拠として後に使われる可能性があることを知らなかった。

(3) 取り調べにおいて録音された録音テープと、そのテープから作成された陳述書において、被疑者と通訳との間で日本語により行われた部分は、単に「外国語」とだけ書かれており、有資格の通訳者による通訳の正確さや適正さに関する点検や証明は全くなく、したがって、裁判官、検察官のみならず、弁護士や被疑者との間で日本語でなされた会話の内容や実体について知りうべき又は認識できる状態でなかったこと、などが明らかである。

(4) コミッタル・ヒアリング(予備手続)、公判、上訴の手続の前、中、後の全期間において、上記の陳述書が被疑者らを有罪とする主要な証拠として用いられた。被疑者らが、裁判手続前、中、後における無料かつ有資格の日本語通訳のみならず、通訳の点検を求め続けたにもかかわらず、当該の状況であった。

(5) 自分達の権利を十分に知らされず、また理解していなかったため、被害者らは、空港での警察の取調べに協力し、またメルボルンのホテルにおいてマレーシアのクアラ・ルンプールに電話したり、電話を受けるなど、警察の捜査に協力した。これらすべての行為は、オーディオテープやビデオテープに録音・録画された。電話番号や氏名の提供などを含め、協力や「証拠」の自発的提供にもかかわらず、これらの事実やその他の陳述は自己に不利なる証拠として用いられた。

(6) A氏とB氏の２名の女性は、同じく空港で逮捕されたものの、オーストラリアへ再入国した際には逮捕・訴追の可能性もあるという脅しの後、逮捕から1～2週間後に帰国することを許された。その結果、被疑者に有利となる彼らの証拠・証言は裁判では得られなかった。このような検察官の裁量は、共同被疑者・被告人の証言を得ることができる権利に違反するものである。

(7) 一連の裁判において、被告は不適切で無資格の通訳を受けることがしばしばであった。被告らは通訳の質が問題であると訴えたが、裁判では十分考慮されなかった。同時通訳はほとんどの裁判において、通訳者から被告への一方通行のものとしてのみ利用可能であった。通訳は長い弁論やその他の手続を要約することもしばしばであり、被告らは、何が行われており、どう返答すればよいのかが理解できなかった。訴追と弁護は、裁判の当事者である被告らを除外するような状況において行われた。

(8) 公判の前及び後の打合せには通訳はつけられなかったので、もっとも困難なものであった。特に、裁判後、被告の要求にもかかわらず、警察の任命した通訳者は法定をすぐ退去したため、弁護人と被告はジェスチャーで意思疎通しなくてはならないほどであった。このように、被告らは次の裁判に向けて準備できなかったことは言うまでもないが、全く途方にくれた状態に置かれた。

(9) 弁護人と対面した面談が不可能だったため、被告は頻繁に電話による打ち合わせを行わなければならなかった。しかし、言葉の壁のため、電話による会話は事態をいっそう悪化させた。電話による会話に対しては、通訳は利用可能ではなかった。

(10) ５名の被告人らは、いずれもクアラルンプール経由の東京・メルボルン間のツアーに参加したが、本多と浅見はお互いに面識がなかった。本多は勝野光男だけを知っており、一方、勝野正治と本多、浅見は面識がなかった。このような状況のもと、相反する利益と無知にもかかわらず、裁判費用という経済的理由から、公判を行ったカウンティ・コートは、ヘロイン密輸の監視役とされるフォン・ファット・スー（Fong Huat Su）という第三者も含めた併合裁判を命じた。この結果、被告側弁護人ができるだけ裁判を短くする戦術を採用したこととあいまって、自己のために証人となることもできず、各被告人は自己の弁護を十分に行うことができなかった。(裁判中、弁護側の証人として申請されたのは1名だけである。)

(11) 公判における陪審選任手続は、公正かつ正当な裁判に反するものであり、裁判官は、陪審員となりうる者の氏名と、その犯罪歴についての情報を検察側だけに開示し、一方、弁護側に対してはいっさいの情報を開示しなかった。専断的忌避の権利を検察側が行使するにあたって便宜が図られたことになる。

(12) 全国的なメディアによる報道によって、被告人らが最も重大かつ大量のヘロインをオーストラリアに密輸しようとした7人の日本人「やくざ」の集団であるとの影響が陪審に及ぼされる中で、被告らの主張や無罪の弁護は、正義と公正にかなう審理を受けることが決してなかった。実際はそうではないものの、7名の「やくざ」集団による事件であるとの広範なメディア報道の元では、裁判地は移動されるべきであり、または陪審による公正な裁判へのアクセスの機会が決して与えられなかった。

(13) 最後に、通報者と代理人は、調書とテープを日本語と英語に翻訳し、それらの2言語間の相違を示すための作業をおこなっているが、非情な困難に直面している。我々は、過去6か月以上にわたり調書や判決の訳出・比較を行ってきている。英語を話さない被告らに対して公判準備や控訴のための準備のため、非常に短い時間の中でこのような重い負担を課すると同時に、弁護のために法のルールに従うことを被告らに要求することは、オーストラリアにおける堅固かつ不当な裁判という口実の下に、貧困で、無知で、外国人である被告らに不可能なことを要求しているに等しいことである。

(14) 我々、被害者と支援弁護士、大学教授としては、自由権規約委員会に対して捜査、公判及び上訴に関わるいっそうの詳細及び文書を提出したいと存する。それにより、オーストラリアにおける本件及び同種の事件における誤判に関して貴委員会の注意を喚起したく存する。膨大な量の裁判記録、音声・画像テープが存在するため、本年内に、関連証拠などが審査のために利用可能となった場合において直ちに、貴委員会に対して関連証拠を提出するご許可をいただきたく存する。しかし、上記の事実が貴委員会における事件の許容性審査に関して十分なものであると、我々は固く信ずるものである。

(15) 我々は、オーストラリアにおける英語から外国語への、又はその逆の場合の通訳や翻訳に関連する2つの事件が、貴委員会において不許可とされていることを了知している。
しかし、オーストラリアにおける我々の調査によれば、オーストラリアにおいては、警察の捜査、公判、上訴において通訳や翻訳が刑事被告人やその代理人によって問題とされている事件が数多く存在している。　日本人のみならず、ドイツ人、ベトナム人、中国人の移民や観光客がオーストラリアの刑事法、刑事裁判制度における欠陥に直面しており、オーストラリアにおける公正かつ合理的な正義へのアクセスを与えられていないと言う現状である。

15.　日本の弁護団リスト

本件通報の4名の被害者を支援し、代理する日本の弁護士のリストは、別添のとおりである。

通報書

日付：　1998年6月19日
作成者の署名：　Katsuno Mitsuo
勝野　光男

通報先：
スイス連邦共和国、1211 ジュネーブ10
アベニュー・ドゥ・ラ・ペ 8-14
国連人権センター気付
人権委員会　御中

（略）

「市民的及び政治的権利に関する国際規約の選択議定書」に基づく検討を求めて提出する。

I.　本通報書の作成者に関する情報

姓：　勝野　　名：　光男
国籍：　日本国　　職業：　無職
生年月日と生誕地：略（日本国）

現住所：
（本多千香を除き、すべての作成者が以下の場所に収監されている。）
フルハム矯正センター（Fulham Correctional Centre）
住所：略
電話：略；　ファックス：略

又は
（本多千香の収監場所は以下のとおりである。）
メトロポリタン女子矯正センター（Metropolitan Women's Correctional Centre）
住所：略
電話：略

親展で連絡をとるための住所：
作成者は、現在のところ上記刑務所に収監されているので、同人が親展の連絡を受け取る場所は他にない。

通報書の提出理由：
(a)　以下に記載する1件又は複数件の侵害の被害者として

II.　被害申立人に関する情報
（作成者以外の者がいる場合）

氏名：	勝野　良男	生年月日	略（日本国）
	勝野　正治	生年月日	略（日本国）
	勝野　光男	生年月日	略（日本国）

1

浅見　喜一郎　　　生年月日　略（日本国）
本多　千香　　　　生年月日　略（日本国）

現住所：フルハム矯正センター（Fulham Correctional Centre）（本多千香を除く）
住所：略
電話：略；　　ファックス：略

本多千香の現住所：
メトロポリタン女子矯正センター（Metropolitan Women's Correctional Centre）
住所：略
電話：略

III．関係国/違反条項/国内的な救済

本通報の相手方である、「国際規約及び選択議定書」の当事者たる国家（国）の名称：
オーストラリア

違反の申し立てのあった「市民的及び政治的権利に関する国際規約」の条文
第9条及び第14条(3)項

国内的救済を尽くすために被害申立人により又は同人等のために取られた措置、つまり裁判所又はその他の公的機関への申し立て、時期及びその結果（可能な場合には、関連する司法及び行政機関による決定書の写しを同封すること）：

1) 1994年3月16日のビクトリア州カウンティ・コートの事実審判事の決定
2) 1994年3月21日のビクトリア州カウンティ・コートの事実審判事の決定
3) 1994年6月10日のビクトリア州カウンティ・コート（メルボルン所在）の判決
4) 1995年12月15日のビクトリア州最高裁、控訴裁判所、刑事部（メルボルン）の判決
5) 1996年11月18日のビクトリア州カウンティ・コート(メルボルン所在)の判決(勝野良男の件)
6) 1997年12月23日のビクトリア州最高裁、控訴裁判所、刑事部（メルボルン）の判決（勝野良男の件）

IV．他の国際的手続

本件につき、他の国際的調査又は解決のための手続に基づき、検討が求められていますか。

いいえ。

2

V. 請求の事実

申し立てられている1件又は数件の違反の事実を(関連する日付を含めて)詳細に説明してください。

1) 勝野良男他6名の日本人（上記の4名を含む）は、オーストラリアにヘロイン 13kg を持ち込もうとした罪で 1982 年6月17 日、メルボルン空港にて逮捕された。

2) 空港での取調べに立ち会った通訳者と通訳サービスが不適切なものであったため、同人等は逮捕されていることを知らず、また同人等の供述が、後に同人等に不利な証拠として使用される可能性があることを知らなかった。第9条及び第 14 条(3)項(a)の違反。

3) 同人等はその有する権利について完全に知らされることなく、むしろ同人等は警察に協力しようとした。しかし、同人等の供述は、事実審において同人等に不利な証拠として使用された。第 14 条(3)(a)項及び第 14 条(3)項(g)の違反。

4) 二名の日本人の女子、つまり A 氏と B 氏は、同様に空港で逮捕されたが、もしオーストラリアに戻ってくれば逮捕して起訴するとの脅迫のもとで、日本に帰国することを認められたため、その結果、事実審で被疑者のために証言を行うことができなかった。検察側の裁量権の行使は、相被疑者の証言を得ることができるという被疑者の権利を侵害していた。第 14 条(3)項(e)。

5) 一連の事実審の審理で、同人等には不適切かつ資格のない通訳しか付けられなかった。通訳の資質については疑問が提出されたが、事実審においてはこれについて十分な考慮が払われなかった。起訴及び刑事弁護は、これらの不相応かつ不適切な通訳に基づいて実施された。第 14 条(1)項及び第 14 条(3)項(e)及び(f)。

6) 事実審段階における陪審員の選別手続は、事実審の裁判官が陪審員候補者についての情報を検察官だけに開示するかたちで、検察官だけに陪審員候補から排除を求める特権を行使することを助けたにかかわらず、被告人側の弁護士にはこのような便宜を与えなかった点において、公正な裁判という原則に反していた。第 14 条。

7) かくして、同人等には、逮捕、尋問、事実審、控訴という段階すべてを通じて、オーストラリアにおいて公正な裁判を受ける権利を与えられてこなかった。同人等の無罪の主張及び防御権の行使は、日本人の7名の犯罪者からなる「ヤクザ」グループによる、オーストラリアへの未だかつてない重大なヘロイン密輸事件として喧伝した全国的なマスコミ報道とその影響下におかれて、正義の実現という観点からは一度として弁解が聞き入れられることはなかった。同人等は、現在、確定判決の結果として刑務所に収監されており、この度の個人からの通報というかたちでしか救済を求めることができない。

3

（別添）

個人通報代理人リスト

1.	山下　潔	弁護団長	（大阪弁護士会）
2.	田中　俊	事務局長	（大阪弁護士会）
3.	秋田　真志		（大阪弁護士会）
4.	荒尾　直志		（名古屋弁護士会）
5.	梓澤　和幸		（東京弁護士会）
6.	藤井　美江		（大阪弁護士会）
7.	平井　龍八		（大阪弁護士会）
8.	平栗　勲		（大阪弁護士会）
9.	池田　崇志		（大阪弁護士会）
10.	井上　隆彦		（大阪弁護士会）
11.	石田　法子		（大阪弁護士会）
12.	岩本　朗		（大阪弁護士会）
13.	岩永　惠子		（大阪弁護士会）
14.	金井塚　康弘		（大阪弁護士会）
15.	笠松　健一		（大阪弁護士会）
16.	片岡　詳子		（大阪弁護士会）
17.	片山　善夫		（大阪弁護士会）
18.	川崎　全司		（大阪弁護士会）
19.	近藤　厚志		（大阪弁護士会）
20.	越尾　邦仁		（大阪弁護士会）
21.	小山　章松		（大阪弁護士会）
22.	日下部　昇		（大阪弁護士会）
23.	目方　研次		（大阪弁護士会）
24.	富崎　正人		（大阪弁護士会）
25.	茂木　鉄平		（大阪弁護士会）
26.	野村　務		（大阪弁護士会）
27.	太田　健義		（大阪弁護士会）
28.	佐井　孝和		（大阪弁護士会）
29.	沢田　篤志		（大阪弁護士会）
30.	関戸　一考		（大阪弁護士会）
31.	島尾　恵理		（大阪弁護士会）
32.	菅　充行		（大阪弁護士会）
33.	高橋　直人		（大阪弁護士会）
34.	田島　義久		（大阪弁護士会）
35.	田中　幹夫		（大阪弁護士会）
36.	寺沢　達夫		（大阪弁護士会）
37.	豊川　義明		（大阪弁護士会）
38.	上柳　敏郎		（第一東京弁護士会）
29.	山上　耕司		（大阪弁護士会）
40	横内　勝次		（大阪弁護士会）
41.	吉岡　良治		（大阪弁護士会）
42.	養父　知美		（大阪弁護士会）

（敬称略）

記録2-1 補充報告書（個人通報を支持する追加的な法的及び事実的主張）

〔解説〕

（１）1998年９月に行った個人通報申立の中では、捜査・公判段階での通訳人の能力、通訳の適正等を問題にしていたが、具体的にどのような通訳が行われたのかを解明して、自由権規約委員会に証拠として提出する必要があった。この点、幸いなことにオーストラリアでは日本と異なり取調べの可視化が進んでおり、捜査段階の取調べ状況は、ビデオ収録、テープレコーダーによる録音が義務づけられている。弁護団は、残っていたビデオテープとカセットテープを入手した。

問題は、誰がテープの翻訳を行うかということであった。当初その作業には、膨大な時間を要すると考えられた。そのような中、1999年12月、幸運にも弁護団に協力者が現れた。大阪で法廷通訳人を担当され、司法通訳に関心を持たれていた５名の研究者・司法通訳人の方々が、事件に中立の立場で翻訳作業及び分析作業を引き受けてくださることになった。

通訳人チームのメンバーは以下のとおりである。（　）内の肩書きは本書出版時現在のものである。

津田　守（大阪大学グローバルコラボレーションセンター教授）
長尾　ひろみ（広島女学院大学学長）
西松　鈴美（通訳・翻訳業）
水野　真木子（金城学院大学教授）
渡辺　修（甲南大学法科大学院長）

（２）通訳人チームの精力的な翻訳・分析作業により、通訳人を介した通報者らの取調べの実態が明らかになった。取調べの中で、通訳人の能力不足等により、何度となく誤訳が行われていることが明らかとなった。弁護団は、通訳人の誤訳の中で特に重要であると思われる部分を次の４つの柱にまとめあげた。

① 有罪認定に関わる特に重要な場面での誤訳
② 手続違反にかかわる誤訳（権利告知が伝わらない等）
③ 被疑者供述の一貫性、信用性を誤解させるような誤訳
④ 通訳の基本的資質及び適格性を疑わせる誤訳

（３）弁護団は、公判前段階での通訳人の通訳を分析した報告書（Supplementary

Report on Problems of Interpretation at the Pre-Trial Stage)、本事件を担当した通訳人のレポートなどの証拠と共に、個人通報を支持するための追加的な法的及び事実的主張（いわゆる「補充報告書」、Additional Legal and Factual Arguments in Support of the Individual Communications）を、2001年８月10日、自由権規約委員会に提出した。

補充報告書は、国際人権関係に精通するアメリカ人弁護士で当弁護団顧問のジョン・トービン氏が、起案した。

補充報告書では、個人通報の申立の中で問題としていたオーストラリアの自由権規約違反の行為に付加して、以下の自由権規約違反を指摘した。

① 能力不足の通訳人による取調べ状況を録取したビデオテープを証拠として使用したことは、通報者たちの裁判所の前に平等であること、公正な公開審理を受けることを定めた規約第14条１項、法の下の平等を定めた第26条に反する。

② 日本人は、文化的に「和」を重視し、自己主張することを好まないなどの特質がある。オーストラリアは、不適正な通訳とこれに密接に関連する文化の違いを合理的に解決するシステムをもたないことは、規約第２条、14条、26条に違反する。

③ 公判前の通訳の問題に加え、公判中においても、５名の被告人に対し、一開廷ごとにたった一人の通訳人しかつけないなど通訳の配置に問題があったこと、また期日ごとに交替する通訳人相互の意思統一（語句の訳の統一等）ができていなかったことなどに関しては、通報者らの無料で通訳の援助を受ける権利（14条３項（f））、弁護の準備をするのに十分な時間が確保され、弁護士と連絡をとる権利（14条３項（b））、自ら出席して裁判を受け、直接に又は自ら選任する弁護人を通じて、防御をする権利（第14条３項（d））が保障されなかった。また、これらの権利が保障されなかったことによって、通報者らの裁判所の面前で平等に裁判を受ける権利（第14条１項）が侵害された。

④ 通訳人の能力不足により、通報者の一名は、自己の権利について知らされていなかった。これは、第14条３項（d）、(9) 及び第14条１項違反である。

勝野正治氏、勝野光男氏、勝野良男氏、本多千香氏、浅見喜一郎氏を代理して1998年９月22日に提出した個人通報に関連する追加情報（以下『追加情報』）

個人通報を支持する追加的な法的及び事実的主張

序　論

1．1998年９月22日付で私たちが自由権規約委員会に送付した上記の個人通報を支持する書簡に言及したとおり、私たちはここに、規約の次の条文が違反された旨の被害者の主張を支持するための追加情報を提供する。違反条文は、第２条、第９条第２項、第14条、とりわけ第14条第１項、第２項、第３項（a)、(b)、(e）及び（f)、並びに第26条である。今回の提出物は裁判前及び裁判段階の通訳に関わる一連の欠陥を文書化するものである。累積的に考えれば、これらの欠陥により、被害者は、裁判所の前の平等に対する彼らの権利、公正な裁判を受ける彼らの権利、言語に基づいて差別されない彼らの権利を否定されたという結論を導かざるを得ない。今回の文書は、添付している『裁判前段階における通訳の問題に関する追加報告書』(以下『追加報告書』と呼ぶ）中にまとめられた証拠、及び以下に列挙した添付文書中の情報に依拠して、この結論を支持するための法及び事実に関する主張を提示するものである。

A.『４人の運び屋のためのカウンティ・コートの審理についての考察』、スティーブン・ヤング、1998年８月19日

B.『通訳問題に関する供述書』、通訳、翻訳専門家クリス・プール、支援グループ会員、レン・ピアス牧師

C. スティーブン・ヤング、『４人の運び屋のためのマジストレート・コートについての考察』、1998年９月14日

D．マジストレート・コート—ブラウンの反対尋問
E．マジストレート・コート—トニー・カン・キットンの反対尋問
G．マジストレート・コート—バセット捜査官の反対尋問

（スティーブン・ヤングはプロテスタントの牧師であり、以前メルボルンの日本クリスチャン教会に所属していた。彼は、数多くの法廷審理に出廷し、本件被害者のボランティアの通訳を務め、オーストラリアにおける本件被害者の支援グループの代表を務めた。クリス・プールは、職業的通訳人及び翻訳人であり、第一審において被害者に付された３人の法廷通訳人の１人であった。）

事件の概要

２．自由権規約委員会に対する最初の提出文書に記載したように、1992年６月17日、５人の被害者はメルボルン空港において、ヘロインをオーストラリアに密輸した容疑で逮捕された。この５人の被害者全員と、フォン・ファット・スー氏は、メルボルン・カウンティ・コートで審理を受け、有罪判決を受けた。４人の被害者の有罪判決の控訴の許可申請は棄却された。５人目の被害者である勝野良男は、その他の被害者の個人通報が提出された1998年９月22日の時点では、その国内的な救済措置を尽くしていなかった。有罪判決について控訴する良男の許可申請は、ヴィクトリア州最高裁判所上訴部刑事部によって1995年12月15日に許可され、再審理の上、有罪とされた。オーストラリア連邦最高裁判所に対する彼の上告は、1999年９月に棄却された。これにより良男は、国内的救済措置を尽したので、私たちはこのたび、良男の個人通報を自由権規約委員会に提出するものである。ほとんどの事実上の及び法的な争点は同一であるので、５人の被害者の苦情は併合して検討されるべきであると信じる。すべての被害者は、公正な裁判を否定されたにもかかわらず、現在オーストラリアにおいて実刑に服している。被害者は、公正な手続きにおいて有罪

判決を受けたのではないので、無罪であると推定されるべきである。

裁判前取調べの際の重大な欠陥のある通訳の証拠：『裁判前段階における通訳の問題に関する追加報告書』（以下『報告書』と呼ぶ）

3．刑事訴訟その他において、欠陥のある外国語通訳の存在を立証することに対する重大な障害は、起点言語で話された元の会話の記録が存在しないことである。特定の事件において提供される通訳の質と十分さを評価するためには、そのような記録が必要とされる。審理や警察での取調べの反訳には通常、被告人又は被疑者が自国語で話した実際の言葉の記録は含まれておらず、それらの言葉をその法廷や場所で使用された言語に翻訳したか、或いは通訳したものの記録のみである。本件においては、警察での被害者の取調に関する音声テープ及びビデオテープが利用可能である。そこには、元の日本語、すなわち被害者及び通訳人すべての発言が保存されている。そこで、本『報告書』において、通訳人の活動を検討することができる。

『報告書』の方法論

4．いくつかの代表的な例として、『報告書』は、警察における裁判前の取調中に行われた（ほとんどが）捜査官、通訳人、被害者の３者間でのやり取りの完全な記録と、それに対する専門家による分析を提示している。取調は横に２段に並べて表示されている。左側の段には、英語の原語が記載されている。これは、陪審員、裁判官、検察官、捜査官が理解できた唯一のものである。この部分には、捜査官の供述及び質問、並びに被害者が日本語で行った供述に対する通訳人による英語の訳が含まれている。右側の段は、元の日本語と、その日本語の私たちの正確な英訳である。これは、通訳人が被害者に言ったことと、被害者が通訳人に言ったことである。

私たちの訳によって、通訳上の不十分さや誤りを、日本語を話さない英語を話す人に対して、経験的に可視化することができる。ある言語の一定の発言を、他の言語に言い換えるのに、単一の、一対一の関係は存在しない。その結果、通訳人には言葉や言い回しの選択について、ある程度の評価の余地がある。しかしながら、私たちが重大な欠陥がある、又は単純に間違いであると指摘する通訳人の翻訳は、いかなる合理的な尺度から見ても、通訳人が職業上有する裁量の域を超えるものである。私たちは、私たちの正確な訳が唯一可能で正確な訳と言っているわけではない。私たちはこの訳を合理的に正確な訳の一例として提供するものであり、日本語を話さない人が、本件の元の翻訳の正確性を判断するのに、その基準として利用しうるものである。

5．私たちの正確な訳は、同様に、日本語を話さない人にも、次のようなことを把握することを可能にする。つまり、通訳人が、どれほど無関係な情報を追加したか（検察官が尋ねていない質問を尋ねるなど)、又は、どれほど恣意的に情報を省略したか（被害者、或いは捜査官の供述を翻訳しないなど）である。また、この訳は、通訳人が職業倫理の基本的な規則を遵守していなかったかどうかを判断するための必要な基礎をも提供している。『報告書』は、通訳における深刻な欠陥と、職業倫理に関する基本的な規則に対する、再三にわたる重大な違反があったことについて、疑いの余地のない証拠を提供するものである。

6．この証拠は、通訳の援助を受ける被害者の権利が、繰り返しかつ組織的に侵害され、これにより公正な裁判を受ける権利と、法の下の平等に対する権利に破壊的な影響を与えたという結論を導くものである。『報告書』は、日本人である英語の専門的な法廷通訳人、日本と米国の法学者及び日本と米国の弁護士から構成されるチームによって作成され、編集されたものである。『報告書』が提供している、通訳における著しい不十分さの例は、それがすべてではなく、むしろ、そうした違反の代表的な例を構成するものであり、それ自体、警察の取調における通訳の欠陥が、どれほど深刻なものであったかを正確に反映するものである。

7．以下は、『報告書』に記載されている様々な種類の通訳人の欠陥の目録である。

- 捜査官の質問及び／又は被害者の回答を、誤って、或いは非常に不正確に通訳した。
- 捜査官が尋ねた質問を通訳しなかった。
- 被害者に彼・彼女独自の質問を恣意的に尋ねた。
- 単純に被害者が行わなかった回答を示した。
- 日本語の用語が持つ社会的意味について、捜査官に誤った説明を示した。
- 文法及び構文がかなり不完全であり、場合によっては理解不能な英語で回答を示した。
- 捜査官が参加しないまま、被害者と長いやり取りを日本語で行い、その後、何が行なわれたかを、単純に、多くの場合不正確に要約した。
- 重要な法律用語（「主張、申立」(allegation) や「法曹、弁護士」(legal practitioner) など）を日本語に翻訳することができなかった。

8．以下に更に詳しく述べるとおり、これらの通訳の欠陥にはいくつかの高度に否定的な影響があり、これにより法の下の平等が不可能となり、被害者の審理が根本的に不公正なものとなった。

9．実際に、上記の欠陥のほとんどが、広く受け入れられている通訳人の職業倫理の諸原則に対する違反を構成するものである。例えば、高く尊重されているアメリカ合衆国公認法廷通訳人の職業的責任に関する綱領 (Code of Professional Responsibility of the Official Interpreters of the United States Courts) の第10規律は、「公認の法廷通訳人は、いかなる団体又は個人に対する、いかなる助言も差し控えるものとし、並びに、裁判所で審理されている問題に関し、いかなる個人的意見の表明も差し控えなければならない。」としている。第11規律は、「公認の法廷通訳人は、(中略) 使用された言語の水準、並びに話者の言葉のニュアンス及び不明瞭さを、なんら編集することなく、維持しなければならない。自らの限界を理解し、通訳のいかなる間違いも訂正し、並びに曖昧な言明、又は未知の語彙について、明確化を要請することによって専門性を示し、並びに、自己の業務遂行に対する異議について、客観的に分析する義務が課せられる」と規定している。同様に、オーストラリア通訳人及び翻訳人協会（AUSIT）倫理綱領（Code of Ethics of the Australian Association of Interpreters and Translators）の一般原則第５は、正確さの原則を規定する。「通訳人及び翻訳人は、正確を期するために、あらゆる合理的な注意を払わなければならない」。この原則は、倫理綱領の一般原則の注釈の役割を果たす、オーストラリア通訳人及び翻訳人協会業務綱領（AUSIT Code of Practice）に更に明確に規定されている。特に関連する規定に下線が付されている。

正確性

a）真実性と完全性

i. ある会合において、関係するすべての者によって発言されたことに対して同一のアクセスを確保するために、通訳人は、発言されたことを全て、正確に、かつ完全に伝えなければならない。

ii. 通訳人は、軽蔑的な言葉や野卑な表現、言葉にはされなかったヒントなども含め、発言全体を伝えなければならない。

iii. もし明らかな虚偽が発話され、又は記述された場合にも、通訳人及び翻訳人は、それらを提示されたとおり正確に伝えなければならない。

iv. 通訳人及び翻訳人は、自らに割り当てられた作業を修正し、それらに追加し、又は削除してはならない。

10. オーストラリアの連邦、州及び準州政府が所有する全国的基準組織である連邦認定機関（The National Accreditation Authority）は、オーストラリア通訳人及び翻訳人協会の通訳人及び翻訳人のための綱領（AUSIT Code for Translators and Interpreters – NAATI）に具体化された規則を承認している。NAATIは、通訳人及び翻訳人を、多数の能力水準に応じて認定することにより、オーストラリアにおける通訳人及び翻訳人の基準を設定し、監視している。オーストラリアにおける他のいくつかの主要な組織も、この綱領を採用する権利を申請し、許可されている。これには、連邦政府翻訳・通訳サービス（Commonwealth Government Translation and Interpreting Service, TIS）、センターリンク多文化サービス（Centrelink Multicultural Service）、及び難民上訴裁判所（Refugee Review Tribunal）などがある。

(AUSITウェブサイト：http://www.ausit.org.code.html）（URLママ）

(NAATIウェブサイト：http://www.naati.com.au)

11. その他の著名な翻訳人及び通訳人の専門家団体も、正確性及び能力に関する類似の原則を採用している。その例としては、1963年にドゥブロブニクで採択され、1994年7月9日にオスロで改正された翻訳人憲章がある。国際翻訳人連盟（The International Federation of Translators -IFT）は、この憲章を承認し、この憲章が、翻訳人の職業遂行の際に指導原理として機能するよう提案した。本件の目的に関連する条文は次の通りである。

4. すべての翻訳は、忠実でなければならず、原語の観念と形態を正確に伝えるものでなければならない。この忠実性は、翻訳人の倫理的及び法的な義務を構成する。
5. しかしながら、忠実な翻訳は、文字通りの翻訳と混同されてはならない。翻訳の忠実さは、他の言語及び国において感じられる形態、雰囲気、及び深い意味を作り出すための調整を排除するものではない。

(IFT/FITウェブサイト：http://www.fit-ift.org)

12. カナダのアルバータ州翻訳人及び通訳人協会（The Association of Translators and Interpreters of Alberta）もまた、その倫理綱領に同様

の規定がある。

6．忠実性

すべての翻訳は、忠実でなければならず、原語のテキストの意味を正確に伝えるものでなければならない。これは翻訳人の倫理的及び法的義務である。

（しかしながら、忠実な翻訳は、文字通りの翻訳と混同されてはならない。翻訳の忠実さは、他の言語及び文化において感じられる形態、雰囲気、及び深い意味を作り出すための調整を排除するものではない。）

（ATIAウェブサイト：http://www.atia.ab.ca）

13．私たちがこの『報告書』に収集した資料を一見しただけでも、この正確性の基本原則について、何度にもわたる著しい違反が明らかになる。私たちはまた、NAATIが政府によって運営される組織であることから、その基準はオーストラリア国内で権威あるものと考えられるべきであると述べたい。NAATI通訳人及び翻訳人に関する基準を通じて確立しようとするオーストラリア政府の努力は認めるけれども、私たちは、NAATIが承認した基準から判断して、被害者は、裁判前の段階において通訳人の十分な援助を受けたとは言えないと結論しなければならない。この裁判前段階での欠陥は、公正な裁判及び裁判所の前の平等に不可欠であるところの、多くの権利の否認を直接導いたのである。

不十分な、又は能力不足の通訳人を裁判前における警察での取調べで使用したこと、並びに、その後の裁判において、結果的に非常に不利となった書面の取調記録及びビデオテープを証拠として使用したことは、第14条第１項に基づく裁判所の前の平等に対する被害者の権利を保障しなかったこと、第14条第１項に基づく公正かつ公開の審理を受ける権利を保障しなかったこと、並びに第26条に基づく法の下の平等を保障しなかったことを構成する。

14. 通訳の欠陥に起因する、被害者の公正な裁判を受ける権利に対する致命的な結果は明白である。被害者は、警察の捜査官との適切な会話を行うことが妨げられただけではなく、不誠実で、一貫性がなく、信頼できないというように誤って理解されたのである。この不正確な、彼らにとって不利な印象は、陪審員にも伝わることとなった。取調べでのある場面において、通訳人によってもたらされた混乱は、被害者の一人に対し、捜査官に「私は、彼がでたらめばかり言っていると思っていると彼に伝えてください」と言わせるに至っている。この不適切で、非常に不利な印象は、必然的に陪審員にも伝わることとなった。というのも、取調べの記録（書面の反訳、並びに音声及びビデオテープでの記録）が、裁判において証拠として採用され、審議のために陪審員室に持ち込みが許可されたからである。（スティーブン・ヤング牧師、『４人の運び屋のためのカウンティ・コートの審理についての考察』、３頁）。添付しているクリス・プール（専門的日本語通訳で、被害者の裁判における通訳の１人であった）の供述書に示されるように、裁判で使用される前に、取調調書の記録は、表面上は修正がなされたが、実際には多くの誤りが残っていた。取調調書に誤りが継続して存在していたこと、—そしてそれによって疑われた信頼性—は、日本語を話さない者にも明らかであったはずである。というのも、「修正版」に、英語文法上多数の誤りが存在していたからである（添付しているクリス・プールの『通訳人に関する供述書』、第８段落及びスティーブン・ヤング『４人の運び屋のための州カウンティ・コートの審理についての考察』、３頁を参照）。事態をさらに悪化させたのは、第一審裁判官が陪審員に「証拠は、音声テープとビデオテープにあります。（中略）最良の証拠は、その当時実際に話され、そして翻訳されたものであり、事後的に活字化されたものではありません」と指示したことである（スティーブン・ヤング、『４人の運び屋のためのカウンティ・コートの審理についての考察』、３頁）。

15. 被害者の信頼性と誠実性が、裁判における中心的な争点であった。というのも、スーツケースの中のヘロインの存在を隠すために、被害者が共謀して架空の話をでっち上げたというのが検察側の弁論の核心であったからである。「テイラー検察官は、最初から、被告人席にいる人々を、次のように非難した。『各被告人は、あなたがたに嘘ばかりを語っているのです』」(スティーブン・ヤング、『4人の運び屋のためのカウンティ・コートの審理についての考察』、1頁、第2段落に引用されている)。こうして、取調記録に含まれる非常に誤解を招きやすい通訳によって、必然的に陪審員は、被害者が信用できず、自分たちを守るために共謀して話をでっち上げており、それゆえ有罪であるという歪んだ結論をするに至ったのである。したがって、こうした通訳の欠陥により、本裁判は不公正であり、第14条第1項に基づく公正な裁判を受ける被害者の権利と、裁判所の前の平等に対する被害者の権利を侵害したのである。また、通訳の欠陥は、言語による差別を構成し、したがって、規約第26条の違反であると考えられるのである。

16. 自由権規約委員会は、通訳の援助を受ける権利を裁判前段階についても認めるという見解を表明したことはない。しかしながら、本件のように裁判前段階の通訳とその後の裁判の公正さとの関連性がきわめて緊密に結びついている場合には、このような見解を取ることが、裁判所において使用される言語を話さない被告人の権利を保護する唯一の方法である。カマシンスキー対オーストリア事件(1989年12月19日判決)において、欧州人権裁判所は、欧州人権条約第6条の保障を緩やかに解釈すべきであると述べている。すなわち、「通訳の無料の援助を受ける権利は、裁判における口頭弁論での陳述のみならず、書面及び裁判前手続についても適用される」(下線は引用者)。

17. 裁判所はさらに、「権限ある当局の義務は、通訳の任命に限られるのではなく、ある特定の事情において通告を受けた場合には、提供される通訳の十分さに関する一定程度の事後的管理にも及ぶのである。」と述べている。

18. 私たちは、自由権規約委員会に、最近のカナダ最高裁判所判決であるR.対トラン事件について注意を促しておきたい。（この判決は、1994年9月23日（金）付『The Lawyers Weekly』第14巻第19号において検討されている。）この事件は、権利と自由に関するカナダ憲章第14条に基づく通訳を受ける権利に関するものである。裁判所は、「被疑者は自己の運命を決定する手続において、何が起こっているかを、詳細に、かつ同時的に知る権利を有する。これは基本的な公正さである」と述べている。裁判所は、憲法上保障される基準とは、「完全性ではない。そうではなく、継続性、正確性、中立性、能力があること、及び同時性である」とした。裁判所は、「生じた通訳の誤りは、手続そのものに関するものであり、日程に関する管理上の問題などといった、単なる附属的な或いは付帯的な事項に関するものものではなかった」ことを、誤りを援用する側が証明しなければならないとした。さらに裁判所は、「特定の場合において、通訳の欠如又は誤りが、事件の結果になんらかの影響を及ぼしたかどうかを推定してはならない」とし、「憲章は、実際に、事件が進行する中で、適切な通訳を否定されていること自体が不利益であり、第14条の違反であることを宣言している」とした。

オーストラリア政府は、欠陥のある通訳と、裁判におけるその後の使用について責任を負う。

19. 被害者の捜査中に生じた通訳における誤りの頻度と深刻さ、並びに通訳人の再三にわたる深刻な職業倫理違反により、オーストラリア政府は、本件における外国語通訳に関連する問題を把握していたか、或いは把握していたはずだという結論に達さざるを得ない。オーストラリア政府は、このような問題を解決し、第14条違反を防止するために、組織的かつ運営上の手段を講じる義務を負っていた。自由権規約委員会がピンキー対カナダ事件（D. McGoldrick, *The Human Rights Committee*, Oxford Univ. Press, 1996, p.423参照。）における見解において述べたように、組織上及び運営上の問題は、一般に、国家の責任である。M. Nowak, *CCPR Commentary*, Engel: 1993, p.241も参照。すなわち、「第14条第１項は、この保障を確保するために、広範かつ積極的な措置を執ることを締約国に義務付ける制度的な保障を含むものである」。さらに、被害者の取調べを実施した捜査官たち自身が、通訳が完全にうまくいっていないことを認識していたという証拠がいくつか存在する。その一例は、６月19日に浅見氏の取調べを実施したバセット捜査官のその後の反対尋問の反訳に見受けられる。バセット氏は、被害者の裁判前に、マジストレート・コートでの予審手続において反対尋問を受けている（バセット反対尋問、223頁。その文書の複写が添付されている）。

20.　　質問：６月19日の取調べを一般的にみるに、浅見氏は、自身にいったい何が起こっているかを理解していないことが、あなたにも明らかであったことがありましたね、あなたはそのことに同意しますか？

バセット：はい、時々ありました。

質問：一般的に何が起こっているかについて、彼が混乱している様子を見せていることがありましたね。あなたはそのことに同意しますか？

バセット：はい。

少なくともそのいくつかは、通訳についての困難から生じたもののようでしたね？あなたはそのことに同意しますか？（ママ）

バセット：はい、その通りです。

（添付の反対尋問記録の複写参照）

これが示しているのは、この捜査官が、通訳の問題を認識しており、それを意識的に無視した可能性があるということである。

21. また別の例は、マジストレート・コートでのピーター・ジョン・ブラウン氏に対する反対尋問から挙げられる。ブラウン氏は、本多千香の弁護人であるハンペル氏による反対尋問を受けたが、ハンペル弁護士は、木下氏（木下の英語のスペルがこの本文では誤っている）が通訳した本多千香の取調べについて質問している。ブラウンは、通訳が十分であったかどうかについて、ほとんど、或いは全く注意を払っていない。彼は単純に、通訳が適切であるとみなし、反対の証拠に対しては無視した。

［質問］取調べの記録を実施の前に、本多氏と何かほかに会話をしましたか？

［回答］はい、取調べの形式を彼女に説明しただろうと思います。彼女は、取調べのテープ、単一又は複数の取調べのテープで、私たちが尋ねた質問形式のものの、完全な複写版が提供されるだろうということでした。

［質問］それは全て、公認の通訳人がそこに在席の下で行われたのですね。

［回答］その通りです。はい。

［質問］それは木下さんでしたか？

［回答］木下さんです。はい。

［質問］木下さんは、全般的に流暢な英語を話さなかったのですよね。

［回答］はい。

［質問］あなたは、もちろん、彼女が流暢な日本語を話すことができ、かつあなたが話していたことを正確に、そしてまた本多氏が話していたことも正確に翻訳することができるということに、依存していたのですね。

［回答］はい、彼女は公認の通訳人ですので、私は、彼女が正確に通訳していると信じています。

［質問］しかしながら、木下さんから与えられた回答からは、逐語訳は存在しなかったか、又は彼女は流暢な英語を話すことができなかったことは明らかでした。つまり、彼女は、自分自身を理解させることはできても、彼女の文は、文法的に必ずしも正しいわけではなかったのですよね？

［回答］私は、私が理解していない日本語を、彼女が私に話したとは言いませんでしたし、私は彼女に、できる限り彼女を理解したと伝えました。通訳人なしに本多氏と話そうとするよりは、まだよかったです。

［質問］わかりました。私が指摘しようとしている唯一の点は、これです。つまり、あなたは、彼女の英語はいささか混乱していると、彼女に伝えることはできたということですか？

［回答］はい、そうですね、彼女は、あなたや私のように流暢な英語は話しませんでした。

［質問］それでは、いくつかの意訳や、多少の言葉の変更があったかもしれないということですか？

［回答］公認の通訳人ですから、それはなかったものと推定しています。

(バセット氏反対尋問、277頁参照。文書の複写が添付されている)

このやりとりが明確に示すように、捜査官は、通訳が正確であることを確保すること、又は通訳に問題があることを検知し、問題がある場合には、これを解決することにも、ほとんど関心を払っていなかった。このような態度は、本件に関わったオーストラリア当局者に共通しているものと思われ、それが、この問題の検知と解決を、不可能ではないにしても、非常に困難なものにしたのである。

オーストラリア政府は、刑事事件における通訳人の提供に関し、組織的な問題があったことを認識していた、又は認識していたはずである。

22. 以下に引用されたやり取りが示すように、オーストラリア政府は、オーストラリアの刑事訴訟制度における言語通訳の重要性と、それに関わる問題を認識していなかったとはまったく言えない。被害者が逮捕される直前の1987年10月から1990年11月までの間、拘禁中のアボリジニの死亡に関する王立委員会は、警察又は刑務所に拘禁された99人のアボリジニの死亡について調査を行った。最終報告書が1991年に発行された。この最終報告書の一部、すなわち『西オーストラリアで拘禁中の個人の死に関する地域調査報告書』第２巻からの抜粋を以下に引用する。この引用は、通訳人の使用に関する第5.4.2.4節からのものである（この報告書は、Australasian Legal Information Instituteのウェブサイトhttp://beta.austlii.edu.au/にて参照されたい。）

通訳は、単に技術的な取り組みではない。困難かつ洗練された技術である。それは（通訳人に）、それぞれの国の言語についてのみならず、二つの共同体の社会的、法的、及び文化的な違いについての認識と理解を要する。

さらに、

この報告書の前の節において、私は、訴訟手続中、アボリジニの言語を話す通訳人及び現在可能な代替案を確保することが困難であることを述べた。特に、アボリジニ言語に関しては、十分な通訳人の役務を、裁判所及び検死官が利用できるよう、追加的な資源を配分する必要があることは明白である。

パースの検死官であるマッカン氏は、ドナルド・ハリスの死を調査するにあたって、アボリジニの通訳人の利用と提供に関する彼の経験について質問を受けた。彼の意見は法的な文脈からのものであるが、医療サービスの提供にも関係している。すなわち、

「アボリジニ言語の能力ある通訳人はおろか、ヨーロッパ及びアジア言語の有能な通訳人も、実にはなはだしく不足しています。誰か知っている人がいたら紹介してください！（中略）現時点では利用できる解決法はありません。被疑者が裁判手続きの性質、英米法系オーストラリアの法制度、或いはその制度の下での容疑について理解していないことか

ら、斥けられるべき刑事的な容疑が数多く存在するにちがいありません。」

日本の被害者（Victim　以下同じ）の文化的な違い：オーストラリア政府が、裁判所の前の平等及び言語による非差別を保障するための十分な制度を履行しなかったことは、第２条、第14条及び第26条違反を構成する。

23. 上記の最後に引用したやり取りは、主としてアボリジニに関するものであるが、本件通報の日本人被害者もきわめて類似した困難に直面した。彼らは英米法系のオーストラリア法制度について、まったく経験を有していなかった。彼らは大陸法系の国出身であり、英米法系であるオーストラリアの当事者対抗主義的で、強く権利主張的な法文化とは多くの面で劇的に異なる法文化出身だったのである。

24. さらに、一般的な文化の違いにより、本件被害者は、裁判前の期間においても、また裁判中も、一体何が起こっているかを理解することが極めて困難なものとなった。文化的な違いは、さらに、被害者が、裁判前及び裁判中の手続きの不公正さに抗議するのを非常に困難なものにした。また、被害者が強硬に無実を主張しなかったことも、この文化の違いがその要因となっているであろう。無実を強硬に主張することは、日本では適切ではないと考えられているのに対し、オーストラリアなどの国では、有罪のサインだとみなされている。いくつかの例外を除き、日本文化に関するいくつかの基本的な特徴は、オーストラリアやアメリカのような英米系の社会のそれとは大幅に異なったものであることについて、強い学術的なコンセンサスがある。日本の文化は「和」にかなり重点を置き、個人の自己主張にはあまり重点を置かない（たとえば、R. Kidder and J. Hostettler, “Managing Ideologies: Harmony as Ideology in Amish and Japanese Societies”, 24 *Law and Society Review*, 895（1990）は、日本の社会的成功は、法の非公式性及び公の場での対立の忌避に大きな鍵があるとしている。また、土居達郎の『甘えの構造』(東京、講談社、1973年)は、日本文化は個人主義や自立などよりも、甘え(他人に甘やかされてこれに依存すること)のような概念に重要性を置いているとしている。John Haley, *Authority Without Power: Law and the Japanese Paradox*, NY: Oxford Univ. Press, 1991は、全体の合意が日本文化の本質的な要素であるとしている)。

25. 第14条に基づく、公正な裁判を受ける被害者の権利、及び法の下の平等に対する被害者の権利を尊重し、かつ保障する義務、並びに第26条に基づく差別をしない義務を満たすために、オーストラリアは、不適切な通訳と、これに密接に関係する文化の違いに関する問題を合理的に解決するためのシステムを確立する義務を負っていた。先ほど引用した『地域調査報告書』の抜粋は、オーストラリアが通訳に関して深刻な問題があると認識していたことを示しており、したがって、これを知らなかったと主張することはできない。また、これらは、オーストラリア政府が文化の違い及び刑事訴訟制度に付随する問題を認識していたことも強く示唆している。

26. より最近には、オーストラリアの裁判所は、誤った通訳によって引き起こされる問題に、より配慮しているように見受けられるが、オーストラリア政府がどの程度組織上の及び運営上の根本的な問題の解決に努めているかは明らかではない。ペレラ対移住及び多文化問題担当大臣事件([1999] FCA 507 (28 April 1999))において、オーストラリア連邦裁判所は、スリランカの難民申請者に対する難民の地位の申請却下を取り消し、当該決定の第48段落及び第49段落において、次のように述べた。

「異文化コミュニケーションが行われる分野においては、『表情や態度の与える微妙な影響』に強く左右される危険がある。本法に基づく裁判所の作業は、そうした領域である。異なる文化的背景が関係する場合に、身体言語から証人の誠実さを判断しようとすることがいかに危険であるかは周知である。(中略)この問題は、証拠が通訳人を介して提示される場合はより深刻なものとなる。証人の態度を通訳人の回答から判断することは明らかに不可能である。証人の態度を、証人自身の話す外国語から判断するには、その言語とその証人の文化的背景に精通していることが必要であろう。この『表情や態度の与える微妙な影響』が目隠しとなり、無意識に決定的な偏見を潜在させることは、きわめて容易に起こり得るのである。」

「手ごたえがなく、整合性のない、又は一貫していないと思われる回答をする証人は、たとえその手ごたえのなさ、整合性のなさ、又は非一貫性が、能力の乏しい通訳によるものだとしても、おそらく正直さを欠くとみなされるであろう。本件において、裁判所がペレラ氏の信頼性を正確に判断するには、能力不足の通訳人は何の役にも立たなかった。裁判所が、不完全に通訳された回答に証人の信頼性に関する判断をゆだねることは、おそらく、裁判所が証人に面談し、尋問する機会を逸したのと同じことであろう。」

27. 被害者の取扱いにおいて、警察官と裁判所職員を通じたオーストラリア政府の態度は、ペレラ事件における裁判所の人道的で洞察力のある見解とは、明確かつ完全に矛盾するものであった。オーストラリア政府は、通訳人に関連した不公正を回避するために、自己の警察及びその他の職員を十分に監視し、訓練する義務を履行せず、英語を話さない被告人の規約上の権利を保障する制度の実施を怠ったのである。連邦警察と移民担当の職員が適切に訓練を受け、監視されていれば、ペレラ事件においてオーストラリア連邦裁判所が雄弁に述べたように、言語的及び文化的問題にもっと敏感であったであろうし、本件日本人被害者に対する捜査中の取扱いもかなり異なったものとなったであろう。適切に訓練された捜査官であれば、通訳の問題の深刻さに気付いていたはずである。彼らは、日本の文化にもっと敏感であったであろうし、連邦警察は、被害者のツアーガイド及び通訳として働いていたコーディネーターのトニー・カン・キットン氏を通訳として使うことなど、ありえなかったであろう。カン・キットン氏は、空港での勝野光男の取調べを通訳した。マジストレート・コートの審理での反対尋問（マジストレート・コート、52頁及び53頁、BH:HV 18/11 Katsuno E Kittong XXN参照。文書の複写が添付されている）において、キットン氏は、「語学学校のようなところ」で１年間日本語を勉強したことはあるが、18年以上も前のことなので、試験を受けたかどうか覚えていないと述べている。カン・キットン氏の英語能力は、彼の英語の証言から判断して、かなり低いものといえる。この男性が通訳として適格でないことは明らかである（スティーブン・ヤング、『マジストレート・コートについての考察』、１頁、第２段落参照）。

28. 適切に訓練された検察官であれば、警察での被害者の取調記録のような不利な証拠は採用しなかったであろうし、十分に訓練された裁判官であれば、このような著しく不利な証拠の採用を許可しなかったであろう。要するに、オーストラリア政府が、規約第２条に基づく義務を履行し ― それも即時に ― 「言語、（中略）国民的出身、（中略）又はその他の地位等によるいかなる差別もなしに」、規約において認められる権利を尊重し及び確保するための必要な手段を講じていれば、本件の被害者は、ほぼ10年にわたる刑務所生活という不条理な悪夢を回避することになっていたであろう。

裁判前の翻訳の問題に加え、被害者の裁判における、不適切な人員配置と、不十分な法廷通訳人管理により、被害者の、無料で通訳の援助を受ける権利（第14条第３項（f））、自己の弁護の準備をするのに十分な時間と便宜を確保し、弁護士と連絡を取る権利（第14条第３項（b））及び自己の立会いの下で裁判をうけ、弁護人を通じて自己を防御する権利（第14条第３項（d））が保障されなかった。これらの権利を保障しなかったことにより、必然的に、第14条第１項に基づく、裁判所の前の平等に対する被害者の権利が否定される結果となった。

第一審における不十分な人員配置

29. 被告人は５人の日本人であったにもかかわらず、裁判所ではいかなる時点においても、たった１人の法廷通訳人しか提供されなかった。１人の通訳人では、すべての言葉を同時に通訳していたとしても（下記に示されるように、実際には、このようなことは発生しなかったが)、５人の被告人がそれぞれ、英語を話す人たちと全く平等に、又は検察側と全く平等に、手続の経過を理解し、かつ参加することを保障するには、まったく不十分であった。英語を話す人と同等に近い形で訴訟を理解し、これに参加するには、被害者それぞれが、すべての発言を通訳してもらうこと、裁判中に質問や事実が被害者に生じた場合には、必要に応じて通訳人を通じて弁護士と協議すること、並びに、不明瞭な点については、これを明確にするために、弁護士に質問することができなければならなかった。５人の被告人に１人の通訳人という状態は、(B.d.B.対オランダ、No, 273/1989、第6.4段落において、自由権規約委員会が定義しているような）手続上の平等を保障するにも、各被告人と検察側との間に、武器の平等を確保するためにも、全く不十分であった。英語を話さない複数の被告人の事件において、わずか１人の通訳しか提供しないことは、十分な通訳の提供に関わる重要性と困難さに対する、オーストラリア裁判所の不十分な理解と注意のあらわれである。このような状況において、被害者にとって、公正な裁判は、実際には不可能であった。第一審の裁判官は、裁判を方向付け、手続上の平等を保障するにあたり、決定的である。被害者の事案においては、これは当初から不可能であった。

30. 委員会が一般的意見13第９段落において述べたように、弁護士は、いかなる制約、影響、圧力又はいかなる方面からの不当な介入を受けることなく、自己の確立した職業的基準と判断に従い、依頼人を弁護することが可能でなければならない。本件においてカウンティ・コートが、５人の日本人たる被告人全員に対し、１人の通訳人しか提供しなかった事実は、これを不可能なものとした。これは、オーストラリア政府が、第14条第

３項（b）に規定する、弁護士と疎通を行う被害者の権利という、被害者の最低限の手続的保障を尊重し、保障する義務を怠ったことの明確な証拠である。

31. さらに、被告人たちは、自己の立ち会うもとで裁判を受ける権利も否定されたのである。スーザン・バーク・セリグソンが指摘するように、単に物理的に法廷に存在していることは、言語上存在していることとは異なる。後者は、証人と対峙し、弁護士との意思疎通を行い、自己の防御のために弁護士を援助することができることを含んでいる（S. Berk-Seligson et al, *The Bilingual Courtroom: Court Interpreters in the Judicial Process*, University of Chicago Press, 1990, at p.34.）。被害者は、英語を話す被告人が享受するのと基本的に同一の能力を享受する権利があったのである。

３人の法廷通訳のマネジメントが欠落していたことは、無料で通訳の援助を受ける被害者の権利（第14条第３項（f））の侵害を構成する。

32. プールは、法廷通訳に関するマネジメントが実際には存在しなかったと報告している。被害者の唯一の通訳人は、一応は専門職の水準で認定されていた者であり、被告人の側に座り、法廷で進行している事柄をすべて小声で同時通訳していた。この主たる通訳人が出廷できない場合は、他の二人の通訳人が代理を務めた。このような状態は週に１日以上あった（添付しているクリス・プール、『通訳人に関する供述書」』第８段落を参照）。しばしば欠席する主たる通訳人の代理を務めた通訳人の１人であるプールは、この３人の通訳人について「マネジメントの完全な欠如」があり、このうち２人は、裁判が始まって数週間が経つまで、お互いの関与を知らなかったとしている。「私たちは、多くの法的概念と用語と格闘しており、少なくとも、３人のチームは、高度に技術的な分野を取り扱っている場合には、翻訳における一貫性を維持するための協調的な努力がなければならない（中略）。このようなことは行われず、あらゆる事物の名称がそれぞれ新たな通訳人によって変わるというやり方によって、日本人は完全に当惑したことは、端的に推測し得よう。」（クリス・プール、『通訳人に関する供述書』、第8段落）。3人の法廷通訳人の作業の調整を怠ったことは、規約に基づく無料で通訳の援助を受ける権利の保障について、オーストラリア政府の懈怠を構成する。この調整に関する懈怠は、第14条第1項及び第3項に基づく被害者の権利の侵害に当たる。

法廷通訳人による職業上の行為に関する基本的規則の違反は、通訳の援助を受ける被害者の権利の侵害を構成する。

33. クリス・プールがその供述書において述べるように（『通訳人に関する供述書』第9段落）、

裁判の当初、日本人は、私よりも最初の通訳人に好感を示していた。これはきっと、日本の法律用語についての私の知識がより乏しいことと、おそらくは日本語があまり自然ではなかったことによるものであろう。審理が半分ほど過ぎてから、日本人は、全員一致で、彼女を解雇し、私を残りの期間雇うよう、彼らの弁護士に請願した。その理由とは、次の点であった。

1. 彼女は全ての事柄を翻訳していたわけではなかった。彼女は、重要な点と考えるものだけを単に要約していた。私は、話されたすべての言葉をとらえることに全力を尽くした。
2. 彼女は、法廷が閉会した後に、毎日個室に下りて行き、弁護士と会議をする個人のために通訳をすることを拒否した。彼女は単に「別料金になります」と述べ、帰宅した。私は常に、そのような会議のために、時間を空けていた。
3. 彼らの主な苦情は、彼女が、検察側の主任弁護士と、非常にあからさまな交友関係を示し、日本人の目の前で、休憩時間のほとんどを彼との会話に費やしていたことであった。二人の親密さは、お互いについて愛称を持つまでに至っていた。このことが招いた利益相反を強調し、私は彼らの意向を弁護士に幾度となく伝えた。しかしながら、何もなされなかった。私はリーガル・インタープリティング・サービス（その後民営化され、現在はVITSと呼ばれている）にこの問題について書簡を送った。しかし、通訳人のための法律入門講習では、彼らが常に、倫理的問題について支援を提供できると強調していたにも関わらず、何も行わなかった。

34. ここでいくつか指摘すべき点がある。（1）この通訳人は、通訳人が守るべき、専門家としての責任の基本的な原理であるところの、中立性を維持する義務に違反した。オーストラリアの通訳人及び翻訳人の全国的な綱領である、オーストラリア通訳人及び翻訳人協会（AUSIT）倫理綱領第４条に規定されるように、「通訳人及び翻訳人は、いかなる職業上の契約においても、中立性を遵守しなければならない」（AUSITウェブサイトhttp://www.ausit.org.code.html）（URLママ）。加えて、広く模範とされているアメリカ合衆国法廷通訳人の職業上の責任に関する綱領は、その第９規律において、「公認法廷通訳人は、証人、弁護士並びに被告及びその家族との不当な接触、並びに陪審員とのいかなる接触も避けることにより、中立性を維持する」ことを命じている。明らかに親密と思われる会話が持たれていた事実により、もし事実ではないとしても、少なくとも表面上は不公正の様相を呈するものといえよう。（2）さらに、法廷内でこのようなことが発生し、かつ発生が許容されたことは、オーストラリア裁判所が、職業倫理の重要事項に対して、妥当な考慮を払うことを制度的に怠ったことを示すものであり、さらに、オーストラリア政府が、適切な訓練や監視を通じて、このような問題に取り組まなかったという組織的な問題の証拠を示しているのである。（3）かかる光景が被害者に及ぼす効果は、通訳人の客観性に対して有する信頼感を損ない、審理において何が起こっているかを理解することを保障する重要な要素であるところの、通訳人との交流を強く妨げたのである。

通訳人の能力不足により、被害者である本多氏は、自らの権利について知らされなかった。このことは、第14条第３項（d）、（g）及び第14条第１項の違反を構成する。

35. これらの違反についての詳細は、『報告書』の26頁から28頁までに記載されている。本多千香氏の事案においては、オーストラリア法に基づいて、自ら選任した弁護人を警察の取調べの際に同席させる被疑者の権利があるにも関わらず、不十分な通訳により、かかる権利が存在することを知らされていなかった。通訳にいくつかの問題があったが、それは次の通りである。すなわち、「取調べの際に同席させる」という表現は、まったく日本語に翻訳されなかった。代わりに、通訳人は日本語で、「質問と同時に、お手伝いしてもらえるような、或いはかばってもらえるような人がほしいですか、弁護士さんとか。そういうの、もしほしければ、あの、あれですね。」と言っている。この訳の曖昧さからして、本多氏が取調中に弁護士を物理的に同席させる権利があると理解することはまずあり得ないであろう。日本語で物理的にそこに居合わせることを意味する特別の用語があるが、通訳人はその用語を使用しなかった。被害者に対し、この基本的な手続的権利、すなわち公正な刑事訴訟において不可欠であり、被疑者が外国の刑事訴訟の運用について不慣れな場合には、特に決定的である権利が知らされなかったことは、第14条第３項（d）に基づくオーストラリア政府の義務に対する違反を構成する。その義務とは、弁護人を通じて自己を防御する権利及び弁護人を付される権利を尊重し、かつ保障する義務である。このことは、必然的に、公正な裁判を受ける権利を侵害し、したがって第14条第１項の違反を構成する。さらに、弁護人が同席しないことによって、被疑者が自己に不利な証言をするという結果に容易につながるのであるから、本多氏に対し、取調中に弁護人を同席させる権利を伝えなかったことは、第14条第３項（g）に基づく、有罪の自白をしない権利の侵害を構成する。

欠陥のある翻訳により、被害者である浅見氏は、自己に対する犯罪の容疑について知らされる権利が侵害された。

36. 詳細については、『報告書』28—29頁を参照されたい。自由権規約委員会の判例は、この権利は、自らの逮捕に関する正確な理由を、合理的に認識しうるようにすることを含むとしている。浅見氏が逮捕の理由を理解しているかどうか捜査官が確認しようとした際、通訳人は、質問を完全に誤訳し、浅見氏が逮捕の理由を理解することは不可能となった。

不十分な通訳により、勝野光男氏は、第14条に違反して、自ら選択する弁護人と連絡する権利、及び取調べの際に弁護人を同席させる権利を知らされなかった。

37. この事案において、"Legal practitioner" という用語は、「法律に関係した人」と訳された。ここで被害者は、弁護人を選任する権利について助言されているということ、或いは、被疑者が個人的に知り合いの弁護士がいない場合には、弁護人を確保するための手段が利用可能であることについて、まったく気づいていなかった。その詳細は、『報告書』の35頁から38頁までに示されている。

不十分な法律扶助制度により、裁判所の前の平等及び公正な裁判を受ける被害者の権利（第14条第１項）が侵害され、法の下の平等及び法の平等な保護を受ける権利（第26条）が侵害された。

38. 連邦及び州政府法律扶助機関から与えられた資金は、被害者とその弁護人たちの会合の際に通訳を行う通訳人を雇うには不十分なものであった。このような政策は、規約第14条第１項に基づく被害者の権利を著しく侵害した。

救済

39. 被害者の権利に対する著しい侵害、その結果生じた裁判の不公正、及び彼らの長期間の拘禁に照らして、被害者は、規約第２条第３項に基づく、適切な救済を受ける権利がある。本件における適切な救済とは、彼らの釈放、並びに将来同様の違反が生じないことを確保する義務があることをオーストラリア政府に勧告することである。

添付資料 A

女王対スー・フォン・ファット

勝野良男

勝野正治

勝野光男

浅見喜一郎

本多千香

カウンティ・コート、R. P. L. ルイス裁判官

1994年３月24日―1994年６月10日

下記４人の運び屋のためのカウンティ・コートの審理についての考察

勝野正治

勝野光男

浅見喜一郎

本多千香

ルイス裁判長と博学なるテイラー検察官は、今般のヘロイン輸入事件が情

況証拠に基づく事件であり、信頼性に関する事件であることに同意している(930頁)。本件に熟知する者であれば誰でも、本件が情況証拠事件であると同意するであろうし、ルイス裁判官もまた、1385頁と299頁において再びこの点を認めている。ルイス裁判官は、また、「その確かな証拠が得られていないということが、検察側にとって不運であろう。」と述べている。被告人を弁護するディキンソン弁護士は、945―946頁において、次のように述べている。「本件においては、端的に言って、その証拠が存在しない。」その証拠とは、彼ら全員が、オーストラリアにヘロインを運んでいると知っていたことを示す証拠である。ルイス裁判官はまた、936―937頁において、次のように述べる。「私の抱えている困難とは、陪審員が、何を根拠にその話が虚偽であると結論付けることが認められるのかということであり、私があなた（検察官）に言ったように、単に状況について述べることでは、どこにも辿りつかないと思います。まさにこの虚偽の問題が、私を悩ませるのですよ。テイラーさん。」

検察側の取った戦術は、各被告人の信頼性を破壊するというものであった。というのも、各被告人に不利な直接的証拠が存在しなかったからである。ヘロイン袋の３つの指紋は、被告人以外の未知の人物のものであった（39頁)。そこで、テイラー検察官は、最初から、被告人席にいる人々を、次のように非難した。「各被告人は、あなたがたに嘘ばかりを語っているのです」(1047頁)。検察側はまた、次のように主張した。「しかし、検察側がここで申し上げますのは、彼らが作り話を準備していたということです（中略)。このことについて、彼らの間で事前の合意が存在しました。そして第２に、それが示唆するのは、彼らは、それぞれ自分たちが何をしているかを知っていた、そしてそれゆえに、彼らは、万一逮捕された際に用いるための、いわば事前のアリバイを仕組んでいたということなのです」(878頁)。検察官は、冒頭陳述において、次のように述べた。「しかし、私が冒頭明確にしておきたいのは、検察側は、各被告人によってなされたこの話には、一語たりとも真実がないと主張するということであります。(中略）しかし検察側が申し上げますのは、各被告人が行なった話は、各被告人によって準備された見せかけの話に過ぎず、ヘロインをオーストラリアに輸入して彼又は彼女が逮捕された場合に用いるためのものだということなのです。」(44—45頁) そこで、本件は、各個人をそれぞれ取り上げて、日本人である被告人の信頼性を破壊するために、いくつかの些細な食い違いを指摘するというものとなったのである。検討すべきことがあまり多くはないので、私はここで些細なことしか述べることができない。しかし正にこの点こそが、決定的な問題なのである。これらの些細な問題を検討してみれば、連邦警察の捜査官、通訳人、そして習慣の違いによって生じる誤りから、問題がしばしば発生することがわかる。ブラストマン弁護士が適切に述べたように、英語をほとんど話さないこれらの人々に対して、誤伝があったのである。「テイラー検察官が適切に取り上げ、正しくないと認めた。それは、浅見氏が取調べを受けている際に、浅見氏に対し警察官によってなされた誤伝である」(1468頁)。今一つなされた誤りは、通訳人と浅見氏が、単に15,000円とのみ言っていたところ、警察官は、盗まれた金銭は総額150,000円であったと述べている点である(1467頁、1516頁)。裁判官は、1585頁において、陪審員に対する最終説示の際に、この誤りについて言及すらしている。今一つの混乱を来している誤りは、警察官であるホプキンス氏によってなされたが、これは、正治氏が自らの傷つけられた鞄をどこで見たかに関するものである。スレイド弁護士によるホプキンス氏に対する反対尋問の際に、私たちは次のようなやり取りを耳にする。「(スレイド弁護士) 私はこの点を取り上げます。つまり、何らかの明白な矛盾に答える機会を、被疑者に与えるべきですから、あなたは彼にこの矛盾を提示しましたね。これは正しいですか?(ホプキンス氏) はい、その通りです。(スレイド弁護士) それはこのような状況ですか?彼が実際に最初の取調べの際に述べたことであるかどうか、あなたはチェックしたということですか?(ホプキンス氏) はい、そうです。(スレイド弁護士) 彼が実際にあなたに述べたのは、彼が外の車の中で、引き裂かれた鞄を見たということですよね?(ホプキンス氏) その通りです。私は、彼にそのことを質問した際、誤解しました」。さらなる重大な躓きは、警察官を証人席に立たせて、被告人の数人には犯罪歴があると、陪審員に述べさせたことである。「日本における調査がなされており、何人かは白紙のまま戻ってまいりましたが、何人かはそうではありませんでした」(695頁)。これは、証人席に座った警察官が、答えになっていない回答をおこなったということである(697—698頁)。裁判官の陪審員に対する最終説示において、裁判官は、スー氏、正治氏、光男氏、千香氏は、前科がないと述べた（1525頁)。このことは、良男氏と浅見氏の信頼性を損なったのである。この点は、両者の弁護人であるディキンソン氏及びブラストマン氏によって、688頁から759頁にかけて主張されている。このことは、ディキンソン弁護士が次のように述べるように、深刻な問題である。「本件の事情において、私の依頼人に対するいかなる非難も、その結果に対して破壊的な効果をもつのです」(754頁)。このカウンティ・コートでの審理では、その他にも重大な欠陥があった。ディキンソン弁護士は、各被告人は、個別の審理を受ける権利があり、何度もそのことを請求したけれども、常に却下されたと述べている。審理の併合の理由は、費用の節約と便宜上の理由によるものであった（64頁)。陪審員に対する最終説示において、裁判官は、次のように述べた。「個別に審理を行うことは、不便であり、時間と費用の浪費であるので、彼らは併合して審理されたのです」(1524頁)。被告人の防御を傍聴した際、私は被告人の代理人から、彼らの戦略は可能な限り早期に審理を完了するものだ、と告げられた。彼らは、証人を一人も召喚せず、反対尋問もさほど行わないとのことであった。彼らは、被告人の有罪について、陪審員が合理的な疑いを超えることはないだろうという点に頼ろうとしたのである。その弁護は、陪審員に対する最終陳述に頼るものであった。被告人勝野良男氏は、最も責められていたため、ディキンソン弁護士は、彼の弁護に重い役割を担った。４人の運び屋の弁護人たちは、ディキンソン弁護士にほとんどの仕事をさせ、彼らの利益が問題になった際に時々介入した。いうなれば、スー氏と勝野良男氏のための裁判であった。被告人は、審理の前にも、審理中にも、自らの弁護人にほとんど会うことはなかった。被告人の防御を後方から支援して、調査を行ったり、また彼らの依頼人について質問したりする家族や友人もいなかった。弁護人たちは、その依頼人と話をし、依頼人に面会する努力を行うために、通訳人を雇わなければならなかった。わたくしは、依頼人を手伝うために、数回、ボランティアの通訳人として使用された。弁護側は、マレーシアにおいても、日本においてもなんら調査を行わず、上記の戦略に基づいて、訴訟に勝利することを確信していた（648頁、986頁、853頁）。この観光客グループに、２人の日本人女性、A氏とB氏がいたが、彼女らは告発されることなく、日本に送還された。90頁において、検察官が言うには、弁護側から、それらの２人の重要な証人を召喚することについて、なんらのアプローチもなかった（90頁）。弁護側の主張は、２人の証人を呼ぶのは、検察側であるべきだというものであった。検察官が言うには、２人の女性とつながりのある警察官は召喚しないとのことである（90頁）。428頁において検察官は、この２人の女性が突如出廷すれば、本件輸入に加担したとして告発し、他の被告人とともに被告人席に置くであろうと述べている（428頁）。ディキンソン弁護士は、検察官が、あたかも被告人が証拠を提示することができないように見せていると指摘し、陪審員の無罪評決を求めている（1224頁）。被告人の信頼を失わせようと試みる様々な手法を記述すれば、より多くのことを述べることができるが、私はここで、本件裁判における最も重要な信頼性に関する要素に移り、通訳人の問題を取り上げることとする。

４人の「運び屋」は、日本語しか話せないので、彼らは英語の通訳人を持たなければならなかった。この問題に関しては、別途まとまった一連の文書があるので、私は、カウンティ・コート審理についての反訳からの情報にこだわることとする。しかしその前に、審理が開始される直前、モリッシュ弁護士が、私に彼女の依頼人である勝野光男の事情聴取に関する資料に目を通すように依頼したことに言及しなければならない。オリジナルの取調べのテープを聞きながら、彼の起こされた反訳を読んだのであるが、私は、通訳人の誤りと、反訳作業によるいくつかの誤りに起因する、反訳の誤りの量に驚愕した。私はこの点を彼女に指摘し、彼女はその後すぐに検察官と裁判官に持って行った。彼らは、２人の人物に、すべての反訳を読み直させ、訂正させるために、手続を延期した。それらの訂正は、同じページに黒い太字で表示されて戻ってきた。誰も、これらの訂正が充分であるかどうかを二重チェックしなかった。他の資料からも読み取ることができるように、この反訳にも依然として多くの誤りがあったので、このことは重大な失敗であった。弁護側は、この訂正版に同意し、それ以上の調査を何ら行わなかった。このことから直ちに指摘しうる点は、マジストレート・コートにおいて、マジストレート・コート裁判官が、通訳人と反訳作成者による誤りに満ちた反訳に基づいて、本件を継続すると決定したことである。第2の誤りは、徹底した作業を行い、すべての誤りを訂正することなく、カウンティ・コートの審理を開始した点である。

本件における唯一の現実的な証拠は、被告人の取調べから得られた資料であった。審理の最終日に至るまで、この審理における一次的及び二次的証拠は何かという点について、絶え間ない議論があった。編集されたビデオテープと音声テープなのか、それとも太字の正しいと想定された反訳なのか。陪審員に対する最終説示において、裁判官は、次のように述べた。「証拠は、音声テープとビデオテープにあります。(中略) 最良の証拠は、その当時実際に話され、そして翻訳されたものであり、事後的に活字化されたものではありません」(1650頁)。この決定に対する応答として、検察官は弁論において懸念を表明し、次のように述べる。「のちに活字化された外国語は、正しい翻訳として受け入れる旨を全員が同意しています。(中略) 陪審員の皆さんは、テープに聞こえない場合には、のちに出現した太字部分には、何ら留意されないものとお考えください」(1653頁)。ディキンソン弁護士の最終陳述は、次のようなものであった。「みなさん (陪審員) は、太字部分を見なければなりません」(1654頁)。その後直ちに、陪審員は協議のために退席した。裁判官は、陪審員に対し、テープを検討すべきことを注意しつつ、協議のための陪審員室に、反訳とビデオの両方を持ち込むことを許可した。裁判官は、すべての資料を許可し、太字部分は正確なものであるが、反訳は、陪審員の備忘録に過ぎないとも述べた (924―926頁)。裁判官は、翻訳が完全なものではないと認め、陪審員はその点に驚かないように、とした (971頁)。証拠のいくつかは、ビデオに撮られていないことも認められている (922頁)。

審理の初期の段階で、陪審員は、取調べのビデオを見るように求められている。この間、訂正がなされる必要性について絶え間ない議論があった（22頁、239頁、245頁、319頁、320頁、347頁、349—350頁など）。反訳を修正し、ビデオを編集する必要があるともされた（156頁）。資料を変更しなければならず、ある時点で、裁判官は、正確さの混乱があるか否かについて、次のような意見を述べた。「まあ、なんとか大丈夫でしょう」（159頁）。多くの部分が、合意によって削除された（163頁）。206頁において、モリッシュ弁護士は、ある部分の編集を要求した。しかし、検察官は、それ以上の編集はすべきでないと反論した（206頁）。しかしながら、その後、318頁において、ビデオ資料は3行分削除されていることが発見され、該当部分を再挿入すべきこととされた。同様のことは323頁でも発生している。

ここで、陪審員に対するテイラー検察官の最終陳述から、反訳についての説明部分を引用させていただく。「反訳について、このことを述べさせてください。反訳はまず、ビデオにおいて語られていることを正確に詳述することから始まっています。その後、新たな翻訳が外国語で行われます。今現在、相違がある部分について、新たな翻訳が太字で付されています。つまり、警察官による質問、そして外国語、その後当時通訳によって行われた翻訳があるということです。もしこれが全てであるなら、これが正しいと双方の間で合意されているということです。当時の翻訳に太字部分が付随しているとすれば、太字部分が正しく、これこそが皆さんが依拠すべきものであると、双方で合意されているのです。私たちは、元の通訳がその当時警察官に語られたことを示すものとしてきました。というのも、いくつかの場面で、警察官が尋ねた次の質問の原因となるかもしれないからです。しかし、後に付された太字部分は、現在、真の翻訳として認められているのです」（1047—1048頁）。警察官の取調べにおいて、正治氏は、「たぶん、通訳が何かおかしいです」と述べて、通訳上の問題について示唆している（1088頁）。光男はその取調べにおいて、「あの男性通訳は、正確に話せません」と述べている（1108頁）。

私はここで、モリッシュ弁護士が警察官であるシュナイダー氏に対して行った、勝野光男との取調べに関するシュナイダー氏の見解についての反対尋問の部分に移ることとする。モリッシュ弁護士は、通訳上の誤りの重大性を重視した唯一の弁護人であり、彼女は、いくつかの問題を明確に指摘した。この反対尋問は、338—343頁に記録されている。シュナイダー氏は、使用された通訳人には、その質にむらがあったことを認めた。彼女は、より専門的な通訳人がいればいいのにと望んでいたことに同意している（338頁）。彼女は、質問と回答の誤訳についても同意している（339頁）。そして、339—341頁にかけて、それらの誤りの例をいくつかを挙げている。シュナイダー氏は、自身の犯した誤りを認め、通訳上の問題によって、混乱した時があったことに同意した（341—343頁）。

ここで、信頼性の問題に戻ろう。改ざんされた反訳と、編集されたビデオを、陪審員はいかにして信頼しえたのだろうか。太字と細字を同じページ上で読むことは、誰にとっても混乱を来すであろう。反訳は、完全に訂正されることはなく、通訳人の英文構成は、多くを望まれるものであった。稚拙な文構成は、被告人に対する偏見を生み出すであろう。というのも、被告人は、教養がなく、文の構成能力を欠いていると見なされかねないからである。このことから、信頼に足る証拠なしに、人々に対する宣告を下すことを陪審員に許すという結果に帰着するのである。これこそが、この事件が再検討され、何らかの形の恩赦や特赦を受けるに足る十分な理由があると信じる、一つの理由である。

最後に私は、陪審員自身に関する最後の問題に言及したい。最終説示が裁判官によってなされた後に、陪審長が陪審員を代表して質問を行った。彼女が言うには、「もし、私たちが個人に対して決定を行うことができないとすれば、果たしてこれは何を意味するでしょうか？」裁判官は、この質問を十分に理解しておらず、彼女が意図したことを推察し、説明を与えた（1654頁）。本件が６人の別個の人についての裁判であり、６つの裁判を１つに併合したものであることを陪審員が理解できることを確保するために、多くの努力が費やされた。この質問によって彼女が意図したことが何であれ、彼らは事実を共有していない様子であった。裁判官は、陪審長に対し、昼食休憩中に、他の陪審員と議論したのちに、質問内容を書き出すよう示唆した。質問は二度と提起されなかった。というのも、陪審員の１人が病気のために、昼休み後に陪審員が招集されなかったためである。そこで、審理は５月28日まで休廷とされ、28日に、被告全員に対する有罪が宣告された。その間、陪審員は、裁判官に１つの質問も行わなかった。陪審長はその質問において混乱を表明したが、これこそが裁判全体を適切に描写するものであった。というのも、なんら実質的な弁護もない、情況証拠と信頼性に関わる事件だったからである。

検察側が多大な重きを置いていたのは、これが作り話であるという点であった。裁判の後、1996年に、私たちはチャーリー（チェン・テン・エン）が別の罪状によってマレーシアで収監されていることを知った。連邦警察によれば、彼は国際指名手配された犯罪者であった。しかしながら、連邦警察は、本件に関わって、彼を調査することを予定していない。ただし、オーストラリア連邦警察庁に対して、関心を持つ人々から圧力があり、連邦公訴局長室は、連邦警察庁にチャーリーを取り調べるよう要請した。これは、1997年５月27日、ムアル刑務所で実施された。この取調において、チャーリーは、盗難が発生し、スーツケースの取り換えがあったことを認めた。検察側が主張するような作り話ではありえないし、嘘ばかりでもありえない。また、私たちは、スーツケースがレストランサクラの外で盗まれ、その鞄が車の中にあったと証言できるその他の証人を確保している。４人の被告人たる運び屋について、チャーリーは彼らの役割に関わる２つの重要な証言をしている。22頁において、チャーリーは４人の運び屋に言及して、次のように述べている。「彼らは友人を売っている」、友人とは、この運び屋たちである。23頁において、彼は、運び屋たちについて、「彼らは善良だから」と述べている。有罪とされた運び屋たちのいずれかが、チャーリーを再調査することは全く正当であると考える。というのも、彼はこの時点では最も重要な証人だからである。取り替えられたスーツケースにヘロインが入っていたかどうかを、運び屋たちが本当に知っていたか否かについて、彼は更なる証拠を提供するかもしれない。

スティーブン・ヤング
1998年8月19日

添付資料　B

「通訳問題に関する供述書」

通訳、翻訳専門家クリス・プール
支援グループメンバー
レン・ピアス牧師

クリス・プール　翻訳

1998年4月3日金曜日
スティーブン・ヤング牧師

※（訳注）脚部記載の住所は省略。

親愛なるスティーブン

この書簡をあなたにお届けするのが遅れてしまいました。どうぞご容赦ください。私がこの数年間書き進めた論文が同封されていることにお気づきのことと存じます。この論文は、翻訳及び通訳における質と責任に関する基本的な考慮について、人々に要点を伝えるためのものです。以下に、質の管理、責任、及びマネジメントが日本の方々の裁判において欠けていたいくつかの分野について、簡単な記述を提示いたします。これを読む前に、要約メモをご覧いただき、またこれをお読みの際にも、それらをご参照ください。

ただし、ここで、規制物質の輸入における当該日本の方々の関与について、意見を表明するものではなく、また、法の観点から、裁判の結果に関して意見を表明するものでもないことは、慎重にご注意ください。私は、そのより大きな過程の中での翻訳の役割について、所見を提示しているにすぎません。

また、私は、翻訳における私の同僚たちに対し、きわめて批判的でありますけれども、引き起こされた多くの過ちは、私もまた同じく容易に引き起こしえただろうということも、十分ご注意ください。この事件全体を通して、私は、状況に恵まれたのです。

1．勝野事件において、個々人によって実行された通訳と翻訳の実際の作業と、かかる活動全体のマネジメントとを区別することは、きわめて重要である。マネジメントそれ自体が、存在しなかった。

2．ある特定の言語について、ある特定の時期に、メルボルンで利用可能な有能な翻訳人の数は、多くの多様な要素の作用による。すなわち、当該言語集団の居住人口、どれほどの期間、そしてどれほど広範囲に、それらの言語が話されているか、問題となっている言語が話されている国と、オーストラリアがどのような種類の関係を有しているか、などである。

５人の日本国民の拘禁、それぞれ８時間に及ぶ取調べ、電話盗聴とビデオ録画を含む３日間の監視活動の実施は、きわめて短期間に多数の有能な翻訳人を必要とした。そのような人数はメルボルンには存在しない。ここにいる人々には、需要があるか、正規の仕事に従事しているかのどちらかであり、いずれの場合も、迅速に応答する妨げとなる。これは誰の過失でもない。すなわち、この規模の都市における端的な事実である。しかしながら、その結果として、「通訳人」として関わった人々の多くは、非常に低いレベルの技能しか持たず、それゆえ取調べの翻訳において、きわめて多数の誤りを犯してしまったのである。

3．当時手が空いており、いささかなりとも能力の高かった数人の公認翻訳人は、この事件と関係を持つことを単に拒否した。その根拠は、被告人の1人が、ヤクザの組員と報道されていたことである。これは、公にされている倫理綱領に従って行動することを義務付けられる「専門職」を自認したい人々の態度とは、およそ合致しない。

4．当初の取調べの際に引き起こされた多くの誤りのうち、1つは、マネジメントの欠落に関係するものであった。短期間に、多くの人々の手により、オーストラリア法制度に固有の、きわめて多数の用語と概念が、当該制度についてほとんど知識を持たない人々によって翻訳されていたのである。ここには2つの問題がある。第1に、そもそも彼・彼女らは、これらを翻訳する能力が十分ではなかったということ、そして第2に、このような能力の不十分さが、実に様々な様相で現れたということである。

この最適な例が、ミランダルールの警告である。ヴィクトリアの警察官は皆、オレンジ色のプラスティック・カードを携行しており、ここには、拘禁された人に対して朗読することが義務付けられている様々な警告文が記載されているのである。この警告文の正確な文言は、その字句に忠実でなければならない。それに逸脱した場合、例えば、自己に不利な質問に答えてしまったときに、被告人は、黙秘する自らの権利に気付かなかったことを根拠に、事件について有効に異議を申し立てることができるのである。事実、これに近しいことが本件では発生した。というのも、この警告についての翻訳が全て異なっていただけでなく、多くが不正確だったからである。これは、マネジメント欠落の格好の例としての役割を果たしている。

5．1年ほどの後、裁判の前に、当初の取調べに多くの誤りがあり、これらは訂正されるべきだということに、弁護士たちが気付き始めた。この作業（訳注：訂正作業）は、連邦警察に調整するよう命じられた。彼らは言語について、そしてそれがどのように作用するかについて理解がない。

２人の日本人女性が全てのテープを聞き（彼女らはチームとして作業したのではなく、それぞれ半分ずつ担当した)、取調べの記録を修正する作業に従事した。納税者に対する多大な費用をかけて、彼女らは25冊近くのレバー式弓型ファイルの資料を読み通し、誤りを訂正したのである（点検過程、及び一次言語と二次言語の問題についての同封メモを参照)。

表面的に訂正された取調べの記録が、裁判においては最終的に証拠として用いられたものであった。それらはなお、点検者が見逃してしまった、多くの誤りを含んでいたのである。

それだけではなく、この問題は、間接的に、日本人ではない学識者に明白であった。というのも、訂正されたと思われる文節が、太字で再度活字化さていたからである。太字の文節には、多くの英文法上の誤りが含まれていた。弁護士やカウンティ・コートの裁判官が、日本人によって訂正された翻訳だと告げられた文章を読み、英語における誤りを見出した場合、次の２つのうちいずれかの結論をするしかないと、おそらく誰もが思うであろう。すなわち、日本人たちが文法的に誤った日本語を話していたか、あるいは、点検者が正確な英語を作文するのに不適格であったか、そのいずれかである。これは誰もが気づかないであろう。

故スレイド氏の通訳人としての資格において、私は、特に重要な点を含む文節で、点検者が見逃したものを適切に修正するよう、依頼された。この資料はあなたの参照のために添付されている。私は現在でも、私のスタッフを訓練するためにこれを用いている。これは、私自身と、現在言語学の博士論文を執筆している日本人女性によって完成されたものである。これはまた、今一つのきわめて重要な点を示している。

7．(訳注：ママ）テープに録音された取調べを活字化しなおした人も、それを修正した翻訳人の両者も、自分自身は重要ではないと考える多くの資料を編集する作業に従事したことは明白である。それらのほとんどは、単なるためらいがちな発言と、どもりであった。しかしながら、その人の証拠において、何が重要で、何が重要でないかを決めるのは、明らかに翻訳人の仕事ではない（従事したこと以外の何かを行っている際に示すべき倫理的義務に関する同封のメモを参照)。また、第三者によって点検に付されることなく、信用に基づいて翻訳を提示することが、受け入れられるとも私は思わない(添付メモにおける説明責任を参照)。

8．ある通訳人は、審理のために、被告人の隣に座り、法廷で進行しているあらゆる事柄の同時通訳を囁くことに従事した。この女性は、専門職のレベルで公認されている(コミッタル・ヒアリングの前に私が提供した通訳人リストから、彼女の名前を得たのちに、公訴局長室は彼女を起用した。ちなみに私はこのコミッタル・ヒアリングは、都合がつかなかった)。その後彼女は私と今1人の通訳人に連絡をとり、私たちが週に2日ほど彼女の代わりに補充できるかどうかを尋ねた。私たち2人は、裁判が開始して数週間経過するまで、お互いの関与について気付かなかった。それに気付いた際に、私たちはまた、第1の通訳人の事前の委託内容を理由として援護しているのではなく、実際には、単に彼女が毎日働くことを希望せず、休日にはゴルフやテニスをしていたので、補充を依頼されていたのだということも明らかになった。

それ自体は、さほど悪いことではない。しかしそれは、マネジメントの完全な欠落がなければの話である。私たちは、多くの法的概念と用語と格闘しており、少なくとも、3人のチームは、高度に技術的な分野を取り扱っている場合には、翻訳における一貫性を維持するための協調的な努力がなければならない(同封メモの「前例」を参照)。このようなことは行われず、あらゆる事物の名称がそれぞれ新たな通訳人によって変わるというやり方によって、日本人は完全に当惑したことは、端的に推測し得よう。英語を話す被告人の経験では、あり得ないことである(添付メモの「依頼人に対し、当初理解したように経験を再現する義務」)

9．裁判の当初、日本人は、私よりも最初の通訳人に好感を示していた。これはきっと、日本の法律用語についての私の知識がより乏しいことと、おそらくは日本語があまり自然ではなかったことによるものであろう。審理が半分ほど過ぎてから、日本人は、全員一致で、彼女を解雇し、私を残りの期間雇うよう、彼らの弁護士に請願した。その理由とは、次の点であった。

1．彼女は全ての事柄を翻訳していたわけではなかった。彼女は、重要な点と考えるものだけを単に要約していた。私は、話されたすべての言葉をとらえることに全力を尽くした。

2．彼女は、法廷が閉会した後に、毎日個室に下りて行き、弁護士と会議をする個人のために通訳をすることを拒否した。彼女は単に「別料金になります」と述べ、帰宅した。私は常に、そのような会議のために、時間を空けていた。

3．彼らの主な苦情は、彼女が、検察側のソリシターと、非常にあからさまな交友関係を示し、日本人の目の前で、休憩時間のほとんどを彼との会話に費やしていたことであった。二人の親密さは、お互いについて愛称を持つまでに至っていた。

10. このことが招いた利益相反を強調し、私は彼らの意向を弁護士に幾度となく伝えた。しかしながら、何もなされなかった。私は法律通訳サービス（その後民営化され、現在はVITSと呼ばれている）にこの問題について書簡を送った。しかし、通訳人のための法律入門講習では、彼らが常に、倫理的問題について支援を提供できると強調していたにも関わらず、何も行わなかった。

11. 他の問題点としては、弁護士たち、そして裁判官が、言語の作用または通訳人の役割について、恐るべき理解の欠落を示していた。休憩時間のある時点で、私はビデオテープの短い部分を見るよう依頼されたが、これは、通訳人が日本語を話している部分であった。彼女が警察官の質問を正確に翻訳したかどうかを理解できるようにするために、それを英語に再度翻訳するように依頼したのであった。私は、このような作業の無意味さを説明しようと試みたが、法律家を説得させられないという問題に直面しただけであった（同封メモの点検過程を参照）。

別の機会では、本多千香が気絶の発作を起こし、他の被告人の１人が助けを呼び始めたものの、だれも助けようとしたかったので、大声で不満を述べた。私はこれを偏見なく翻訳した。私は後に、検察側から叱責され、再度このようなことを行えば、事件から外されると警告された。彼らは、いかにそのような爆発が、陪審員と歩み寄り、陪審員団の解散を引き起こすコメントを含むかということを説明するものとして、この発作をとらえたのだった。私はこのような爆発の危険性についてはよく承知している。しかし私はまた、それ以上に、このような事件を引き起こすことと同様に、そのような事件を防止することも、通訳人の仕事ではないことを、承知しているのである。英語を話す人々は、非常にしばしば、そのような爆発によって、陪審員の解散を引き起こすのであるが、公訴局長室が、そのことについて、私のところへやってきて、私を非難することはないのである。

あらゆるこの種の出来事のすべてが私に再確認させたのは、英語を話さない人々を裁く際に付随する特別な条件を、本件に関わった人々の誰もが、十分に把握していなかったということである。

他にも多くのことが起こりました。私が気づいていないけれども、あなたなら詳しく話すことができることが、もっとたくさんあるかもしれません。要約メモに照らして、あなたがそうされるように激励いたします。そして、私が関心を持つようなお話がございましたら、どうぞ、ご連絡ください。

敬具
(署名)
クリス・プール

141

ジョアンヌ・ホプキンス警官と勝野正治の取調記録(つづき)

勝野：　(外国語)

マードン：　私がそれらを探します。ですから、どうぞ、その場所に、次の目的地に行ってください、と、ガイドが言いました。…

勝野：　そして、ホテルで待てと。

マードン：　…そして、そこで待てと。

ホプキンス：　なぜ、あなたは、あなたの荷物が行方不明になっていると、警察に届けなかったのですか？

マードン：　(外国語)

勝野：　(外国語)

マードン：　私たちは、おそらく、ガイドが…

勝野：　(外国語)

マードン：　…ガイドが、それらを探すだろうと思いました。そして、彼は、私たちに、それらを探すと、私たちに保証しました。

ホプキンス：　どうすれば、もしそれらが…

グラント：　ガイドは、それらがどこにあるか知っていると言いましたか？

マードン：　(外国語)

勝野：　(外国語)

マードン：　いいえ、彼は、知っているとは言いませんでした…

勝野：　彼はそう言いませんでした。彼は、単に、それを何とか探すと言いました。何もかも全てあまりに突然に起こって、私たちはその時大変動揺していて、それで。

マードン：　…それがどこにあるか、彼は、それを探すのに最善を尽くすと言いました。

ホプキンス：　そしてあなたはそれについてどう思いましたか？

マードン：　(外国語)

勝野：　(外国語)

マードン：　私は、誰かが、私たちの荷物を盗んだのだと信じました。

説明メモ

２つの文書がこのあとに続く。最初のものは、テープからの反訳である。２つ目は、その反訳の翻訳である。いずれも、重複する発言は下線で示してある。

すべての反訳と翻訳は、資格のある翻訳人と英語を母語として話す人物によって、日本語を母語とする人と共働で、取り組まれた。すべてのテキストは、発言者の意図と、発言の内容の忠実性を確保するために、ならびに、英語訳が公正に、かつ正確に、原本の言語における表現技術の水準を反映していることを確保するために、両者によって検討された。

翻訳人と補助者はいずれも、いずれかの点についてさらに議論する用意がある。

反訳

(140頁下から３行目から、141頁下から６行目まで)

ホプキンス：　あなたが、あなたの荷物が紛失していると気付いたときに、いずれかの当局は、知らせを受けましたか？（原文英語)

マードン：　あの、荷物がなくなった時にあの権威処理というか警察なんかにとどけましたか。(原文日本語)

勝野：　それですぐ、とにかく、さ、捜すから。もう先にとにかくいっててくれと。いっていて。(原文日本語)

マードン：　ガイドがおっしゃったわけ？（原文日本語)

勝野：　そす、ガイドが。(原文日本語)

マードン：　私がそれらを捜します。ですから、どうぞ、その場所に、次の目的地に行ってください、と、ガイドが言いました。…（原文英語)

勝野：　(聞き取れない）ホテルにいってて待っててくれって。(原文日本語)

マードン：　…そして、えー、そこで待てと。(原文英語)

ホプキンス：　なぜ、あなたは、あなたの荷物が…なっていると、警察

に届けなかったのですか？（原文英語）

マードン：　警察に、とどけなかっ、どうしてとどけなかったんですか。(原文日本語)

勝野：　いや、それも全部やってくれると思ったから、(原文日本語)

マードン：　私たちは、おそらく、えー、ガイドが…（原文英語）

勝野：　捜す、捜す、絶対捜しますから、で、言ってくれたし（原文日本語）

マードン：　…ガイドが、捜すと、それらを捜すと、そして、ん、あー、彼、彼が、私たちに、それらを探すと、私たちに保証しました。(原文英語)

グラント：　私は、(原文英語)

ホプキンス：　どうすれば、…もし、それらが…（原文英語）

グラント：　ガイドは、それらがどこにあるか知っていると言いましたか？（原文英語）

マードン：　でガイドさんは荷物がどこにあるか、知っているっておっしゃいましたか。(原文日本語)

勝野：　そんなこと言わないです。とにかくなんとかしますんで捜します。

だから先に、ホテルに行ってまもうボンボンボンボンボンボンですよね。(原文日本語)

マードン：　いいえ、彼は、知っているとは言いませんでした…彼は知っていると（原文英語）

勝野：　こっちは動揺してるし（原文日本語）

マードン：　…それがどこか、彼は知っていた（聞き取れない）（原文英語）

グラント：　そう（原文英語）

マードン：　彼、彼は、ただ、それを捜すのに最善をつくすと言いました。(原文英語)

翻訳（すべて原文英語）

ホプキンス：　あなたが、あなたの荷物が紛失していると気付いたときに、いずれかの当局は、知らせを受けましたか？

マードン：　あの、あなたの荷物がなくなった時に、アー、警察か、あるいは当局にとどけましたか。

勝野：　それから、すぐ、ね、彼らは、捜す、それを捜すと言いました。それで、先にただ、行けと…彼らはそう言いました。

マードン：　ガイドがそう言ったのですか？

勝野：　ガイドが。

マードン：　私がそれらを捜します。ですから、えー、どうぞ、えー、その場所に、次の目的地に行ってください、と、ガイドが言いました。

勝野：　（聞き取れない）彼らは、ホテルに行って待てと言いました。

マードン：　…そして、えー、そこで待てと。

ホプキンス：　なぜ、あなたは、あなたの荷物が…なっていると、警察に届けなかったのですか？

マードン：　警察に、なぜあなたは、なぜあなたは彼らに届けなかったんですか？

勝野：　いや、私たちは、ガイドがそれを全部するだろうと思いました。

マードン：　私たちは、えー、ガイドが…するのだと思いました。

勝野：　つまり、彼は、「私たちがそれを捜します、私たちがそれを捜します。私たちがきっと探すと私は誓います。」と言いました。

マードン：　…ガイドが、捜すと、それらを捜すと、そして、ん、あー、彼、彼が、私たちに、それらを探すと、私たちに保証しました。

グラント：　私は、しない。

ホプキンス：　どうすれば、…もし、それらが…

グラント：　ガイドは、それらがどこにあるか知っていると言いましたか？

マードン：　そして、ガイドは、荷物がどこにあるか、知っていると言いましたか？

勝野：　いいえ（笑い）彼はそんなことを言いませんでした。彼は単に、彼がどうにかしてそれらを捜す、そしてだから、まずホテルに行って、そして、もうすべてがすごく素早く起こったので、ボンボンボンですよね。

マードン：　いいえ、彼は、知っているとは言いませんでした…彼は知っているとは。

勝野：　そして、私たちは本当に動揺していたし。

マードン：　…それがどこか、彼は知っていました（聞き取れない）。

グラント：　そう

マードン：　彼、彼は、彼はただ、彼がそれを捜すのに最善をつくすと言いました。

添付資料　C

警察対勝野正治
　　勝野光男
　　勝野良男
　　浅見喜一郎
　　本多千香
　　スー・フォン・ファット

マジストレート・コート、J. C. トービン裁判官
1992年11月9日—1992年12月4日

検察官：P. ファリス
弁護人：R. ヴァン・デ・ウィール弁護士及びF. P. ハンペル弁護士

下記４人の運び屋のための、マジストレート・コートについての考察
勝野正治
勝野光男
浅見喜一郎
本多千香

ハンペル弁護士は、連邦警察官であるバセット氏に反対尋問し、237頁において、ハンペル弁護士は、取調べの遂行について、彼女に尋ねた。バセット氏の回答において彼女は、警察が被疑者に反対尋問をする予定ではないこと、人々を公正に扱うこと、及び彼らが嘘を言っているとは告げないことに同意した。そのうえで、バセット氏は、続けて、彼女が浅見氏の取調べにおいて、彼に対ししばしばそのようなことを行ったと述べた。不幸なことに、警察は、様々な場面で、その行動綱領を遵守しなかったが、その一部は、彼らの取調べの際に提供された不十分な通訳技能によるものであったかもしれない。マジストレート・コートの反訳から、私は、この問題がいかに深刻であったかということを示し、本件はカウンティ・コートに移送されるべきではなかったと主張することとする。

トニー・カン・キットン氏は、連邦警察のために、最初の通訳の一人として務めるよう依頼された。彼はオーストラリア・ツアー・マネジメント社の旅行コーディネーターであり、逮捕されたこの旅行グループのガイドと通訳人を務めていた。その陳述において（724—726頁）、彼は、勝野正治氏と警察のために通訳を務めたことについて、なんら言及していない。48頁においてキットン氏は、ヴァン・デ・ウィール弁護士によって反対尋問を受け、彼は、警察と勝野正治との間での取調べを通訳したことを認めた。52頁に

おいて、彼は１年ほど日本語語学学校に通ったと主張し、53頁において、彼は18年前に中級レベルの試験を受けたと言う。この男性は、この重要な取調べにおいて通訳を務める資格はなかったのである。本件が経過する中で、７人の通訳人がおり、１人の男性は、NAATIの２級試験を受けたばかりであった。彼・彼女らのうち４人は、NAATI２級の試験に合格しており、２人はNAATI３級試験に合格していた。ここで、それら非一貫性のいくつかについて、述べることとする。

バセット警察官は、彼女が17日と19日の浅見の取調べの間にある相違と非一貫性を捜していたと認めた（219頁）。223頁において彼女は、浅見氏が、自身に何が降りかかっているかを理解しておらず、全般的に混乱していたことを認めた。これらの問題のいくつかは、通訳と文化的な相違によって生じた。226頁においてバセット氏は、通訳人に対して、話されたことをそのまま通訳するようにと伝えなければならなかった。276頁において、カン・キットン氏は、自らの日本語が限られており、今回の仕事は極めて困難であったと認めた。その結果、弁護人は、治安判事に対し、このエピソードとのかかわりで、きわめて多くの曖昧な部分があると指摘している。277頁では、ブラウン警察官は、本多千香氏のために通訳するために、カンタス航空の従業員であるソンズ・アニクル氏を使用した。彼は、彼女が公認の通訳人ではなかったことを認めている。280頁においてブラウン警察官は、通訳人である木下氏が流暢な英語を話していなかったことを認めている。294頁において、ハンペル弁護士は、ブラウン警察官に、本多氏について非一貫性があったかどうかを質問している。彼はこの点について肯定的であり、さらに続けて、悪意のない誤り、通訳の困難さ、そして文化的な相違があったこと、そしてまた、彼の側の誤訳があったことを認めているのである。329頁においては、ホプキンス警察官は、翻訳の正確性を点検するために、他の通訳人とともに、彼女が取調べのいずれかの部分を読み直したかどうかについて、質問を受けた。彼女はしなかったと述べ、また、このことが、警察のすべき手続であることを知らなかったと認めた。483頁から始まる部分で、通訳人である中村氏は、自身の英語能力に関して、ヴァン・デ・ウィール弁護士により反対尋問を受けている。彼は、多くの問題があったこと、そしてまた、彼の英語の発音が聞き取れなかったことにより、反訳上のいくつかの問題があったことも認めた。通訳人であるマードン氏は、通訳が正確であったかどうかを確認するために録音を聴くかどうか質問された。493頁において、彼女はいいえと答えた。そして、弁護人は、治安判事に向けて、テープとビデオのいずれも、それらが正確であるかどうかを確認するために、検討されていないと述べた。ヴァン・デ・ウィール弁護士が言うには、弁護側もまた、「我々に利用できる財源の些少さを理由に」、それを行っていなかった（494頁）。通訳人である田中氏に対する反対尋問において、ヴァン・デ・ウィール弁護士は、次のように結論付けた。「彼に対する取調記録やビデオの正確性をチェックするために、これらを誰にも見てもらうことができなかった」。木下氏は、彼女がこれまでいずれかのテープ録音を、それらが正確であるかどうかを確かめるために見直したかどうか尋ねられた。彼女は、これまでそうすることを依頼されたことがないと述べた（557—558頁）。不十分な通訳の質の上に、取調べは何一つその正確性についてチェックされなかったという追加的な問題があったのである。

これは、ほんの些細な例であるけれども、特定の誤りについて、いくつか見てみよう。通訳人であるガーランド氏は、日本語の外来語である「リース」を調べるのに、辞書を使わなければならなかった。これは、借用されたものと同じ意味であり、この些細な意味上の困難は、彼も誤りであることを認めているが、きわめて重大な混乱とブラウン警察官の本多氏に対する不信感を引き起こしたのである（289頁）。「ボーイフレンド」や「ガールフレンド」という言葉を用いる際の文化的な違いに関わって、断続的な問題が生じた（291—292頁）。問題のいくつかは、反訳者によるものであるが、485頁にはhasn'tとhasの誤りがある。490—491頁にはtroubleとtravel、582頁にはbothとbossがある。これらの特定用語の問題のほかに、他の主要な分野があった。浅見氏は、回答を短くするよう指示される（224頁）。通訳人の英語訳は、文法的に正しい英語ではない（281頁、570頁）。日本語の間接性についても問題がある（521頁）。通訳人の木下氏は、日本語から英語に直接翻訳することなど、絶対できないと主張する（572頁）。通訳における文化的なギャップがあるのだ（415頁、518頁）。

さまざまな取調べにおいて、薬物運搬の被疑者らは、嘘をついていると非難された。このことは、部分的には、通訳の困難さと、その結果として発生した混乱の結果である。バセット警察官は、225頁において、浅見氏に次のように述べた。「彼は嘘をついていると彼に伝えよ」。バセット警察官は、彼が嘘をついていると信じていたことを認め、彼に何度もそういった（224頁）。彼女はまた、何度も彼に対して不信感を表明したことも認めた（224頁）。300頁から310頁にかけて、ハンペル弁護士は、ブラウン裁判官を反対尋問しているが、この警察官は、ほとんどの期間、本多氏に対して不信感を持っていたことを認めた。勝野光男氏とシュナイダー警察官との取調べに関する最初の反訳において、彼女は、「彼の行為はとてもとても疑わしいと思う」、「あなたの言うことを信じることはとても困難だと思う」と述べている（1432頁）。彼女は、証言を変えたことについて彼を非難している（1222頁）。1285頁でシュナイダーは、通訳人に対し、「彼はたわごとを言っていると思う、と彼に伝えて」と述べている。

警察官が取調べの際に行ったいくつかの誤りは、次のようなものである。233頁においてバセット警察官は、浅見氏に対し、A氏とB氏は浅見氏を知っていると言ったと述べた。しかしながら、彼は彼女らを知らないと述べた。バセット氏がここで過ちを犯したことが判明する。236頁において、バセット警察官は、良男はクアラルンプール発東京着の飛行機に浅見氏の予約をしていなかったと述べた。そして彼女は、そこで彼女が不正確だったことを認める。勝野光男の反訳148頁において、彼はシュナイダー警察官から、彼が車のトランクから古い鞄を手にしたと告げられた。しかし、このようなことを述べたことはなく、彼の側の大きな誤解であり、取調べにおいて多大な混乱と時間を費やしたのである。

ここで言及すべき最後のカテゴリーとして、警察によってなされた決定の不公正さがある。調査を害するかもしれないという言い訳によって、光男氏は法律扶助協会から来た人と話をすることを許可されなかった（324頁）。浅見氏の権利として、彼が弁護士に会うことができるとは言及されておらず、これは意図的なものであった（216頁）。本多千香氏は、特定の人を呼ぶ権利を利用することが許可されなかった（282頁）。本多氏の取調時間の延長が、彼女が不在中になされた（287頁）。彼女の延長は11時間に及び、午前９時36分から午後８時38分までであった。彼女は、弁護士や領事館員に面会したいかどうか尋ねられることもなかった（333―335頁）。通訳人は、正治氏の時間を延長してもらうのに、彼に同行しなかった（494頁）。ホテルにいる間に、通訳人はテープから何を反訳するかを選択することを決め、彼女がその管理をした（524頁）。日本領事館から、平川氏が光男氏と本多氏に会いにホテルにやってきたが、しかし彼らに面会することは許可されなかった（266頁）

様々な反対尋問において、取調資料は全く依拠しえないものであることが、治安判事にもきわめて明確になったはずであった。様々な通訳人の問題に向けられた質問が多数あった。正確を期するために、反訳、テープ、ビデオをチェックすべきという請願が行われたが、何の成果もなかった。ヴァン・デ・ウィール弁護士が言うには、利用できる財源がなかったのである。警察は、被疑者に対する指針を全く厳格に従わず、そこに、誤審があったのである。取調時間を延長し、ホテルでの［警察が］監視する中での［ヘロインの］引渡しに関与することを進んで行った被疑者たちの協力は、彼らの無罪のあらわれである。多くの理由から、この事件は、カウンティ・コートに移送されるべきではなかったのである。

スティーブン・ヤング
1998年９月14日

添付資料　D

「マジストレート・コート—ブラウンに対する反対尋問」

あなたの陳述書または手書きのメモにおいて言及したこと以外に、取調べの記録を、トゥッラマリンのオーストラリア連邦警察署で実施する前に、本多氏と何かほかに会話をしましたか？———はい、取調べの形式を彼女に説明しただろうと思います。彼女は、取調べのテープ、単一又は複数の取調べのテープで、私たちが尋ねた質問形式のものの、完全な複写版が提供されるだろうということでした。

それは全て、公認の通訳人がその際に出席するなかで行われたのですね。———その通りです。はい。

それは木下さんでしたか？———木下さんです。はい。

木下さんは、全般的に流暢な英語を話さなかったのですよね。———はい。

あなたは、もちろん、彼女が流暢な日本語を話すことができ、かつあなたが話していたことを正確に、そしてまた本多氏が話していたことも正確に翻訳することができるということに、依存していたのですね。———はい、彼女は公認の通訳人ですので、私は、彼女が正確に通訳していると信じています。

しかしながら、木下さんから与えられた回答からは、逐語訳は存在しなかったか、または彼女は流暢な英語を話すことができなかったことは明らかでした。つまり、彼女は、自分自身を理解させることはできても、彼女の文は、常に文法に正しいわけではなかったのですよね？———私は、私が理解していない日本語を、彼女が私に話したとは言いませんでしたし、私は彼女に、できる限り彼女を理解したと伝えました。通訳人なしに本多氏と話そうとするよりは、まだよかったです。

わかりました。私が指摘しようとしている唯一の点は、これです。つまり、あなたは、彼女の英語はいささか混乱していると、彼女に伝えることはできたということですか？———はい、そうですね、彼女は、あなたや私のように流暢な英語は話しませんでした。

それでは、いくつかの意訳や、多少の言葉の変更があったかもしれないということですか？―――公認の通訳人ですから、それはなかったものと推定しています。

添付資料　E

「マジストレート・コート―トニー・カン・キットンに対する反対尋問」

―――忘れました。

あなたは忘れたのですか？―――はい、忘れました。

それでは、このように聞いてみましょうか、あなたに接近してきた人々の一人が、あなたに、あなたの会社について尋ね、そして彼らはこれらの人々の関係で行われていた予約について、あなたに尋ねましたか？それについては覚えていますか？―――何が起こったのか、よく覚えていません。―つまり、彼らが私に何を尋ねたかは。

彼らはあなたに、何枚かの航空券を提示しましたか？―――誰がですか？すいません。

警察官ですか？―――いいえ。

その男性か、あるいは女性警察官ですか？―――いいえ。

あなたに、何枚かの航空券を提示し、それについて、いくつか質問を尋ねました？―――私は何のチケットも見ていなかったように思います。

日本人男性が１人いる部屋に連れて行かれて、女性警察官が、あなたにいくつか質問を尋ね、あなたに通訳として行動するよう依頼しましたか？―――（聞き取れる回答なし）

もし覚えていないのでしたら、端的にそういってくださいね？―――すみません、それはどこを意味しているんですか、空港ですか？

この日、７月17日、午前11時ごろ、彼らはあなたにそうするよう依頼しましたか？―――私は、定かではありません、でも、―正確には覚えていません。
どこで日本語を学びましたか？カンさん？———香港で。
単に街頭で、ですか？それともどこで？———すみませんが、今一度？
あなたはそれを、学校で学んだのですか？それとも単に街頭で、あるいはどこかで？———はい、ある種の語学学校で、です。
どのくらいの期間、あなたはその語学学校にいましたか？———1年間だけ学びました。
何か試験を受けましたか？———すみませんが、もう一度？
何か試験を受けましたか？試験がありましたか？———はい、受けました。
合格しましたか？———はい、しかし単に中級を終えただけです。これは、つまり、3つのコースがあったと思うのですが、わたしは、ただ、試験に合格するのに2つ目のコースで終わったのです。そしてその後、私はやめてしまいました。
それは、あなたがあまり上手ではなかったからですか？———おそらく、私が怠け者だったからです。
つまりあなたは、試験の半分しか受けなかったとおっしゃったと言っていいですか？———済みませんが今一度？
あなたは、私たちに、あなたが試験の半分しか受けなかったとおっしゃったと、理解していいですか？———いいえ、私が意味しているのは、つまりそれらは3つのコースに分けられていて、初級と中級、そして最終です。私が意味したのはこういうことです。3つのコースがあり、私は中級の部分まで終了していて、私は学ぶのを継続せず、そのため私は最終試験を終えなかったということです。
あなたは、何らかの口頭での試験を受けましたか？あなたは日本語を話さなければなりませんでしたか？———はい、私は。−その後私は、日本の共同体（？）で働いていましたし、いろんなことをすることで、日本語を話す機会がありましたので。———これがあなたの意図したことですか？あなた？
いえ、私が意味しているのは、あなたが学びに行った場所では？ということです。―――はい？

彼らはあなたに、日本語を話す試験を受けるよう依頼しましたか。試験員は、あなたと一緒に座って、あなたは日本語を話さなければならず、そして彼があなたの話すことを聞き、あなたが試験に合格したかどうかあなたに伝えた、つまり、あなたはそのような試験をしなければいけませんでしたか？―――あまりよく覚えていません。というのもそれはずっと前のことで、だいたい18年以上前なので。

あなたは、ある男性と女性に会い、その際彼・彼女らはあなたに、連邦警察官であると自己紹介したとおっしゃいましたが、あなたは２人の女性警察官と会ったのですか？―――少しあとで、部屋の中にもう１人女性がいました。

貴方は、彼らから、何をするように依頼されましたか？あなたはただそこに座っていただけですか？それとも何かをしましたか？―――どういう意味でしょうか、どこの中で―――？

ビルの中でです、そうですか？―――税関エリアの中で？

税関エリアの中か、あるいは警察エリアの中で？―――すいません、覚えていません。

添付資料　F

「マジストレート・コート―バセット捜査官に対する反対尋問」

証人にどうぞ、長い取調記録の反訳を見せていただけますか？それは証拠物件74です。それがありますか？―――はい。

一般的に６月19日付のその取調べを取り扱うにあたって、浅見氏が、彼に何が提示されたのか理解していなかったと、あなたにとって明らかだったに違いない場面がいくつかあったと、これにあなたは同意しますか？―――時々、はい。

全般的に何が起こっているのかについて、彼が混乱を示した時がありましたか、これにあなたは同意しますか？———何が起こっているか、彼はおおむね理解していたと思います。

私が言いましたのは、全般的に何が起こっていたかについて、混乱を示した時があったかということです。———取調べに関してですか？

「はい」ですか？———はい。

あなたはそれに同意しますか？———はい。

それらのいくつかは、少なくとも、通訳の困難から生じたもののようだった、あなたはこれに同意しますか？———その通りです。はい。

それらのいくつかは、文化的な相違から生じたともいえる、あなたはそれに同意しますか？———定かではありません。

たとえば、取調べの275頁に行ってください。———取調べの頁番号をいただけますか？私は全ての———を持っているわけではなくて。

はい、275頁ですか———取調べの残りをいただけますか？

はい、第４巻、275頁です。ありますか？———はい。

あなたは彼に、私たちが犯罪を犯した容疑のある人に対して提示する標準的なまたは公式の言葉と理解しているものを提示しています。そうですか？———はい。

彼はあなたのもとに戻ってきて、通訳人を介して、次のように言いましたか、「私は容疑をうけているとは理解していませんでした」と？———はい。

それが、私が「文化的な相違」と言った際に意図していたことです。あなたはそれに同意しますか？———はい。

この種の誤解は、取調べの間、他の場面でも起こりましたよね？———はい。

あなたは、取調べの間、何度も、彼に言いましたね、あなたは、彼が嘘をついていると信じていると、そうですね？———はい。

あなたは取調べの過程で反対尋問しましたね？———特定の場面を思い出せません。

あなたは、彼が行なった多くの回答について、不信を表現しましたね？———はい。

通訳人に対して、その不信を彼に伝えるように指示しましたか？———はい。

あなたは、あなたの質問のいくつかに対する彼の与えた回答に、異議を申し立てましたか？―――はい。

彼の回答を、あなたは受け入れないと、彼に伝えましたね？―――これも、特定の場面を思い出せません、しかし、そのようなことがあったことは確かです。

124頁に行ってもらえますか。それは、取調べの記録の頁です。頁を３分の１ほど下ったところに―「あなたは、私に再び嘘を言っていないと確信できますか？」とありますね。―――はい。

あなたは、彼の回答に対するあなたの不信を、彼に伝えているのですね？―――うーん。

貴方は、彼が嘘をついていると信じていると、彼に伝えているのですね？―――はい。

あなたは彼の回答に異議を申し立ているのですね？―――その通りです。

あなたはまた、彼に、取調べの記録の過程で、回答を端的にしておくように、彼に伝えてもいますね？それは思い出せますか？―――私は、彼に、回答を短くしないようにではなくて、短い回答をおこなうように依頼したことを覚えています―それによって私たちは、通訳し、そして、彼が回答を続けることができました。

128頁ですが、もう一度、３分の１ほど頁を下がってください。「浅見さん、あなたの回答を短くするようにしてもらえますか？」とありますね？―――はい。

そして続けてあなたはこう述べていますね、「それによって通訳人が毎回、少しずつ通訳することができるように」と？―――はい。

それは、どんなによく表現しても、曖昧ですよね？あなたは私たちに述べているのは、あなたが伝えようと意図していたことは、通訳人が翻訳するのをより容易にするために、短い塊での回答を欲していたということなのですか？―――えっと、私は、その次に、今起こっているのは、私たちはお互いを超えて話しているということなので述べることで、それを明らかにしていると思います。

しかしあなたが伝えたのは、こうです。「あなたの回答を短くし続けよ」。実際に、あなたは彼に、短い塊でそれがなされるべきだ、それによって、通訳者が小さな部分で一度にすることができる、とは説明していない。そうですよね？———それが私の言ったことです。

あなたは、通訳者のために、小さな塊に分割することができる限り、彼が述べたいことは何でも述べてよいとは、彼に言いませんでしたね？———はい、それは言っていません。

しかし、回答を短くし続けよと彼に伝え、そしてあなたは、彼を非難していますね？彼があなたに述べていることと、17日に彼があなたに述べていたこととの間の非一貫性とあなたが呼んでいるものについて。———その通りです。

そして、彼が嘘をついていると彼に伝えましたか？———はい。

取調べの記録中に、次のようなやりとりもありますね？あなたが提示した質問に、浅見氏に対して翻訳した上でそれに答えるというのではなく、通訳人が直接回答するというやりとりが。———そのようなことが起こった場面があったとは、思い出せません。

他の…との取調べについての別の記録において、通訳人が話された事柄について言及する場面がありましたね…

記録2-2 補充報告書（各論）

補充報告書（各論）
通訳の問題点

～ 目次 ～

Ⅰ 有罪認定に関わる特に重要な場面での誤訳 [2]
（総論） [2]
1，空港での通訳の問題点（勝野光男氏の場合） [2]
2，泥棒の存在を訳していない問題点（勝野光男氏の場合） [16]
3，スーツケースの鍵についての誤訳（勝野光男氏の場合） [15]

Ⅱ 手続違反にかかわる誤訳（権利告知が伝わらない等） [22]
（総論） [22]
1，弁護人の立会を受ける権利についての誤訳（本多千香氏の場合） [22]
2，犯罪の嫌疑を伝える場面での誤訳（浅見喜一郎氏の場合） [23]
3，領事館との連絡権を伝える場面での誤訳（浅見喜一郎氏の場合） [23]
4，被疑事実の告知の問題点（勝野光男氏の場合） [24]
5，弁護人選任権の告知の欠如（勝野光男氏の場合） [28]

Ⅲ 被疑者供述の一貫性、信用性を誤解させるような誤訳 [31]
（総論） [31]
1，旅行のアレンジについての誤訳（勝野良男氏の場合） [31]
2，チャーリーとの contact についての誤訳（勝野良男氏の場合） [34]
3，被疑者の人格を不当に疑わせる誤訳（勝野良男氏の場合） [39]
4，make up の誤訳（浅見喜一郎氏の場合） [40]
5，着替えについての誤訳（浅見喜一郎氏の場合） [41]
6，handwritten statement についての誤訳（勝野光男氏の場合） [45]

Ⅳ 通訳の基本的資質及び適格性を疑わせる誤訳 [50]
（総論） [50]
1，テープ録音についての誤訳（本多千香氏の場合） [50]
2，日本人の文化についての不正確なコメント（浅見喜一郎氏の場合） [50]
3，通訳人の独断による質問（勝野正治氏の場合） [51]
（1） 荷物の発見状況についての通訳人の独断による質問 [51]
（2） 旅行者についての通訳人の独断による質問 [53]

2000/10/24

補充報告書（各論）
通訳の問題点

I　有罪認定に関わる特に重要な場面での誤訳

（総論）

本件は、被疑者が、スーツケースにヘロインが隠されていたことを知らなかったと訴えているケースである。したがって、なぜそのようなスーツケースを持っていたのかについての被疑者の説明が重要である。

この説明に信用性が認められなければ、捜査官や陪審員から見れば、被疑者は嘘をついているという有罪の事実認定がされてしまう危険が高くなる。

有罪認定に関わる特に重要な誤訳の例は多数指摘できるが、ここでは、以下の一連の問答を指摘する。

ここで留意していただきたい点は、取調官と陪審員は、以下のやりとりのうち、左の欄、つまり実際に英語で話された部分しか理解できないということである。

以下の対訳でも、英語での問答だけに注目して読んでもらいたい。

日本語と英語の両方を読むとようやく意味が分かる。しかし、英語だけを読むと、被疑者が、つじつまのあわない矛盾する供述をしたり、返事をはぐらかそうとしていると思われても仕方がない部分がある。

実際、取調官が、腹を立てて、「くだらんことばかり言っていると言ってくれ。」と発言する場面すら登場する。しかし、以下の対訳を見れば、通訳によってもたらされた混乱がその原因であることは明らかである。

1，空港での通訳の問題点（勝野光男氏の場合）

これは、空港で最初の取調べを受けている場面である。ここでの通訳は旅行会社から空港にガイドとして派遣された人物であり、刑事事件の通訳人としての訓練を受けておらず、公的な資格を持たない人物であった。この通訳人は、英語・日本語のどちらも母国語としておらず、英語も日本語もたどたどしかった。

以下は、捜査官が被疑者に対して、スーツケースを荷造りをしたのは誰か、と質問している場面である。

被疑者は、通訳された質問に対して、明快な答えを述べている。

ところが、通訳人の能力不足のために、重大な問題が生じている。

単純な誤訳が多数ある。さらに、通訳人が、勝手に質問したり、被疑者が言ってもいないことを勝手に回答してしまうことが多数ある。

通訳人として守るべき基本的ルールが守られていない。

被疑者は、自分のスーツケースが盗まれて代わりに渡されたスーツケースからヘロインがでてきたことを明確に説明しているが、通訳の問題のために、それが伝わらないどころか、かえって不信を抱かせ、スーツケースが取られたというのは作り話であるとの印象を与えてしまっている。

Schneider. :　Did you bring a suitcase, which, which suitcase is yours? （あなたはスーツケースを持って来ましたか、どれが、どれがあなたのスーツケースですか？）	

この場面では、通訳人が suitcase を日本語で「荷物」と訳し、それによる光男の誤解をそのまま放置したため、問題が生じている。日本語で「荷物」という単語はカバンを意味する場合もあるが、カバン入っている中身を意味する場合もある。

そのため、光男は、英語で「あなたのスーツケースはどっちですか」という質問を、日本語で「あなたの荷物はどっちですか。」と訳されたために、「こっちです。」と答え、英語で訳されたやりとりを聞く限り、その「スーツケース」が自分の所有物であることを当然のように認めてしまっている。

ここで生じた誤解に基づいて、後で、捜査官は、「スーツケースが自分の所有物だとさっき認めたではないか」と被疑者の「矛盾」を追及してくる。しかし、通訳人は自分の通訳から生じたこの誤解を放置したままにしてしまうのである。

通訳：　あの、荷物、こちら、あなたの、どちらですか。

勝野：　荷物ですか。あの、
こっちです。

通訳：　あの、あなたの荷物はどちですか。

勝野：　こっちです。
名前書いている。

通訳：　何番？
遠くから。

勝野：　いろ、わかんない。

通訳：　何番ですか。

勝野：　えーと、忘れました。
あの、名前見なくっちゃわかんないです。

通訳：　He wants to look in the suitcase.
（彼はスーツケースの中を見たいそうです。）

Schneider：　Yes, If he could show me which suitcase?
（ええ、彼がどのスーツケースかを私に示してくれれば。）
Don't touch, Don't touch the suitcase, just point to it, don't touch it. Which one?
（さわらないで。スーツケースにはさわらないで、ただ指差してください、さわらないで。どれですか？）

通訳：　お名前はなんと。

勝野： 勝野光男です。

通訳： これ勝野でしょ。

Schneider: Don't touch it.
（それにさわらないで。）

勝野： これ勝野だけれど、さっき中身チェンジしちゃった。

通訳： ああ、そうですか。
これ、勝野、これ光男、これですか。

Schneider: The black suitcase is yours?
What is your full name?
（その黒のスーツケースはあなたのですか？あなたの氏名はなんですか？）

通訳： お名前は全部で

勝野： はい？

通訳： 名前はなんですか。

勝野： 勝野光男です。

通訳： His name is Katsuno?
（彼の名前は勝野です。）
His full name is Katsuno Mitsuo。
（彼の氏名は勝野光男です。）

Schneider: Did you pack your suitcase?
（あなたは自分でスーツケースの荷造りをしましたか？）

通訳： Where?
（どこで？）

Schneider: At home this morning before you got on the flight?
（あなたが飛行機に乗る前、今朝、家で。）

通訳： この荷物の整理は

勝野： はい

通訳： えー、あなた、直接、やりました？
えー、自分でやりました？

勝野： え？

- 4 -

通訳：　例えば、うちから出てくる前に、自分で整理しました？

勝野：　ええ、やりました。

通訳：　自分で？

勝野：　ええ、自分でやりました。
でも、これは私のバックではない。

通訳：　はー、はー

勝野：　私のバッグではないのです。だから、、、。

通訳：　それで、うちで、だれが、整理しました？これ。

勝野：　整理ですか。

通訳：　整理。

勝野：　整理して？

通訳：　うん。

通訳：　もしは、この荷物はあなたのではなくて、いつ、これありました？

勝野：　わかんない。もうわかんない?
だから、、、。

通訳人と被疑者の直接問答が１７回続く。取調官が介入する。

Schneider: Did he pack that suitcase?
（彼がそのスーツケースを荷造りしたのですか？）

通訳：　Yes, he did.
（はい、彼がしました。）
But the bag , the bag is not, is not belong to him.
The bag, the trunk does not belong to him.
（でもそのバッグ、そのバッグはそうじゃない、彼のものじゃない。そのバッグ、そのトランクは彼のものじゃないです。）

通訳人は、「このスーツケースを自分で荷造りしたのか。」という重要な質問に対して、被疑

- 5 -

者に通訳せず、勝手に自分で回答してしまっている。

通訳：　あの、どこからこの

勝野：　荷物
ズボンだけ、

通訳：　うん

勝野：　ズボンだけ、日本から持ってきた。

通訳：　持ってきました?

勝野：　持ってきました。
私の荷物は中身のスーツと、

通訳：　Inside the baggage, only ah,, trousers belong to him.
Others belong to him.
（荷物の中、ただ、アー、ズボンだけが彼のものです。
その他のもの、彼のものです。）

通訳人は、取調官が聞いていない質問を勝手に進めていき、それに対する回答を訳している。

この後、取調官は、この回答は無視して、もう一度、自分で全部荷造りをしたのかと質問している（Did you pack that entire bag?）。

ところが、通訳人はこの質問は訳さずに、自分勝手に質問を続ける（通訳人と被疑者が１０回の直接問答）。

この結果として、「スーツケースを盗まれた」という重要な弁解が、取調官の質問と全くかみ合わない形で、唐突に登場してしまう。

Schneider:　Did you pack that entire bag?
（あなたがそのバッグを全部荷造りしたのですか？）

通訳：　あの、日本から洋服持ってきたでしょう。

勝野：　はい、持ってきました。

通訳：　それで、もともとの荷物はだれのかしってますか。

勝野：　だから、それは盗まれた。

通訳：　えっ？

勝野：　食事しているとき、皆で食事して、車の中に、トランクにしまって、私の荷物、

- 6 -

	その４人、４人の、荷物、あ、バックごと、 通訳：　ふん 勝野：　なくなりました。 通訳：　なくなっちゃった？どこで？ 勝野：　クアラルンプール。
通訳：クアラルンプール。 He said, in Kula Lumpur, when they had meal, all the luggage are in the couch, but, well, all baggage gone. Some body take away. （彼は、クアラルンプールで、彼らが食事をしていたとき、荷物は全部カウチの中で、でも、えーと、荷物全部なくなった、と言っています。 だれかが持って行く。）	

（鍵の話になる）

捜査官は combination lock（ダイヤル錠）の番号を知っているかと尋ねるが、通訳人はこの意味をすぐに理解できず、混乱する。

Schneider: These bags have a combination lock on them. Do you know the combination of that bag? （これらのバッグにはダイヤル錠が付いています。あなたはそのバックの組合せ番号を知っていますか？）	
	勝野：　わかんない。
通訳：　What's combination? （なんの組合せですか？） Schneider: He's had to open the bags to get in so he knew the combination lock, could you just ask him if he knows the combination lock, combination of that bag? （彼は中身を取り出すためにそのバッグの開けなけ	

- 7 -

ればならなかったのだからダイヤル錠を知っていたはずです。とにかく、彼にダイヤル錠を知っているか、そのバックの番号の組合せを知っているか聞いてください。)

通訳： Oh you mean the lock?
(あー、鍵のことですか？)

Schneider: The combination.
(番号の組合せ)

通訳： Oh.
(あー。)

Schneider: He opened that bag.
Alright.
(彼はそのバックを開けたんだ。わかります？)

Schneider: So he has to know the combination, could you ask him if he knows the combination?
(ということは、彼は番号の組合せを知っているはずなんです。彼に番号の組合せを知っているか聞いてください。)

通訳： 鍵のナンバーは？知ってます？

勝野： わかんない。ああ、ゼロ、ゼロ
ゼロ、ゼロ
えー、ノータッチ。

通訳： ゼロは、もう開けますか？

勝野： 鍵は、これ。これ、

通訳： あー、

Schneider: Is that, is that your key to that bag?
(それ、それは、そのバッグのあなたの鍵ですか？)

通訳： この鍵は、この荷物のですか。

勝野： そうです。
そう思います。あ、あ、そう、そう。

通訳： ちょっとまって。
さっき、荷物きた時?

Schneider: Ask him if he's, who else has a key to the bag?

- 8 -

(彼に、彼が、他に誰がそのバッグの鍵を持っているか聞いてください。)

通訳： あの、勝野さん以外に、だれがこの鍵、もてますか。

勝野： 鍵ですか。私だけです。

通訳： Only him.
(彼だけです。)

Schneider: Only him?
(彼だけ？)

通訳： Mm. But he only knows the combination number, zero zero zero.
(フム。でも彼はゼロ、ゼロ、ゼロの番号の組合せしか知りません。)

Schneider: But he only has a key of that?
(でも、彼だけがその鍵を持っている？)

通訳： Yes.
(はい)

次に、捜査官は、誰がバッグを荷造りしたのかと再び質問する。

ところが、通訳人はこれを訳さず、違うことを聞いてしまう。そして、通訳人と被疑者の直接問答が２０回続く。

Schneider: Ask him again who packed the bag.
(もう一度彼に誰がそのバッグを荷造りしたか聞いてください。)

通訳： この荷物はもともとどこから来たものですか。

勝野： はい、もともと。
荷物ですか。

通訳： ん。荷物、だれの荷物ですか。もともと。

勝野： 荷物、中身、靴、これ、私の。もともと、私の

通訳： しかし、この荷物だれの。
洋服は。勝野さんのですか。

勝野：　はい、そうです。

通訳：　荷物は、これだれの。このバッグ。

勝野：　バッグですか。

通訳：　そうそう。

勝野：　バッグは、だから、要するに、わかんない。

通訳：　わからない？

勝野：　だから、要するに、バッグ。
えー、私のマイバッグは、あー、車、食事してる時、車なくなった、ね。
だから、それで、あの、ガイド、

通訳：　うん。

勝野：　案内するガイド、

通訳：　うん

勝野：　それが、つかってくれということで、

通訳：　うん
ああ、わかった、これ、かわりの。

勝野：　替わり、替わりの、あ、そうか。

通訳：　トータル、幾つ。

勝野：　だから、4つなくなったの。

通訳：　What he said is from there, he knew all the package gone and later because I have exchange baggage
(彼が言っているのは、そこからだと、彼は荷物、全部なくなったのを知っていたと、そして後で、私が替わりの荷物をもっているから、、)

通訳人は、直接問答を続けた後、"What he said is from there, he knew all the package gone and later because I have exchange baggage"と、意味の分からない英語を言う。

これに対し、取調官は怒り、「くだらんことばかり言っていると言ってくれ。」と発言する。

- 10 -

Schneider: Tell Him I think he's talking rubbish. Tell him he's talking rubbish.
(くだらんことばかりを言っていると私は思うと彼に言ってくれ。くだらんことばかりを言っていると彼に言ってくれ。)

通訳： あの、いま、勝野さんのいうことは、ぜんぶ、あの、意味はないです。

勝野： 意味ないです？意味ないです？

通訳： まちがったこと。

Schneider: Ask him who packed the bag? Did he pack the bag? Yes, or No.
(彼にだれがそのバックを荷造りしたか聞いてくれ。彼が荷造りしたのか？ Yes か No か。)

おそらく被疑者が話をはぐらかしていると感じたため、取調官は、念を押すように、再び、「誰がバッグを荷造りしたのか、彼が荷造りしたのか、Yes か No か。」と質問し、明快な回答を求めた。

ところが、通訳人は、この質問も訳さず、違うことを聞いてしまう。通訳人と被疑者との直接問答が２４回続く。

この直接問答の中で、被疑者はバッグの盗難について説明しているが、通訳人はこれを訳さない。

通訳： この、この荷物は、

勝野： はい

通訳： あの、だれから、あなた、特に、

通訳： お洋服は、

勝野： 洋服は、、、

通訳： 自分で買いました？

通訳： はい？
自分でかいました？

勝野： だから、普段は―――なんだけれど。
だから、ガイドが、要するに、それを盗んだ人をわかったわけです。

通訳：　うん、うん、

勝野：　要するに、盗むの分かりますよね？

通訳：　うん、うん

勝野：　盗んだ人、盗んだ人、見つけてくれたんです。

通訳：　うん、うん、はい。

勝野：　それで、服だけ返してもらった。服だけ私に返してもらって、

通訳：　はい、はい、それで？

勝野：　ええ、それで、だから、とりあえず、バッグは、なんか、私、鍵付けましたから。
で、こう、ナイフか何かで切られたん。
私の、日本から持ってきた私のバッグは、要するに、こう、穴をあけられて、それで、
その、
だから、駄目になっちゃった。

通訳：　うん、うん、

勝野：　だから、代わりにそのバッグを、

通訳：　うん、うん、

勝野：　使ってくれということで、私にくれたんです。

通訳：　うん、うん、
それで、そのバッグは、バッグを勝野さんに渡すときに、開けるんですか？

勝野：　オプンですか。

通訳：　オープンですよ。
それ、だれが、あのー。鍵を閉めていました。

勝野：　私ですよ。

通訳：　Yes, he locked , he locked the bag.
（はい、彼が鍵をかけました、彼がそのバッグの鍵をかけました。）

Schneider：　He packed the bag then?
（じゃあ、彼がカバンを荷造りしたんだね？）

- 12 -

通訳：　He packed the bag, yeah.
（彼がカバンの荷造りをした。そうです。）

被疑者に通訳せずに勝手に答えている。捜査官「じゃあ、彼がカバンを荷造りしたんだね。」通訳人「彼がカバンの荷造りをした。そうです。」

Schneider: Right. Ym. With regard to the bag being swapped, tell him he identified that, he identified that bag as his. Tell him that, that he identified that bag as his two minutes ago.
（よろしい。フム…、カバンがすり替えられたことに関してだが、彼に、自分でそのカバンが、自分でそのカバンが自分のものであると確認したと伝えてほしい。２分前にあのカバンが彼のものだと確認したと伝えてほしい。）

ここで、捜査官は、カバンの所有を被疑者が認めたことを再確認している。「よろしい。カバンがすり替えられたことに関してだが、彼に、自分でそのカバンが自分のものであると確認したと伝えてほしい。２分前にあのカバンが彼のものだと確認したと伝えてほしい。」これは、冒頭に登場した suitcase を「荷物」と訳したことから捜査官に生じた誤解に基づく追及である。しかし、通訳人はこれを放置して、相変わらず「荷物」と訳している。

それればかりか、以下の通訳では、「自分の物であることを確認したでしょう」と訳すべきところ、「荷物を確認されましたでしょ」と訳したのみで、被疑者には全く意味が通じない。

さらに、「カバンがすり替えられたことに関してだが、」という言葉が抜け落ちてしまっている。これでは、捜査官の追及の内容（カバンをすり替えられたと言っているが、さっきそのカバンが自分のものだと認めたではないか）は、被疑者に全然伝わっていない。

通訳：　あの、二分前、

勝野：　はい？

通訳：　今、勝野さんは、自分でこの荷物を自分で確認されましたでしょ。

勝野：　はい。

通訳：　うん。

通訳：　やっぱり、確認したばかり、

勝野：　はい？確認？

通訳：　確認、今、確認しました。

勝野：　はい？

通訳：　これ、意味ないですから。

勝野：　はい、これ、荷物。

通訳：　うん、これ荷物、勝野さんのですね。うん。

勝野：　はい、そうです。

Schneider: So, is that his bag?
（じゃ、それは彼のバックなのですか？）

通訳：　この荷物、じゃ、本当に、勝野さんの荷物ですね。

勝野：　だから、inside,　服だけ、オンリー。

この辺から、通訳の英語が文法的にも内容的にも理解し難くなってくる。

捜査官は、「唯一の鍵を君が持っているなら、どうやってツアーガイドがカバンを開けたのか」と聞いているが、通訳人はこれを訳さない。

捜査官のたたみかけるような質問が全く訳されず、通訳人と被疑者が直接問答を繰り返したあげく、全くかみあわず意味不明な回答が捜査官に返ってくる。

そもそも、これよりも前の部分で、スーツケースが盗まれたという被疑者の説明が訳されていないまま進行しているので、相互に話が意味が通じなくなっている。

通訳：　These two, these two, yes only the coat belonging to him, that bag is not belonging to him.
（この２つ、この２つ、はい、コートだけが彼のものです、そのバックは彼のものではありません。）

Schneider: So who put the coat, who put the clothes out of his bag and put them in another bag?
（じゃ、誰がコートを入れたのかね、誰が洋服を彼のバッグから取り出して別のバッグに詰めたのかね？）

通訳：　What he explained is ah, the tour guide exchaged his baggage to them.
（彼の説明では、アー、ツアーガイドが彼の荷物をそれに入れ替えたそうです。）

Schneider: Right. Ask him for me.
（よろしい。彼に聞いてくれるかね。）

- 14 -

通訳： Together we get clothes. （一緒に私達は洋服ももらいました。）	
Schneider: Ask him from me, does the tour guide, he told me before he had the only key to the bag. （彼に聞いてくれ。そのツアーガイドは？、彼はそのバッグの鍵は彼だけが持っていたと以前私に言ったんだ。）	
通訳： Mm. （フム。）	
Schneider: How did the tour guide get into the bag? （そのツアーガイドはどうやってバッグの中のものが取れたのかね？）	
	通訳： それで、この鍵は、だれから、
	勝野： こんなかに入っていました。 入っていました。この鍵が だから、最初から入っていました。 もう一個鍵が入っていました。中に。
Schneider: That's , That's the only key, you told me that's the only key. （それは、それが唯一の鍵だと、あなたは私にそれが唯一の鍵だと言ったじゃないですか。）	
通訳： Yeah, but what, what he said is,,, （はい、でも、彼が言っているのは、、、）	
	通訳： だから、
	勝野： だから、キーはインサイドだから、
通訳： He mean, what he, he means exactly open when … （彼が言っている意味は、彼、彼が意味しようとしているのは、正確には、開けた、時、、、）	

”He mean, what he, he means exactly open when …”というのも、訳せないほど支離滅裂な英語である。

ここで、突然、捜査官は、尋問を終了している。

Schneider: Alright. I'll leave it at that. Just ah, just let him know we'll be asking him	

further questions with regard to … we'll be talking to him. (よろしい。そういうことにしておこう。ただ、アー、…について我々は彼に更に質問をするだろうと、更に話をすることになるだろうとだけ彼に伝えてくれ。)	
	通訳：　じゃ、これから、まだ、
	勝野：　はい
	通訳：　質問があります。
	勝野：　はい。
Interview concluded eight thirty. (取調8時30分終了。)	

以上のように、被疑者は、通訳人に対しては、いきさつを明確に説明している。

ところが、通訳人は、本来は話された言葉をそのまま訳すべきであるのに、被疑者に自分の判断で勝手に次々と質問し、通訳人の独自の解釈で、結論のみを取調官に伝えている。このため、取調官の質問と返ってくる答えが全くかみあっていない。

このような問答によって、捜査官は被疑者への疑念を深めていき、被疑者へのいらだちの態度を明らかに示している。

英語だけを見れば、被疑者の供述は内容がころころと変遷しており、とても信用できないと思われても仕方がない内容になっている。

また、通訳は、何回も勝手に質問した後、被疑者がそう言っていないのに、「Yes, he did」「He packed the bag.」などと勝手な結論を述べてしまっている。この間に述べられた、カバンを盗まれてその後に渡されたカバンに知らない間にヘロインが入っていたのだという被疑者の説明は、全く捜査官に伝わっていない。

2，泥棒の存在を訳していない問題点（勝野光男氏の場合）

次に、被疑者が泥棒について説明しているのに、通訳が泥棒については何ら訳していないという別の場面がある。

「泥棒」という言葉を通訳されていない。1181 tape 1 Schneider: Okay. When he gave, when he gave you that black suitcase was it empty? (わかりました。彼がくれた時、彼がその黒のスーツケースをあなたにくれた時、それは空でしたか？)	

- 16 -

通訳：　その黒いですね、スーツケースをもらった時、中は空っぽでしたか？

勝野：　いいえ、それで、服類がつまって、あの、その日の夜は、まだ荷物はしていませんから。
ちょっと、あの、クアラルンプールから離れたところに泊まりましたので、荷物が届いたのは朝がたです。

通訳：　The night when arrived they didn't have any luggage and that they stayed outside the Kuala Lumpur and next morning the luggage has arrived.
（到着した夜、彼らは荷物は全く持ってなくて、クアラルンプール市外に泊まりました。そして次の日の朝に荷物が届きました。）

勝野：　で、あの、要するに、私の荷物はそのバックに詰め込まれていました。

通訳：　荷物の中身が詰め込まれていたのですか。

勝野：　はいそうです。

通訳：　At that time when he found in the morning already his personal belongings was put in the black bag.
（そのとき、朝彼が見つけたとき、すでに彼の個人の所有物は黒のバッグに入れられていました。）

Schneider:　Who put his personal belongings out of his own suitcase into the black bag?
（誰が彼の個人の所有物を彼自身のスーツケースから黒のバッグに入れたのですか？）

通訳：　だれがですね。元のスーツケースからですね、中身を黒いスーツケースにーー

勝野：　<u>それは、だからーー、分かりません。何か、その話は、誰にも泥棒と言っていました。泥棒がいて、それがパカッたらしいんですよ。分ったら。とにかく、泥棒をみつけて、それからそのバックを奪いとる。返してもらったということを話したんです。</u>

通訳：　<u>It is just as I said. Could you repeat again question, please?</u>
（それは私が言ったとおりです。もう一度済みませ

- 17 -

んが質問を言ってもらえますか？）

Schneider: Right. I'm trying to understand what's happened with your bag.
（わかりました。私はあなたのバッグに何が起こったか理解しようとしているんです。）

通訳： カバンに関して、どうなったかは理解しました。

勝野： はい、理解

この部分では、被疑者は、泥棒に荷物とスーツケースを盗まれたこと、それを取り返したらしいこと、誰が元のスーツケースから（ヘロインの隠されていた）黒いスーツケースに荷物を詰め替えたのかはわからないこと、を説明している。

ところが、通訳人は、泥棒の話は一切通訳していない。そればかりか、光男の回答とは全く違う「回答」"It is just as I said. Could you repeat again question, please?"（私が言ったとおりです。もう一度すみませんが質問を言ってもらえますか。）を勝手に話している。

英語だけを見れば、被疑者が誠実に回答する意思がないと受け取られる内容になってしまっている。

これでは、英語しか聞いていない捜査官はもちろん陪審員にとっても、カバンが盗まれたというのは、作り話であるとの印象をもつのが当然といえる。

3，スーツケースの鍵についての誤訳（勝野光男氏の場合）

次の部分では、盗まれたスーツケースの鍵の所在について、光男の回答とは全く正反対の意味の誤訳がされている。

鍵を捨てたこと # 1809 テープ1 6.17. 1992 11：28

Schneider: Who found the luggage?
（荷物を発見したのは誰ですか？）

通訳： だれが、その荷物を発見しましたか。

勝野： ガイドの人だと思います。

通訳： He assumed that it was guide.
（彼はガイドだと思ったそうです。）

Schneider: Had he locked the suitcase?
（彼はスーツケースに鍵をかけていましたか？）

通訳： スーツケースに鍵がかかっていましたか？

勝野： はい、かかっていました。

- 18 -

通訳：　Yes
（はい。）

Schneider: Who has the key to his suitcase?
（彼のスーツケースの鍵は誰が持っていますか？）

通訳：　だれが、その鍵をもっているのですか？

勝野：　えーと、それで、鍵は私持っています。

通訳：　He has it.
（彼が持っています。）

Schneider: Was the suitcase locked when it went missing?
（スーツケースが紛失したとき、そのスーツケースに鍵はかかっていましたか？）

通訳：　それで、そのスーツケースがなくなった時にですね、その時、鍵はかかってました？

勝野：　はい

通訳：　Yes, it was locked.
（はい、鍵はかかっていました。）

Schneider: Where was the key?
（その鍵はどこにありましたか？）

通訳：　鍵はどこにありますか？

勝野：　鍵はもう捨てました。今、持っていません。要するに、バッグも盗まれたんです。私のバッグ。そうするとナイフで、要するに切られたと、
私のスーツケース

通訳：　He hasn't thrown away the key and what he found was when he recovered his luggage his luggage was cut open.
（彼はその鍵をまだ捨ててはいません。彼が発見したのは、彼が彼のバッグを回収したとき彼のバッグが切り開かれていたということです。）

”Where was the key?”「（バッグが盗まれたときに）鍵はどこにありましたか？」という過去形の質問を「鍵はどこにありますか？」と現在形で訳したために、被疑者は、「鍵はもう捨てました」というかみあわない回答をしている。

- 19 -

その上、通訳人は、これを He hasn't thrown away the key「彼は鍵をまだ捨てていない」という正反対の意味に訳している。被疑者の日本語での供述内容は、スーツケースが盗まれて切り裂かれたので鍵は不要なので捨てた、という趣旨であり、合理的な供述内容である。ところが、誤訳により、被疑者は、使えなくなったスーツケースの鍵だけは捨てずに持ち続けている、という不合理な供述をしていることになってしまっている。

勝野：　それで、要するに中身が開けられて、あの、らしいんですね。それで、バッグが使えなくなったと。

通訳：　And he seen that the inside was revealed and he found that the bag was useless.
（そして、彼は中身が現れているのを見て、バッグは使い物にならないことがわかりました。）

Schneider: Tell him that story differs to what he told me this morning.
（彼の話は今朝私に言ったことと違うと言ってくれ。）

通訳：　けさ、お話になったことと、今、お話になったことが、全く違うんですけれど。

勝野：　いや、それは要するに、一緒にいた男の通訳の方が、うまく話が出来なかった。
あの、ナイフとかで切れらたとか言っても通じなかったのです。

通訳：　The interpreter this morning couldn't make himself understood. Tha't why he couldn't explain how the bag was open, the cut and so forth.
（今朝の通訳人は彼自身理解できていませんでした。だから彼はなぜバッグが開いていたのか、切られていたことなどを説明することができなかったのです。）

上記のちぐはぐな回答から被疑者が誠実に回答していないという印象を持った捜査官は、”Tell him that story differs to what he told me this morning.”と述べ、被疑者の矛盾を面と向かって指摘する。

これに対し、被疑者は、通訳の能力不足に原因があることを訴えている。日本語しかわからない被疑者がこのように指摘するくらいであるから、通訳人の能力不足は極めて深刻であった。しかし、この深刻な訴えさえも、どの程度正確に捜査官に伝わっていたか非常に疑問である。

- 20 -

以上のように、被疑者の供述内容は、英語だけを見れば、非常に不自然・不合理であり、捜査官、陪審員から見れば、被疑者が作り話をしているという印象をもつのが当然といえる。

- 21 -

II　手続違反にかかわる誤訳（権利告知が伝わらない等）

（総論）

権利告知が正確に訳されていないことは、それ自体が明白な違法であり、自由権規約１４条 a,d 等の違反である。本件では、通訳人が法律用語、法的手続に対して非常に無知であるために、随所に誤訳が生じている。

１，弁護人の立会を受ける権利についての誤訳（本多千香氏の場合）

オーストラリアの刑事手続きについては、被疑者は、取調中に、自ら選んだ弁護人を同席させる権利を有する。しかし、本多氏に対する取調べにおいて、不正確な通訳のために、本多氏はそのような権利を有していることを理解できなかった。

以下が具体的な尋問である。問題の箇所には下線を引いた。

B捜査官: I must inform her of the following rights. She may communicate with or attempt to communicate with a friend or relative to inform that person of her whereabouts. Does she understand? （私は彼女に次の権利があることを告知しなければなりません。彼女は、友人、親戚に現在の彼女の所在を通知するために連絡を取る、または取る試みをすることができます。彼女はこれを理解していますか？）	
	K通訳：あの、このあとですね、おともだちとか、あの、家の人に連絡をとって、あの、そういう容疑、内容ですね、お話しするのは、お宅さまの権利としてありますので、それは結構です。
B捜査官: Does she wish to communicate with a friend or relatives? （彼女は友人または親戚の人と連絡を取ることを希望しますか？）	
	K通訳：えー、親戚の方とか、ご両親とか、あるいはおともだちに、あの、連絡とりたいですか。 本多：いいえ。
K通訳：No （いいえ。）	
B捜査官: She may communicate with or attempt to communicate with a legal practitioner of, of her choice and may arrange or, and arrange or attempt to arrange for a legal practitioner of her choice to be present during the questioning. Does she understand?	

- 22 -

(彼女は、彼女自身で選任する弁護士と連絡を取ること、およびその自選の弁護士を取調べに同席させるよう手配することまたは、手配することまたはその試みを行うことができます。彼女はこれを理解していますか？)	
	K通訳：あの、弁護士さんとかですね、法廷の弁護士さんとか、あとはおともだちにですね、そういう（雑音：聞き取り不可能）質問と同時にお手伝いしてもらえるような、あるいはかばってもらえるような人がほしいですか、弁護士さんとか。そういうの、もしもほしければ、あの、あれですね。
	H：いえ。いいです。
H: No, no need to. (いいえ、その必要はありません。)	

以上の中で、とりわけ、ポイントである、「be present during the questioning.」の部分は、全く日本語に訳されていない。「質問と同時に手伝ってもらえる、あるいは、かばってもらえる。」では、日本語として、極めて曖昧・漠然としており、取調中に同席してもらえると理解することは困難である。

さらに、問題なのは、後に作られた取調べ尋問調書においては、通訳人が、取調中の弁護士の同席について、本多氏に正確に伝えられたことになっていることだ。

すなわち、調書上は、通訳人は、以下のように通訳したと記載されている。

通訳人：Do you want a lawyer, a barrister or a friend who will help or take part in the interviews? If you need lawyers or someone we can arrange that.

ここでは、「take part in the interviews?」という語句により、弁護人が取調べ中に同席できることを伝えたことになっている。現実の通訳は、伝えなかったのだから、事実が歪曲されている。

2，犯罪の嫌疑を伝える場面での誤訳（浅見喜一郎氏の場合）

浅見氏が犯罪の嫌疑を理解しているかどうかについての質問の中で、捜査官は、"He understands that I am asking him questions about himi bringing this white powder into Austraria ? " と質問したところ、通訳人は、「白い粉をオーストラリアに持ち込んだ、ということは理解されていますね。」と誤訳した。捜査官は、白い粉を持ち込んだ嫌疑のために質問していることを理解しているのかと問うているのであり、決して、白い粉を持ち込んだことを理解しているのかどうかを問うてはいないから、明らかな誤訳である。

この誤訳のために、浅見氏は、「いえ、空港で検査されるまで、分かりませんでした。」と答え、捜査官の質問と浅見氏の答えが、ちぐはぐとなった。

3，領事館との連絡権を伝える場面での誤訳（浅見喜一郎氏の場合）

捜査官は取調にあたり、浅見氏に対して、日本の領事館と連絡をとることができることを伝えた。そして、捜査官は、「All right. Again, I say we will do that throughout the day.」として、一日中いつでも連絡ができることを伝えたが、通訳人はこれを、「Later on. Let me repeat; I will do that later on」として、勝手に「later on」をつけ加えた、明らかな誤訳をした。

4，被疑事実の告知の問題点（勝野光男氏の場合）

被疑者に対して、自分が「嫌疑」を受けているという被疑事実の告知に瑕疵がある。

6月17日11：28　Tape 1 1804 捜査再開　　通訳人は中村氏にかわる。「嫌疑」が適切に訳されていない。	
Schneider: Mr. Katsuno, it has been alleged that you have imported into Australia … （勝野さん、あなたはオーストラリアに密輸入したとの嫌疑を受けています。）	
	通訳: エー、いまですね。
	勝野: はい。
	通訳: 現在ですね。あのー。オーストラリアに何かをお持込になりましたですけれども。
	勝野: はい。
Schneider: White powder which I'd believe to be heroin. （私の見るかぎりヘロインと思われる白い粉の。）	
	通訳: えー、白い粉で。
	勝野: はい。
	通訳: ヘロインということが見とめられる訳ですけれども。
	勝野: はい。
Schneider: Do you clearly understand the allegation I have put to you? （私があなたにかけている嫌疑があなた、はっきりわかっていますか？）	
	通訳: 現在ですね。

勝野: はい。

通訳: そういったその一一。

通訳: 薬品を持ちこんだと言うことに関してですね、

勝野: ハイ。

通訳: あのー、審理がある訳ですけれども。

勝野： はい。

通訳: それを理解されますか。

勝野: はい。
えー、もう見てびっくりしました。

通訳： He was surprised.
（彼は驚いています。）

Schneider: Does he fully understand the allegation?
（彼は自分にかけられている嫌疑を完全に理解していますか？）

通訳： それで、あの、異議申立てをしているわけですけれども、
それを十分理解されていますか。

勝野: はい。
私のことですか。
はい。理解しています。

通訳： Yes.
（はい。）

「Allegation」の訳がちがう。中村通訳人はこの allegation を「異議申立て」とか「審理」とかに訳している。この場合は、「嫌疑」の意味である。

英語のやりとりだけを見れば、捜査官は十分に嫌疑を受けていることを告知しているかのように見える。しかし、日本語を見ると、権利告知は非常に不十分である。

「異議申立て」と「嫌疑」とでは、日本語では、全く異なる意味である。このような通訳では、自分が嫌疑を受けており、捜査に協力する参考人としてではなく捜査の対象となっている被疑者であり、刑事処罰を受ける可能性があることを明確に理解することはできない。

- 25 -

Schneider: I intend to ask you further questions. . .
(更にあなたに質問をしたいと思います。)

通訳： 更に質問したいと思います。
それで、このことに関してですね。

勝野: はい。

Schneider: In relation to this matter, but before I do . . .
(本件についてですが、まずその前に...)

通訳： 質問したいと思うんですけれども、その前に

勝野: はい。

Schneider: I must caution you that you do not have to say or do anything . . .
(私はあなたに警告をしなければなりません。あなたは何も言わなくても、しなくてもかまいません、)

通訳： ええと、そうする前にですね。

勝野: はい。

通訳： あのーー。もし言いたくない言葉があればですね、

勝野: はい。

通訳： 言わなくても結構です。

Schneider: Unless you wish to do so and anything you do say or do may later be given in evidence.
(あなたがそれを望まない限り。そして、あなたが言ったりしたりしたことは、後に証拠として提出されることがあります。)

通訳： それで、一端おしゃべりになった言葉は、後になってですね。

勝野: はい。

通訳： 証拠となってのこりますので、

勝野: はい。

通訳： その点に注意して答えてください。

- 26 -

勝野: はい。

Schneider: Do you understand?
(わかりますか?)

通訳: ご理解されますか。

勝野: はい。

勝野: Yes.

Schneider: I must inform you of the following rights.
(私はあなたには次の権利があることを通知しなければなりません。)

通訳: 今から申し上げる件に関して、、え、、申し上げます。

勝野: はい。

Schneider: You may communicate with or attempt to communicate with a friend or relatives to inform that person of your whereabouts.
(あなたは、友人、親戚に現在のあなたの所在を通知するために連絡を取ること、または取る試みをすることができます。)

通訳: えーと、ご自身はですね。

勝野: はい。

通訳: どこにおられるかについてですね。えー、知っている方、ないしはご親族の方にですね、

勝野: はい。

通訳: どこにおられるかをですね、

勝野: はい、

通訳: 連絡することは可能ですし、

勝野: はい。分かりました。

Schneider: Do you wish to communicate with a friend or relatives?
(あなたは友人または親戚の人と連絡を取ることを希望しますか?)

- 27 -

通訳： お友達か、ないしはご親族の方に連絡をしたいですか。

勝野: いや、、えー、心配しますから。
取り敢えず、今はいいです。

通訳： They'll worry, so no, at the moment.
（心配するでしょうから、今は結構です。）

5，弁護人選任権の告知の欠如（勝野光男氏の場合）

以下のやりとりの中には、被疑者に対して英語で述べられた弁護人選任権（私選弁護人及びリーガルエイドの弁護人の両方について）の告知が、誤訳により、全く伝わっていない。

まず、私選弁護人に関しての告知に瑕疵がある。

Schneider: You might communicate with a,, legal practitioner,
（あなたは弁護士と連絡を取ることができます。）

通訳： えーと、ご自身がご希望されるですね、

勝野: はい。

通訳： えー、法律に関係、携わる人、ないしは弁護士とですね、連絡をとられるご希望がございますか。

勝野: えい、

Schneider: Or arrange for a solicitor to be present during the questioning. Do you understand?
（あるいは、弁護士を取調べに同席させるよう手配をすることができます。わかりますか？）

通訳： えー、ないしはですね、質問の間にですね、

勝野: はい。

通訳： 弁護士を用意する、、こう、ことがございますが、
如何でございますか。

勝野: はい。

通訳： Yes. （はい。）	

”present during the questioning”が的確に訳されていない。

Schneider: Does he wish to communicate with a legal practitioner? （彼は弁護士と連絡を取ることを希望しますか？）	
	通訳： えーと、法律にですね、
	勝野: はい。
	通訳： 関係した、、に、連絡とりたいですか。
	勝野: あの、、、わかりません。
	勝野: 知っている人がいませんから。
通訳： He doesn't know anybody. （彼は誰も知っている人がいません。）	

捜査官が、「私選の弁護士（legal practitioner)と連絡をとることができる」と告知をしているにもかかわらず、通訳人は、「えーと、法律のですね、関係した人に連絡をとりたいですか」と訳している。

そのため、被疑者は、「知っている人がいない。」という回答をして、やりとりが終了している。日本語でこのように言われて、弁護人選任権の告知を受けていること、特定の弁護士を知らなくても何らかの方法があるであろうことまで理解することは到底不可能である。

これにより、取調段階で私選弁護人を選任する可能性は失われた。

Schneider: I would like to inform him he is entitled to Legal Aid in Victoria if he wishes to. （私は彼に、もし希望するならビクトリアのリーガルエイド（扶助の無料弁護人）を受けることができることを告知します。）	
	通訳： ヴィクトリア州のですね。リーガルエイドというですね。

- 29 -

	勝野: はい。
	通訳： <u>法律の関連した組織がございますけれども。</u>
	勝野: はい。
	通訳： もし、そちらとご連絡がとりたければ取れます。
	勝野: はい。
	勝野: 一端、お願いいたします。
通訳： Please do that. （そうして下さい。）	
1時３５分	

次に、リーガルエイドの弁護人に関する告知にも瑕疵がある。

捜査官が「法律扶助（legal aid)による無料弁護を受けることができる」と告知したのに対し、通訳人は「リーガルエイドという法律の関連した組織がございますけれど、そしてそちらとご連絡をとりたければ」と訳しており、リーガルエイド、つまり「扶助の無料弁護人」という意味が訳されていない。

このようなやりとりでは、弁護人の話を告知されているとは到底理解できない。まして、リーガルエイドによって「無料」で弁護人が選任できるという最も重要なポイントが訳されていない。

この権利告知の瑕疵は、捜査官と通訳人の両方に責任がある。

これは、明白な自由権規約１４条 d 違反である。

- 30 -

Ⅲ　被疑者供述の一貫性、信用性を誤解させるような誤訳

（総論）

通訳人が単純な誤訳を繰り返し行ったために、被疑者は捜査官からの質問に対して真摯に返答しているにもかかわらず、捜査官に「被疑者は、質問から逃げている。」、「被疑者は不誠実である。」等の悪印象を与えている。

１，旅行のアレンジについての誤訳（勝野良男氏の場合）

まず、第１に、捜査官が「 shortly before you left for Japan」と発言したのを、本来ならば「（マレーシアから）日本に向けて出発した直前に」と訳すべきなのに、「日本を出る直前に」と誤訳した部分を紹介する。この誤訳のため、勝野良男は、日本を出発するときにどのようなことが決まっていたかを話し始め、捜査官の質問と勝野良男の返答とが噛み合わず、「質問から逃げているような」印象を与えた。

Obers:

Um,Mr.Katsuno,ah,can,can you tell us what the final arrangements were in regards to the trip to Australia,um what final arrangements were made before you left,just shortly before you left for Japan,what,what stage the arrangements were at?

（えーと、勝野さん、アー、オーストラリア旅行の最終的な手配、出発前、日本へ向けて出発した直前に、えーと、最終的にどんな手配がなされたか、手配がどういう段階になっていたか、話してもらえますか？）

脇坂訳：

あのう、日本を出る直前の時の、あの、どういうアレンジがされていたのかということを教えて下さいと言っています。

勝野：

ええ？ちょっと意味がわからないです。

脇坂：

あの、予定はどういうふうになっているかとかそういうことを決められたアレンジに関してなんですけど、それを教えて下さいということです。どういう状態なのか…

勝野：

スケジュールを教えれば、話せばいいということですか？

脇坂：

ええ。その時にすでに決まっていたことを教えて下さい。
どこに何時に出て…

勝野：
はいはい。スケジュールですね。
ええ、日本の成田を１０時３０分の飛行機でスタートして、クアラルンプールについたのが、５時ちょっと過ぎでしたか。

Interpreter：(Wakisaka)
Um,ten thirty in the morninng they were supposed to,um,go and,of Narita Airport in Japan and arriving about sometime five o'clock he's in Kuala Lumpur.
(えーと、朝10時半に、えーと、日本の成田空港に行くことになっていて、5時ごろにクアラルンプールに着くことになっていました。)

以上のように、捜査官の質問とはかけ離れた内容の回答が勝野良男によってなされ、しかも、脇坂通訳人と勝野良男との間で（捜査官を除外して）日本語の会話がなされた。
その後、捜査官はもう一度詳しく質問をし直す。

Obers:
Now,when he,he was in Malaysia during March,can you tell me what the,his,the final arrangements were or what they had agreed with Charlie in regards to organizing a tour to Australia? That's before they left for Australia.
(さて、彼、彼が３月にマレーシアにいた時、彼の、最後の、手配はどうなっていましたか、あるいはオーストラリアツアーを計画するのにチャーリーとどういう合意ができていましたか？オーストラリアに出発する前のことです。)

脇坂訳：
３月中にですね、チャーリーと、これこれ何をしようというふうに決めた内容のことを覚えてらっしゃいますか。

勝野：はぁ…？

今度は、脇坂通訳人の日本語自体がおかしく、勝野良男は意味をくみ取れない。またもや日本語が

- 32 -

続き、捜査官は蚊帳の外となる。

脇坂：
あの、実際にオーストラリアに来る以前に、マレーシアに行かれましたよね。その時にチャーリーと、決めたことは何だったですか。例えば、旅行会社はこれにするとか、何人で来るとか、そういう…

勝野：
人数は最初決めてませんでした。

脇坂：
その時、じゃあ、決まっていたのは何だったんですか。

Interpreter：
Um,Charlie and him discussed that, let7s go to Australia as tour,that's all.
（えーと、チャーリーと彼はオーストラリアにツアー旅行をしようという話をしただけ、それだけです。

Obers:
And,ah,they had made no formal plans at that srage ?
（それで、アー、その時点では何も正式な計画は立てなかったと？）

Interpreter：
No,no.
（いいえ、いいえ。）

Obers:
Mm , mm.
（フム、フム。）

Interpreter：
Not even remembers number as such he say.
（人数も覚えていないと言っています。）

Obers:
Mm,right.
（フム、そうですか。）

脇坂：
OK.じゃあ、その時には、あのう、ツアーの、ツアーを何名でしようとしてオーガナイズされるかということは決まってなかったんですね。

	勝野： ええ、決まってませんでした。
Interpreter： No,nothing,not even remembers numbers to recollect it to the tour. (いいえ、全然、ツアーに参加する人数さえも覚えていません。)	
Obers: All right,and then what day did you leave,ah,for Japan? What was the date that you left back to Japan? (わかりました。それで、アー、日本に向けてはいつ出発しましたか？日本に帰るため出発した日はいつでしたか？)	
Interpreter： From Malaysia? (マレーシアから？)	
Obers: Yes. (そう。)	
	脇坂訳: いったい、いつ、マレーシアから日本にお帰りになりましたか。 3月のことですね。
	勝野： ２４日です。

このような問答の中で、捜査官には、勝野良男の返答は、（勝野良男自身は真摯に返答しているにもかかわらず、）質問から逃げて、チャーリーとの関係を誤魔化そうとしているように聞こえてしまっている。

２，チャーリーとの contact についての誤訳（勝野良男氏の場合）

次に、捜査官が「your next contact with Charlie」と発言した際、捜査官は「電話連絡等を含め、チャーリーと何らかの接触をしたのは」という意味で言ったにもかかわらず、「チャーリーとまたお会いになった」というように、「面談・接触」の意味に限定して通訳したため、勝野良男は捜査官の質問に対応しない返答をしている事例を紹介する。

ここでもまた、捜査官には、勝野良男の返答は、（勝野良男自身は真摯に返答しているにもかかわらず、）質問から逃げて、チャーリーとの関係を誤魔化しているように聞こえてしまっている。

Obers:	

- 34 -

Mm,when was your next contact with Charlie when you,after returning back in Japan?
（フム、日本に帰った後、チャーリーと次に連絡を取ったのはいつでしたか？）

脇坂訳：
その時日本にお帰りになられてから、チャーリーとまたお会いになったのは、いつですか。

勝野：
今回です。

脇坂：
今回というのは、いつなんですか。

勝野：
１５日ですか…

Interpreter：
Fifteenth.
（１５日。）

Obers:
Of,of what…
（いつ、いつの....）

Interpreter：
Of this month,this month? Yeah,yeah,that's right.
（今月の、今月？そう、そう、そうです。）

Obers:
That was the next time that he had spoken,that was the next time he'd spoken to Charlie after March?
（それが彼が次に話した、３月以降それが次にチャーリーと話した時だったのですね？）

Interpreter：
Hang on,that's the next time he met Charlie
（ちょっと待って。それは彼が次にチャーリーと会った時です。）

Obers:
No,no.
（違う、違う。）

Interpreter：
Again
（もう一度。）

Obers:
When was the next time …
（次に...）

Interpreter：
He spoke with him.
（彼と話したのはいつでしたか。）

Obers:
That he,he spoke or communicated with Charlie?
（彼、彼がチャーリーと話した、あるいは連絡を取ったのはいつでしたか。）

Interperter:
Mm,mm.
（フム、フム。）

脇坂訳:
それ以前にチャーリーと話をしたことはおありですか。

勝野：
電話で話しました。

ここでも、勝野良男は（主観的には、通訳による日本語の問いに対して、率直に回答したにもかかわらず）、客観的には、回答を故意にはぐらかし、質問から逃げているように受け止められている。

そして、捜査官がそのような印象を受けているのは、以下の文章から明らかである。

Osborne:
Just before we suspend this record of interview, Mr.Katsuno,are you having trouble understanding the questions that are being asked to you?
（この取調べの録音を中断する前にちょっと、勝野さん、聞かれている質問を理解するのが難しいですか？）

W:
この録音を止める前にですね、あのう、聞かれていることでわからないことがあるのですが？

K:

聞かれていることでわからないこと…質問ですか？

K:
いえ、わかります。

Interpreter:
Yeah,he understands the questions.
（はあ、彼は質問を理解しています。）

Osborne:
All right. You are giving me the distinct impression that you are deliberately not trying to answer the questions that are being asked to you. Now, why are you doing that ?
（わかりました。あなたが聞かれた質問にわざと答えないようにしているような強い印象を私は受けているんです。では、なぜそんなことをしているのですか？）

W:
あー、私の印象では、あなたは、その、質問に答えないように、質問からにげているように見えるんだ、それは何でか、というふうに言っています。

K:
私、質問から逃げているつもりはないです。

Interpreter:
He is not deliberately trying to get away from the questions.
（彼は質問からわざと逃げようとしているのではありません。）

Osborne:
Myself and Constable OBERS are asking you very simple straight forward questions and you are giving extremely long and you are giving long answers that are not making any sense and are not answering the questions at all in some instances.
Now,are you deliberately trying not to answer some of these questions and why?
（私自身とオバース(OBERS)警察官は非常に単純で率直な質問をしているのに、あなたはひどく長い答えを、意味をなさない長い答えをしているし、時には質問に全く答えていない。そこでですね、あなたは質問のいくつかに故意に答えない

- 37 -

ようにしているのですか？そしてそれはどうしてですか？）

W:
　２人の警察官の人々は、単純で明快な質問をしているんだけども、あなたはとてつもなく長くって、わかりにくい答を出している。時にはぜんぜん、その、質問に答える答でないことを言っている。どうしてそういうふうに質問からはずれたこと答をしているんだ、というふうに言っていますけど…。

K:
　私の答はぜんぜん長くないと思いますよ。

Interpreter:
　He thinks his answers not long.
（彼は彼の答えは長くないと思うそうです。）

　そして、この次に、また、脇坂通訳人の誤訳が存在する。
　すなわち、捜査官が「I don't want you to say anything except what you want to say,no one is forcing you to make any answers.　と言ったときに、本来ならば、「あなたが言いたいこと以外、言わないでもいいのです。あなたに回答を強いるわけではありません。」と訳すべきなのを、「誰もあなたに答を作り上げろというふうには言っていない　」と訳してしまったため、会話が混乱している。
　捜査官の立場に立つと、勝野良男が訳のわからないいいわけをしていると聞こえ、余計に悪印象を抱く結果となっている。

Osborne:
　I don't want him to say anything, I don't want you to say anything except what you want to say,no one is forcing you to make any answers. Tell him that.
（彼は何も言わなくてもいいんです。あなたが言いたいこと以外、言わないでもいいのです。誰もあなたに回答を強いているわけではありません。そう言ってくれ。）

W:
　誰もあなたに答を作り上げろというふうには言っていないから、そのまま単純に、受け止めてくれ。

K:
　私は作ってはいないです。とにかく、さっきから言われていることに対しては答えているんであって、それで、わたしは２回３回マレーシアに行きまして、その時もチャーリーが車に積んでくれたので、私自体、今回行った時も、

- 38 -

	そういう気分でいて、そして、荷物自体が、そのう、なんちゅうんですか運んだとかなんとかは、ぜんぜん気にしてはいなかったんですよ。ですから、車のところに行った時点で、私はすぐ車に乗っちゃったし、浅見さんが一人でうろうろしてたんで、こっちに乗りなさい、と言ったわけです。
Interpreter: He,is,he is saying that definitely he is not trying to male up any answers but that he is just trying to explain that he has been Malaysia a couple of time and he is used to the situation on Charlie coming up to him and pick up luggages and then just to go on somewhere else and into the cars,so he is just used to it so he is trying to explain it. （彼は、彼は、話をでっち上げようとしてるのでは絶対にない。２回マレーシアに行ったことがあり、チャーリーが彼のところに来て、荷物をピックアップしてどこか他のところに行き、車に乗り、そういう状況に慣れているということ、それに慣れているということを説明しようとしているだけだ、と言っています。）	
Osborne: All right. （わかりました。）	

以上は、平田通訳人に関するものである。

３，被疑者の人格を不当に疑わせる誤訳（勝野良男氏の場合）

勝野良男氏を担当した通訳人は、脇坂通訳人と平田通訳人であったが、平田通訳人の誤訳も存在するので、次に紹介する。

Obers: Why did you go to Hupja ? （どうしてハプチャに行ったのですか？）	
	平田通訳人 どうしてハプチャのほうに行かれたわけですか？
	勝野 まあ、こんなとこで話するのは恥ずかしいんですけど、あの、女の子だとかおもしろいし、けっこう、いろんな服だとか、そういうものが安いし、そして、私も、ルビーだとか、そういう石とかが見たかったんで、（そんなおもし

	ろかった？安く買えるんならということで）、行ったんですけど。
Interpreter: It's not, it's not really the right place for me to discuss about Hupja ,but I was told you could buy girls in Hupja and also the clothes and jewels, ruby, is quite cheap to buy.. （それはちょっと、ハプチャについて話すのは本当は私にとっては適当なことではないんですが、でも、ハプチャでは女の子が買えると、それと洋服とか宝石、ルビーとかもかなり安く買えると聞いたんです。）	

以上に見た誤訳により、捜査官は、勝野良男に対して、極めて悪い印象を抱くに至っている。

そして、勝野良男は、日本人一行のツアーリーダーなので、捜査官が勝野良男に対して抱いた不信感は、単に、勝野良男に対する嫌疑を増幅したに止まらず、他の日本人一行に対する心証形成に大きく影響していると思われる。

4，make up の誤訳（浅見喜一郎氏の場合）

まず、取調において、make up という語句が、「でっち上げる（fabricate＝ねつ造、偽造、作り話）」ないし「故意に、虚偽の話を作り上げる。」という否定的な意味で使用された場面で、通訳が、そのような否定的な意味を理解できず、単に、「話をする。」という通訳をしたため、被疑者が、虚偽の話を作り上げたことを認めた結果になったシーンを紹介する。

具体的には、クアラルンプールの現地人ガイドと、いつ、どこで会ったのか、という尋問中に、捜査官は、浅見氏の答が矛盾していると考えたことから、「So you are just making it up, is that right ?"」と問いかけた。通訳は、この質問を、「そういうふうなことだというふうに言っただけですか。」と訳して、make up の持つ強い否定的な意味、すなわち、「make-up=fabricate」を訳さなかった。このため、浅見氏は、「言っただけ。」という軽い質問がされていると理解して、簡単に、「そうです。」と答えてしまっている。

以下が、具体的な尋問である。冒頭は、現地人ガイドが、浅見氏ら、とりわけ、勝野良男氏の知り合いであったのかに関する話である。問題の箇所には下線を引いた。

	浅　見　「知り合いの方というか、、、」
Interpreter : "Maybe acquaintance." （多分知り合いです。） BASSETT : "So you don't really know" （じゃ、あなたはよく知らない。）	
	通　訳　「それだから、全然知らないと言うことなんですか」 浅　見　「そうなんです」
Interpreter: "I don't know"	

- 40 -

(知りません。) BASSETT : "So you are just making it up, is that right ?" (じゃ、それはでっち上げなんだ。そういうことですか？)	
	通　訳「そういうふうなことだというふうに、言っただけの話ですか」 浅　見　「そうです」
Interpreter: "Yes." (はい。)	

このように、浅見氏が肯定したので、捜査官も念のためにもう一度聞き返すことになる。以下、続き。

BASSETT : Well you are just making up the story to me ? (それじゃ、あなたは私に作り話をしているのですね？)	
	通　訳　「なんか作り話ですか」 浅　見　「いや作り話ではないです」
Interpreter: No I didn't make the story. (いいえ、作り話ではありません。) BASSETT : Are you sure you are not making a story? (作り話ではないって、確かですか？)	
	通　訳「確かですか、お話を作っていないと言うのは。」 浅　見「いやいや、作っていません」
Interpreter : No, I didn't make story. (いいえ、話を作ったりしていません。)	

以上のように、通訳の誤訳のために、浅見氏は、でっちあげたのかという質問に対し、一度は認めた結果となり、捜査官に不審の念を生じさせた。

5，着替えについての誤訳（浅見喜一郎氏の場合）

次に、通訳が、被疑者の言っていないことを、捜査官に伝えた例を述べる。

クアラルンプールで荷物が盗まれた日の翌朝、取り替えられたスーツケースが、浅見氏らの前に現れた。浅見氏は、そのスーツケースと、その中の荷物を確かめたが、下着を取り出さなかった。浅見氏は、荷物が盗まれたため、前日の下着を身につけたまま寝ていたはずで、下着をすぐにでも取り替えたいと思ってもよさそうなものである。そこで、捜査官は、下着の取り替えをしたいと思わなかったかについて聞くこととなった。

　初めに、捜査官が、「 Didn't you need new underwear? 」と質問すると、浅見氏は、「下着は、まだ買わないです。あの、山のとこは買わない。」と答えている。この返答からすると、浅見氏は、「新しい下着」の意味を、「着替える」意味とは取らず、新しく「買う」ことと誤解したことがわかる。

　通訳は、浅見氏の誤解に気付かなかったため、浅見氏の答を自分流に解釈して、「浅見氏は、クアラルンプールでは、下着を着替える必要はなかったと答えている。」と結論づけた。しかし、浅見氏は、下着を買わなかったと言っているだけで、着替える必要はなかったとは言っていないから、この点における誤訳は明らかである。

その具体的な尋問は、以下のとおりである。問題の箇所には下線を引いた。

英語	日本語
Investigator: Didn't you need new underwear? （新しい下着が必要じゃなかったですか？）	
	通訳人「新しい下着、必要じゃなかったですか」 浅見「下着は、まだ買わないです。あの、山のとこは、買わない、、、こちらに来てから、、、チャイナタウンのほうへ来てから、、、」
Interpreter: I didn't buy ... （買いませんでした。）	
BASSETT : Sorry? （なんですか？）	
Interpreter : He doesn't make proper sentence. Can I ask him what (INAUDIBLE) （彼の言うことちゃんとした文章になっていません。もう一度彼に...(聞き取り不能）聞いてもいいですか？）	
BASSETT : What has he said? （彼は何と言ったのですか？）	
Interpreter : He said ... （彼は....）	
Interpreter: He said, when I arrived he need a change of clothes (INAUDIBLE) .He didn't need it in there. （彼は、私が到着したとき、彼は着替えの洋服が必要です。（聞き取り不能）そこでは着替えは必要ではなかった、と言っています。）	

- 42 -

浅見「デパート、、、、」（突然、一言挿入）

ここで、通訳人は、「浅見氏は、そこでは、着替えを必要としなかった。」と説明しているが、浅見氏は、ただの一度も、着替えの必要がなかったとは言っていないので、明らかな誤訳である。以下は、続きである。

BASSETT : All right.
（わかりました。）

Interpreter : Sorry, sorry, just clear it every... <inaudible>
（すみません、すみません。ただ全部はっきりと....<聞き取り不能>...）

BASSETT :He didn't need underclothes when he was there
（彼はそこでは下着が必要でなかった？）

Interpreter : In Kuala Lumpur.
（クアラルンプールで。）

BASSETT : In Kuala Lumpur.
（クアラルンプールで。）

このように、２人の捜査官と通訳人との間では、浅見氏が、クアラルンプールでは、下着を必要としなかったという結論に落ち着いている。

捜査官は、続けて、クアラルンプールでの天気について質問を開始した。捜査官のこの質問の意図は、もし、天気が高温多湿であれば、通常は、人は汗をかきやすく、従って、下着を着替えたいと思うはずであるというものであった。以下がその具体的なやりとりである。

Investigator: Excuse me. In Kuala Lumpur what was the weather like?
（失礼します。クアラルンプールではどんな天気でしたか？）

通　訳「お天気はどんな状態でしたか。クアラルンプールでは」

浅見「それは、お天気は、ちょっと悪かったですね」

Interpreter: It is not very good.
（余り良くありませんでした。）

Investigator: As in hot?
（暑かったということ？）

通訳人「暑かったですか？」

浅見「暑かった」

Interpreter： Yes, hot.
（はい、暑かったです。）

Investigator： Very hot?
（とても暑かったですか？）

通　訳「すごく暑かったですか」
浅見「うーーん、暑かったですね」

Interpreter: Yes, it's very hot.
（はい、とても暑かったです。）
Investigator: And, sorry ...
（それで、なんですか？）

:浅見「山の上は涼しいですね」「山の上は涼しかったです、、」（繰り返し）

Interpreter: But on the (INAUDIBLE) it was cool
（でも、....(聞き取り不能)では涼しかったです。）

Investigator: So after going to restaurants and travelling around in cars and things like that, he didn't need a change of clothes?
（それで、レストランに行ったり、車で回ったり、そういうことのあと、服を着替える必要はなかったのですか？）

通　訳「車でね、レストランに行かれたり、山の”よさん”(inaudible)へ行かれるまで、車に乗ってドライブしたり、その間に下着変えたいと思いませんでしたか。」

浅見「いや、思いました」

Interpreter: Yes, I do think so
（はい、そう思いました。）.

このように、通訳の誤訳のために、天気のことを聞かれた後、浅見氏の答えは、変更されたことになった。以下は続きである。

浅見「思いましたけど、あの、もうしょうがないからね、だから、あの、あそこで、、あの、、、シャワーのとこで、、、、」（この通訳はない。途中で、捜査

	官の質問が入る）
BASSETT : Did you look at the inside of the bag, the suitcase. （そのバッグ、スーツケースの中を見ましたか？）	
	通　訳「あの、スーツケースの中、見ましたか」 浅見「見ました」
Interopreter: Yes, I did. （はい、見ました。）	

以上のように、通訳人の誤訳が原因で、浅見氏は、当初は、クアラルンプールでは下着を着替える必要を感じていなかったと答えていたのに、捜査官に、天気を聞かれるなどして、「そのように暑いのであれば、下着を着替えてさっぱりしたいと思うのが普通でないのか。」という追及を受けると、一転して、「着替えたいと思った。」と供述を変更したことになった。結局、この誤訳によって、捜査官や陪審員には、浅見氏が、自己の供述の不合理性を指摘されて、立場が苦しくなると、容易に供述を変えて逃げるようとしているとの心証を与えた。

６，handwritten statement についての誤訳（勝野光男氏の場合）

捜査官が「handwritten statement」を書くことができると告知している部分があるが、通訳人が「handwritten statement」の意味を理解できず、適切な訳をしていないために、光男にはその意味は伝わっていない。

このため、被疑者は、特に気にせず即座にこれを断っているが、これは、英語での問答だけを見れば、被疑者の態度、信用性全体に影響しかねない。

2078 供述書に関して　tape 11　6/20　「供述書」が適切に訳されていないので、被疑者は断る。 Schneider: Is there anything further you wish to tell me about this matter? （本件のついて他に言いたいことがありますか？）	
	通訳：　あの、この件に関してですけれども 勝野：　はい 通訳：　まだ、何か、言いたいことはありますか？ 勝野：　言いたいことといいますと、、、。何？　どういう、、、、。
Interpreter :　What do you mean by ···.	

- 45 -

（どういう意味ですか？） **Schneider: Is there anything that you know about this? You haven't told.** （この件について何か知っていることがありますか？話していないことが。）	
	通訳：　あの、この件に関してですけれども、 勝野：　はい、 通訳：　え、何か、あなたが私に言わなかったことがありますか。 うむ、いわなかったこと、、、 何か他に、あなたが言わなかったこと、あるいは、 何か他にあなたが知っていることはありませんか。 勝野：　だいたい、知っていることはだいたいもう、すべて話したんですけど。
Interpreter : Well, I think I have shown everything I know of. （えーと、私の知っていることは全て話しました。） **Schneider: You can't remember the hotel you stayed at in Kuala Lumpur?** （クアラルンプールであなたが泊まったホテルを覚えていないのですか？）	
	通訳：　あの、クワラルンプールで泊まったホテルの名前はおもいだせませんか。 勝野：　えーと、クワラルンプールで泊まったのは、あれ、、 名前はちょっとわかんないですけれども。
Interpreter : I don't remember the name. （名前は覚えていません。） **Schneider: What about the name of the restaurant? You had your dinner in when your luggage was stolen?** （レストランの名前は？荷物が盗まれたときに食事をしていたレストラン。）	
	通訳：　あの、荷物が盗まれた時ですね、あの、いたレストランの名前なんですけれども、

- 46 -

	覚えていませんか。
	勝野：　あ、それも何回か、あれですね。思い出そうと思ったんですけれども。
Interpreter：　I try to remember a few times before but,,, （前にも何回か思い出そうとしたのですが、...）	
	勝野：　ちょっと、、、、。
	勝野：　中国風ではなく、やっぱ、マレーシア風のレストランだったと思うんですけれどね。
Interpreter：　It is a Malaysian-style restaurant so,,, （マレーシア風のレストランでしたので、...）	
	勝野：　あれ、何て言ったんだっけな。やっぱり思い出せない。
Interpreter：　Yeah, I just can't remember the name. （そう、名前がどうしても思い出せません。）	
Schneider:　Okay. （わかりました。）	
Schneider:　Do you wish to make a handwritten statement in relation to this matter? （本件について手書きの供述書を作成することを希望しますか？）	
	通訳：　あの、この件に関してですけれども、
	勝野：　はい
	通訳：　あの、手書きでですね、
	勝野：　はい
	通訳：　なにか、あの、、、あの、、、え、、供述といいますか、あの、、、、
	勝野：　はい
	通訳：　書いてですね
	勝野：　はい

通訳：　あの、、、自分の知っている、、、その、、、

Interpreter :　Handwritten by himself?
（彼自身の手書きの？）

Schneider:　Yes
（そうです。）

通訳：　あの、、文面でですね

勝野：　はい

通訳：　なにか、ん、、、調書を作りたいと思いますか。自分で。
今まで話しをしましたよね。
それ以外に、何か、こう言うことについて知っているとか、
あの、、、そう言うことについて、何か書いて付け加えたいと思いますか。

勝野：　いや、特に、そう言うのはないです。

Interpreter :　There is nothing particular.
（特にはありません。）

勝野：　それ以外のことで、

Interpreter :　Apart from this.
（これ以外には。）

Schneider:　He doesn't have to, but if he wants to, he can.
（必要はありませんが、希望するならできます。）

通訳：　あの、そのですね。

勝野：　はい

通訳：　自分で書くことなんですけれども、それは、あの、しなくてもいいです。
ただ、したければできると言うことです。

勝野：　それは、どういう意味合いで、、、あの、まあ、、、、必要なんですか。

Interpreter :　What is the significance of a statement, well.
（供述書ってどういう意味があるのですか？えーと。）

Schneider: There is no significance.
If he wants to make a hand, write something down, he can.
If he doesn't , he doesn't have to.
(特に意味はありません。もし彼が手で、何か書き記したければそれもできるということ。望まなければ、必要はありません。)

通訳： 別に、重要性とかそう言う意味合いではなくて、何か書いて知らせたいことがあったら、それができると言うことです。

勝野： はあ、、、、別に今、そういうあれはないです。

Interpreter : I don't have that intention right now.
(その意思は今はありません。)

１９９２年6月２０日　７：０８（２０８０）

SCHNEIDER 捜査官が「供述書」を書くことが出来ると告げるところがあるが、供述書の意味が通訳人が理解できずに混乱を招く。「供述書」のことを「いままでに述べたこと以外に付け加えること」と訳している。

Ⅳ　通訳の基本的資質及び適格性を疑わせる誤訳

（総論）

以下の場面では、通訳人としての基本的な資質や適格性さえも疑わせるような通訳の問題点が存在する。

1，テープ録音についての誤訳（本多千香氏の場合）

取調に先立ち、捜査官は、取調内容を録音することを本多氏に告げ、告げたことを本多氏自身に確認した。

しかし、通訳人は、確認（agree）の対象を、「テープ録音することを告げたかどうか」でなく、「テープ録音をしてよいかどうか」と取り違えて、通訳した。

その具体的なやりとりは次のとおりである。

B: Do you agree that I also told you that my questions together with any answers you may care to make to those questions would be recorded on a tape as this interview takes place? （この取調べを行うにあたり、私の質問とともにその質問に対するあなたの意思による答えも全てテープに録音されると私があなたに告げたことについても、同意しますか？）	
	K：このインタビューの間にお答えになった答えすべては記録されますけれども、それはもちろん同意していただけますね。

テープ録音は、被疑者の同意に関わらずなされるものであり、通訳人の誤訳は、そのような捜査の基本ルールさえ、通訳人が知らなかったことを示している。おそらく、この通訳人は、刑事捜査手続における通訳の経験が乏しいか、経験はしていても、基礎的知識の習得ができていないと言うべきである。

2，日本人の文化についての不正確なコメント（浅見喜一郎氏の場合）

日本人である通訳が、日本人の慣行ないし文化について、不正確な見解を述べたため、浅見氏の供述が、不合理と受け止められる結果となった例を述べる。

取調べの中で、浅見氏は、彼と一緒に旅行していた、勝野兄弟（正治、光男及び良男）との交際の程度を質問された。その中で、浅見氏は、光男を、「２番目のお兄さん」と呼んでいたことから、捜査官は、なぜ、浅見氏は、勝野兄弟を名前で呼ばないのかと思った。

そこで、捜査官は、日本人通訳に対し、「"Is that the normal way that you refer to people, or people's brothers, by middle brother, younger brother and older brother"」と質問したところ、通訳は、「 "If they are very close friends, they are, yes,calling that, because in Japanese, in Japan, the place, what their position in the family is quite important"」と説明している。

この説明は、「２番目のお兄さん」というような呼び方をするのは、「とても親しい友人」である場合に限られるというものになっている。この説明を前提とすると、浅見氏は、勝野兄弟と親しいはずである。
　そこで、続けて捜査官は、浅見氏に対し、浅見氏が勝野兄弟と親しい友人かどうか尋ねたところ、浅見氏は、「全くない。全く接触とかなんとか、ないです。違う。」と親しい友人であることを否定した。しかし、この答えは、通訳人の説明を前提とした結論と矛盾する。そのため、浅見氏は、勝野兄弟との関係（これは、本件では、勝野氏ら旅行グループのメンバーの関係という点で、事件の鍵となる事柄である。）についてうそをついたか、勝野兄弟と自分との関係を曖昧にして誤魔化そうとしたと、捜査官に受け取られた。
　しかし、通訳人が、日本では、「２番目のお兄さん」という言い方が、親しい人間関係においてのみされるとした点は、明らかに間違っている。日本人は、一般に、姓名を正確に記憶して、相手を姓名（とくに名）で呼ぶことをあまりしない。親しいか親しくないかにかかわらず、会社や組織での地位や人間関係を示す言葉で呼ぶことは、普通になされていることである。従って、浅見氏が、比較的よく知っている良男をベースにして、正治を「一番上のお兄さん」、光男を「２番目のお兄さん」と呼ぶことも、全く普通のことである。
　通訳人は、文化や慣習の専門家でないのであるから、確信の持てない答をすべきではなかった。

３，通訳人の独断による質問（勝野正治氏の場合）

　勝野正治氏の取調べにおいて、木下通訳は、捜査官が聞いていないことまで勝手に被疑者に対してどんどん聞く傾向が見られる。それ自体、通訳人の職務の範囲を逸脱しており許されないが、さらに、木下通訳が被疑者より勝手に聴取した内容が正確に訳されていないケースが多く、被疑者が求めに応じて説明したことが被疑者の嫌疑を晴らすことに全然役立っていない。
　例えば、以下の２つの場面がある。

(1)　荷物の発見状況についての通訳人の独断による質問

　これは、クアラルンプール郊外の宿泊施設で泊まった翌朝、良男から盗まれたスーツケースが戻ってきたと正治が聞いた場面である。
　下に引用する場面に先立ち、正治は翌朝になって盗まれたスーツケースが戻ってきたと良男から聞いてすぐ良男の部屋に見に行ったら日本から持ってきたスーツケースとは全く異なるスーツケースに自分の荷物がぐちゃぐちゃになって入っていたので、その場にいたガイドに対して「スーツケースが違うではないか。」と問いただしたところ、ガイドから「元のスーツケースはずたずたにやられちゃってどうしようもないんだ。」と言われたこと、その日本から元々持ってきたスーツケースがナイフかはさみか何かでばっさばっさに切られていること、ショルダーバッグもばっさばっさに切られているのを実際に見たことを木下通訳に説明している。

通　訳：He wake up about eight am...
(彼は午前８時頃目が覚めます。)

Hopkins ：Mm.
（フム。）

通　訳：And waiting for the luggage and the same younger brother, Yoshio, contacted him around ten o'clock in the morning.
（そして荷物を持っていて、同じ弟、良男が朝10時頃彼に連絡してきました。）

Hopkins ：Mm, mm.

（フム、フム。）

通　訳：Um the luggage was delivered so he...
（えーと、荷物は届いていて、だから、彼は、、、）

Hopkins ：Was very bad, did you say?
（とても悪かったと、あなたはそう言いました？）

通　訳：No, delivered. The luggage was delivered to them.
（いいえ、届いたんです。荷物が彼らのところに届いたんです。）

Hopkins ：Mm, mm.
（フム、フム。）

通　訳：So he went to that brother's room.
（だから彼はその弟の部屋に言ったんです。）

Hopkins ：Yes.
（はい。）

通　訳：And saw the, the luggage, but that is completely different luggage, and, but inside is everything（INAUDIBLE)
（そしてその、その荷物、見て、でもそれは完全に違う荷物で、そして、でも、中は全てです。（聞き取り不可））

Hopkins ：So he never, oh sorry.
（だから彼は決して、あ、失礼。）

通　訳：And that he, he saw that his original one is cut in pieces. Either knife or scissors, just cut in...
（そして彼は、彼は彼の元々のものは切り刻まれているのを見ました。ナイフかはさみかで、ただ、切り込んで、、）

Hopkins ：So all the original luggage was, was it in Yoshio's room with the new luggage?
（それで元々の荷物は全部、良男の部屋に新しい荷物と一緒に有ったのですか？）

通訳：その切り刻まれた、盗まれた分も一緒に届いたんですか。全部の、皆さんの。

正治：それは下に降りて、下に降りて、帰る時に下に降りて、車のトランク。

- 52 -

	通訳：えっ、ちょっと待って下さい。良男さんのお部屋に見に行かれたんですよね。そのスーツケースは。 正治：スーツケースね。大きな奴はね。はい。 通訳：じゃあ、その時に一緒にその古いのを見られたんですか。 正治：いやいや、古いのは、あの下の、車の中に。 通訳：車の中に。でも、みんなあったわけですか。 正治：ありました。
通　訳：<u>Yes, he saw those stolen, is cut in pieces in that van, in that car, but suitcases in the room.</u> （はい、彼はそれら盗まれたのを見ました、それはあのバンの中で切り刻まれ、あの車の中で、しかしスーツケース【複数形】は部屋の中でした。	

上記の如くである。下線を引いた部分の木下通訳の訳は英語として文法的におかしく意味不明とも言え、捜査官に良男の部屋には日本から持ってきたのではない別のスーツケースが置いてあり、その中に正治が日本から持ってきた荷物が乱雑に入れられていたこと、表に停めてあった車のトランクにばさばさに切り刻まれた状態で日本から持ってきたスーツケースが置いてあったことが正確に伝わったか極めて疑問である。
また、木下通訳は、正治のことを"he"と訳出しているが、本来ならば"I"と訳すべきである。

(2) 旅行者についての通訳人の独断による質問

盗まれたスーツケースは車の中にあったがずたずたに引き裂かれていたことを正治が説明した後、捜査官が「その車は誰の車か。」と答え、正治が「ガイドの車。」と答えた後、捜査官が「ガイドの名前は？」と尋ねたのに対し正治が「わからない。初めて会った。」と答えた後の部分で（ちなみに、木下通訳はこの「初めて会った」という言葉を訳し落としている）、捜査官が「ガイドの働いていた会社名は？」と質問した。それに対し、正治は「わからない。」と答えただけなのに木下通訳は「旅行社のアイテナリーはありますか。どこで申し込んだと。日本でどこで申し込んだとか。」と捜査官が聞いていないことまで踏み込んで勝手に聞いている。

Hopkins ：What, what company does the guide work for? （そのガイドは何、何という会社で働いているのですか？）	
	通訳：会社の名前はわかりますか。ガイド会社の名前。

正治：全然わからない。

通訳：旅行社のアイテナリーありますか。

正治：旅行社は。

通訳：うん。どこで申し込んだとか。日本でどこに申し込んだとか。

正治：私は、上野。上野駅前で申し込みました。

通訳：でも、そのガイドをアレンジしたところがありますね。どこか。

正治：とにかく。あの一。

通訳：みんな別々に旅行を申し込まれたのですか。

正治：いや、あのね。それもじゃあ説明しますけど。

通訳：ええ。

正治：日にちははっきり覚えてませんけどね。先月、ですから5月、5月の半ばくらいですね。あ、初め頃かな。とにかく、あの、その頃。

通訳：はい。

正治：どこか行かないかと誘われたのです。

通訳：どなたから。

正治：弟から。

通訳：はい。良男さんですね。

正治：はい。というのは一緒に行く予定の人間が都合が悪くなって出られなくなったから。だから、要するにバカンスしようよと。

通訳：それで。

正治：それで誘われたんです。

通訳：はい。そうすると良男さんが全部旅行のことを取り仕切られたんですか。

正治：そう思いますけどね。よくわからないで

- 54 -

す。というか、私は、一回は行きました。書類の申請に、ビザの申請にね。後は全部・・。

通訳：良男さんに任せたんですね。

正治：任せました。

通　訳：He was invited his brother to join this tour because somebody originally was joining and something got to do and he dropped out. So he joined with this tour some, some times around May, begnning of May, and that his brother arranged whole tour.
（だれかが元々は参加していて、そして何かせいで、そして彼はやめたので、彼は彼の弟にこのツアーに誘われたのです。　それで彼はこのツアーに、頃、５月頃、５月の始めに参加して、そしてその彼の弟がツアーの全てを手配したのです。）

Hopkins　: Yoshio, was it?
（良男、でしたか？）

通　訳：Yoshi, yeah (INAUDIBLE)
（ヨシ、ええ（聞き取り不可）。）

Hopkins　: He arranged everything?
（彼が全てを手配したのですか？）

通　訳：So he, yeah, so he doesn't know anything.
（だから彼は、ええ、だから彼は何も知らないんです。）

以上の如くである。結局、捜査官の当初の「ガイドの働いていた会社名は？」という質問に対する正治の答を木下通訳は全く訳していない。正治との話の内容も要約的に訳しているだけで、しかもその英語は文法的に問題のあるわかりにくい英語である。それどころか、独断で良男がツアー全体を取り仕切ったと断言しきっている（正治は少なくとも断言はしていない）。

おそらく、木下通訳は、ガイド会社の名前を知らないという正治の答を聞いて、何とか答を引き出そうと日本で申し込んだ会社の事などを聞いたのであろうが、いくら善意とはいえ明らかに通訳人の裁量の範囲（被通訳者間のコミュニケーションの正確性を確保するために意味内容を被通訳者に確認する限度でのみ被通訳者に対して質問することが許される）を逸脱している。しかも、ツアー全体を取り仕切ったのは良男であると独断で判断を下しており、通訳人の職務範囲を完全に逸脱している。

以　上

記録3　オーストラリア政府からの答弁書

〔解説〕

2004年7月28日、オーストラリア政府（正確には、司法省国際法課）が自由権規約委員会に答弁書を提出した。英文で72ページのものであった。

答弁書の概要は、まず、通報は、申立の許容性を満たしていないので申立は却下すべきであるということであった。具体的にいえば、①　通報者らは、国内法において利用できるあらゆる救済手段を尽くしたわけではないこと、②　通報者らは、申立で問題としている第2条、第9条2項、第14条3項（a）（b）（e）（9）、第26条違反を根拠づける事実を立証していないこと、③　第14条3項（a）（b）（e）（9）に関する申立事実は、自由権規約の対象範囲を逸脱しており、通報者らはこれらの条文に違反する事実を明らかにしていないこと、であった。

答弁書の主な要点を通訳の問題に限っていえば、①　本件に携わった通訳・翻訳者は、NAATI（オーストラリア翻訳通訳国家資格認定機関）を有している、②　コミッタル・ヒアリング（当該事件を陪審での審理に付するかどうかを決定するための審問手続）において、取調テープの翻訳の正確性が問題とされたが、それは弁護人たちが通訳の不適切性に気付いていたことを示唆している、③　カウンティ・コート（第1審）において、取調のビデオが上映され、陪審員には取調調書が提供されたが、その際、弁護人は、調書の証拠能力を争わなかった、④　通報者らの弁護人は、②③の事実からすれば、裁判において、本件通報で問題とされている争点を知っていたはずであるのに、これらの争点は公判または控訴審でも主張されなかった、⑤　通報者らも、同様にいつでも裁判所または弁護人に対して、公判で進行している事態を理解できないと自由に表明できたのに、このような懸念は表明されなかった、というものであった。②～⑤は、通報者らが、国内的救済手段を尽くしていない、という前述した許容性①の要件を欠くという反論であった。

通報番号1154/2003

市民的及び政治的権利に関する国際規約の選択議定書に基づく

勝野ほかによる個人通報

国連の自由権規約委員会に対する

許容性と本案に関する

オーストラリア政府の提出書

司法省

国際法部

キャンベラ

2004年６月

目次

はじめに……………………………………………………………………… 4

用語及び略語集……………………………………………………………… 5

申立ての概要………………………………………………………………… 7

これまでの経過……………………………………………………………… 10

オーストラリア政府の主張の概要………………………………………… 12

　許容性……………………………………………………………………… 12

　本案………………………………………………………………………… 12

事実…………………………………………………………………………… 15

オーストラリア政府の主張：

許容性…………………………………………………………………………… 19

本案：第14条第１項 ……………………………………………………………… 27
申立て……………………………………………………………………………… 27
関連法規…………………………………………………………………………… 30
オーストラリア政府の答弁：裁判を通じて、通報者に十分な通訳業務がなされなかったこと…………………………………………………………… 32
まとめ……………………………………………………………………………… 32
オーストラリア政府の答弁：公平な裁判所-裁判を巡るメディア報道と陪審員選任過程………………………………………………………………… 38
まとめ……………………………………………………………………………… 40
オーストラリア政府の答弁：法律扶助を通じた不十分な金銭的援助… 40
まとめ……………………………………………………………………………… 40

本案：第９条第２項及び第14条第３項（a）………………………………… 42
申立て……………………………………………………………………………… 42
関連法規…………………………………………………………………………… 42
オーストラリア政府の答弁……………………………………………………… 43
まとめ……………………………………………………………………………… 44

本案：第14条第３項（b）……………………………………………………… 46
申立て……………………………………………………………………………… 46
関連法規…………………………………………………………………………… 46
オーストラリア政府の答弁……………………………………………………… 47
まとめ……………………………………………………………………………… 48

本案：第14条第３項（d）……………………………………………………… 50
申立て……………………………………………………………………………… 50

関連法規…… 51
オーストラリア政府の答弁：自ら出席して裁判を受けなかったこと… 52
まとめ…… 52
オーストラリア政府の答弁：本多千香及と勝野光男が弁護人を持つ権利を告げられなかったこと…… 52
まとめ…… 53

本案：第14条第３項（e）…… 54
申立て…… 54
関連法規…… 54
オーストラリア政府の答弁…… 55
まとめ…… 56

本案：第14条第３項（f）…… 57
申立て…… 57
関連法規…… 57
オーストラリア政府の答弁…… 58
まとめ…… 59

本案：第14条第３項（g）…… 61
申立て…… 61
関連法規…… 61
オーストラリア政府の答弁…… 63
まとめ…… 64

本案：第２条及び第26条…… 65
申立て…… 65
関連法規…… 67
オーストラリア政府の答弁：不十分な通訳業務…… 69
まとめ…… 70

オーストラリア政府の答弁：法律扶助を通じた不十分な経済援助…… 70
まとめ……………………………………………………………………………… 72

はじめに

１．2003年１月30日付の書簡により、国際連合事務総長は、オーストラリアに関する通報番号1154/2003（通報）の文書を、ジュネーヴにあるオーストラリアの国際連合代表部の常駐代表へと送達した。通報は、市民的及び政治的権利に関する国際規約の第１選択議定書に基づいて、通報者である勝野良男、浅見喜一郎、本多千香、勝野正治、勝野光男の各氏から人権委員会（自由権規約委員会）に提出された。

２．オーストラリア政府は通報を初めて検討した後、自由権規約委員会に対して、通報［の手続］を進めることを希望するかどうか、また通報を取り下げる用意があるかどうかについて、通報者の意見を求めるよう要請した。2003年11月、オーストラリア政府は自由権規約委員会より、通報者が通報［の手続］を進めることを希望する通知を受けた。

３．自由権規約委員会は手続規則の規則91に基づいて、オーストラリアに対し、通報の許容性と本案の問題に関する情報と意見を提出するよう要請した。

４．自由権規約委員会を援助するために、オーストラリアの主張に関連する文書が、一覧にして、提出物に添付され、適切に参照されている。

５．オーストラリアは、本通報で問題となった権利のいくつかが、ヨーロッパ人権条約においても認められることを指摘している。自由権規約委員会を援助するために、オーストラリアは、関連するヨーロッパ人権委員会とヨーロッパ人権裁判所の見解に言及している。

6．オーストラリアは、通報者には多くの代理人がこの通報に関している ことを指摘する。本答弁では、通報者又はその代理人の申立に言及する場合、直接通報者の申立として言及している。

用語及び略語集

AFP	オーストラリア連邦警察。AFPは、通報者の犯罪の捜査を行なう責任があった。
「控訴」(the appeal)	通報者の控訴、女王対スー他事件。判決は1995年12月15日に下された。
「通報者」	通報者である勝野良男、浅見喜一郎、本多千香、勝野正治及び勝野光男の各氏をまとめて指す。
「コミッタル・ヒアリング」	1992年11月９日から12月７日までに、メルボルン・マジストレート・コートで行なわれたコミッタル・ヒアリング。
自由権規約委員会	国際連合の自由権規約委員会
「通報」	本件通報、勝野ほか対オーストラリア事件（通報番号1154/2003）
DPP	連邦の検察局長官。この通報の中での言及では全てオーストラリアのビクトリア州メルボルンのDPPに関するものである。DPPは通報者の裁判において起訴を行なった。
ECHR	ヨーロッパ人権裁判所
ICCPR	市民的及び政治的権利に関する国際規約
「捜査」	犯罪に対して行なわれた捜査。「捜査」には、AFPと通報者の間で行なわれた取調べも含む。
選択議定書	ICCPRの第一選択議定書
「規則」	自由権規約委員会の手続規則
「裁判」(the trial)	ビクトリア州メルボルンのカウンティ・コートで審理された通報者の裁判。評決は1994年５月28日に下され、刑罰

	の言い渡しは、1994年６月10日になされた。
「一連の裁判」(the trials)	通報者の第一審での裁判とその上級審での裁判をまとめていう。
勝野良男の再審理	ビクトリア州メルボルンのカウンティ・コートで審理された勝野良男の再審理。評決は1996年11月12日に下され、刑罰の言い渡しは、1996年11月30日になされた。

申立ての概要

7．この通報は、オーストラリア政府が通報者に対して現実に又は潜在的に行なったと申立てられた、ICCPRの第２条、第９条第２項、第14条第１項、第14条第３項（a)、第14条第３項（b)、第14条第３項（d)、第14条第３項（e)、第14条第３項（g）及び第26条違反に関するものである。

8．これら申立ては、オーストラリアに営利目的で大量のヘロインを持ち込んだとして有罪判決を受けた５名の通報者に対する捜査とその一連の裁判に関連する状況に関してのものである。

9．通報者は、犯罪の捜査を通じて、取調べのために付された通訳の業務が不十分であったと申立てる。申立てによれば、これらの取調べの反訳が［第一審の］裁判で証拠として用いられた結果、被告の信用性が不公正に侵害された。通報者は、このことがICCPR第14条１項に基づく裁判所の前の平等と公正な公開審理が確保されていないことにあたると主張した。

10．更にICCPR第14条第１項に基づく申立によると、通報者の公正な裁判を受ける権利は次のことによって侵害されたとされる。即ち、

・裁判を巡るオーストラリアのメディアによる報道、
・不公正な陪審員の選任過程、
・通報者が別々にではなく、併合して裁判を受けた事実

である。

11．通報者の浅見喜一郎は、自らの逮捕の理由に関する翻訳が不正確であり、これがICCPR第９条第２項と第14条第３項（a）に基づく、その罪の性質及び理由を告げられる浅見喜一郎の権利の否定につながったと申立てる。

12．通報者は共に、裁判所での通訳が一人しか居なかったために、自身らがその弁護人と十分な連絡をとる機会を得ることができず、このことがICCPR第14条第３項（b）に基づく権利の侵害となったと主張する。

13．通報者は、裁判での通訳の業務の水準が低かったことは、裁判手続に対する自身らの理解が限られたものとなったことを意味すると申立てる。通報者は身体的には法廷に出席していたが、それは「言語的な出席（linguistic presence）」[1]ではなかったと主張する。通報者は、このことはICCPR第14条第３項（d）に基づいて要請されている自ら出席して裁判を受ける権利の侵害にあたると申立てる。

14．通報者である本多千香と勝野光男は、弁護人を持つ権利を告げられた際、英語から日本語への翻訳が間違っていたと申立てる。それ故、ICCPR第14条第３項（d）に基づいて要請される弁護人を持つ権利が効果的に告げられなかったと申立てる。

15．本多千香は、「弁護人がいなかったことは、被疑者が自己に不利益な供述をする結果におそらくなり、」[2]よってICCPR第14条第３項（g）に基づく有罪の供述又は有罪の自白を強要されない通報者の権利が侵害されたと申立てる。

---

1 *Additional Information Relating to Individual Communications filed on September 22, 1998 on behalf of: Mr Masaharu Katsuno, Mr Mitsuo Katsuno, Mr Yoshio Katsuno, Ms Chika Honda, and Mr Kiichiro Asami ('Additional Information'),* 18 [31], referring to Susan Berk-Seligson, *The Bilingual Courtrom: Court Interprets in the Judicial Process* (1990) 34.

2 *Additional Information*, ibid, 21 [35].

16. 通報者は、この犯罪を捜査していたAFPの捜査官が、証人になりうる２人の日本人を脅し、オーストラリアに戻ってくることを思いとどまらせたと申立てる。通報者の弁護人がこれらの証人を裁判に召喚する選択をしなかったにもかかわらず、通報者は、たとえ依頼されたとしても、これらの証人は恐怖のためオーストラリアに戻らなかっただろうと主張している。主張によると、この状況は、自己に不利な証人と同じ条件で［自己のための］証人を求めるという第14条第３項（e）に基づく通報者の権利の侵害にあたるとのことである。

17. 申立てによれば、一連の裁判に付された通訳の業務が、不十分な人員と管理を理由として不十分であったとのことである。更に、通訳が、専門家として望まれる行動規範に従っていなかったという申立てもなされている。通報者は、これらのことによって、ICCPR第14条第３項（f）に基づく、無料で通訳の援助を受ける自身らの権利が否定される結果になったと主張している。

18. 申立てによれば、捜査と一連の裁判を通じて、不十分な通訳の業務が通報者になされたということは、通報者の文化的かつ言語的相違が調整されなかったことを意味するとのことである。これを理由として、通報者は、ICCPR第２条及び第26条に基づく自身等の権利に反する差別を受けたと主張する。

19. 通報者はまた、オーストラリア政府による不十分な金銭的援助のために、弁護人と連絡をとるための通訳業務を得られなかったと主張する。通報者は、このことは、第14条第１項に基づく裁判所の前の平等と公正な審理に対する権利と、第26条に基づく法律による平等の保護を受ける権利の侵害にあたると申立てる。

これまでの経過

(略)	浅見喜一郎（通報者）の出生日
(略)	勝野正治（通報者）の出生日
(略)	本多千香（通報者）の出生日
(略)	勝野光男（通報者）の出生日
(略)	勝野良男（通報者）の出生日
1992年6月17日	通報者は、マレーシアからオーストラリアのメルボルン空港に到着する。通報者は、8キロ半（訳注：ママ）のヘロインを所持していることが発覚し、拘留される。
1992年11月	マジストレート・コートでのコミッタル・ヒアリング
1994年6月10日	通報者は、メルボルンのカウンティ・コートで末端価格総額2000万ドルを超える大量のヘロインを営利目的で輸入したということで有罪判決を受ける。勝野良男は25年の禁錮刑の判決を受ける。他の4名の通報者は15年の禁錮刑の判決を受ける
1995年12月15日	通報者のビクトリア州最高裁判所上訴部への控訴。勝野良男のカウンティ・コートの判決は破棄され、再審理が命じられる。その理由は、犯罪捜査がなされている間、1914年刑法（連邦法）の第1部Cに関するいくつかの違反があったというものである（この点は他の通報者によって提起されていない)。他の4名の通報者の控訴は棄却された。
1996年11月12日	勝野良男は、メルボルンのカウンティ・コートで、ヘロインを営利目的で輸入したとして有罪判決を受けた。勝野良男には、2006年に仮釈放されることが可能な20年の禁錮刑の判決が下された。
1997年6月6日	連邦最高裁判所が、浅見喜一郎、本多千香、勝野光男及び勝野正治による、［第一審の］裁判での陪審員の選任過程に関する上告の特別許可の申立てを却下する。

1997年12月23日	勝野良男の控訴が、ビクトリア州最高裁判所上訴部により却下される。
2002年11月6日	本多千香が仮釈放され、日本に帰国する。
2002年11月17日	オーストラリア政府が、ICCPRの通報番号1154/2003、勝野ほか対オーストラリア事件の文書を受理する。
2003年4月15日	オーストラリアの在ジュネーヴ国際連合代表部が、通報番号1154/2003の通報者がその国籍国に帰国したことを考慮して、通報［の手続き］を進めることを望んでいるのかどうかを通報者に事務総長が確認することを要請する旨のオーストラリア政府の書簡を送付する。
2003年11月20日	国際連合（人権高等弁務官）の事務局がオーストラリア政府に対して、通報者が自身の通報［の手続き］を進めることを希望していることを通知する。

オーストラリア政府の主張の概要

許容性

20. オーストラリアは、通報者が全ての利用可能な国内的な救済措置を尽くしていないことを理由に、自由権規約委員会が通報の全体を許容性を欠くものとするよう求める。この請求の理由は本答弁書の中で詳細に記述している。

21. 自由権規約委員会が通報を全体として許容性を欠くとしない考えるのであれば、オーストラリアは、自由権規約委員会が第14条第1項に基づく不公平な裁判と不十分な金銭的な法律扶助に関する主張を棄却し、第2条、第9条第2項、第14条第3項 (a)、第14条第3項 (b)、第14条第3項 (e)、第14条第3項 (g) 及び第26条に関する主張を、通報者 (applicant) がこれら主張を立証していないことを理由に、許容性を欠くとするよう求める。

22. オーストラリアは、第14条第３項（a)、第14条第３項（b)、第14条第３項（e）及び第14条第３項（g）に関する主張は、ICCPRの対象外であり、故に通報者がこれら条文に違反することを明らかにしていないことを理由に許容性を欠くとみなすべきで、事物管轄を理由に許容性を欠くと主張する。

本案

23. オーストラリアは、主張のいずれもが根拠のないものと主張する。オーストラリアは、公判前と公判手続きにおける通訳の業務の水準と通報者の取扱いがICCPRに基づく自国の義務に違反するものであるとの主張を受け入れない。この答弁書には通報者からなされた主張に反論する詳細な議論を掲載している。

24. 第14条第１項違反の申立てに関して、オーストラリアは、被告人に提供された通訳の業務はICCPRに基づく通訳を受ける権利と公正な裁判を受ける権利と両立するものであると主張する。オーストラリアは、通報者の裁判が行なわれた裁判所は、自身等への逆風の報道の影響と裁判で用いられた陪審員選任の制度によって公平なものではなかったとの通報者の主張を否定する。

25. 浅見喜一郎が第９条第２項及び第14条第３項（a）に基づき、自身の逮捕の理由を告げられなかったとの主張に関して、オーストラリアは、この通報者が第９条第２項に基づく義務を遵守する形で、逮捕の理由を十分に告げられていると主張する。オーストラリアはまた、この主張は第14条第３項（a）と両立しないし、そうでないとしても、通報者はICCPRの同規定に基づく権利を保障されていたことが利用可能な証拠から言えると主張する。

26. オーストラリアが、法廷において提供された通訳人がたった一人であったため、第14条第３項（b）に基づく弁護人と連絡をする通報者の機会を自国が拒否したとする主張に関して、オーストラリアはこの主張が同条の射程と両立しないと主張する。そうでないとしても、オーストラリアは、いかなる方法でも通報者がその弁護人と連絡をすることを妨げたことはないし、それどころか実際には通報者に弁護人と連絡をするための援助を提供したことを主張する。

27. オーストラリアは、通訳業務が不十分な水準にあったために、第14条３項（d）に基づく自ら出席をして裁判を受ける権利が拒否されたとの通報者の主張を否定する。オーストラリアは、裁判で用いられた同時通訳の制度によって、通報者は公判手続を、それが進められている通りに聞き理解する機会を平等に提供されたと主張する。

28. 通報者の本多千香と勝野光男が第14条第３項（d）に反して弁護人を付される権利を告げられていなかったとの主張に関して、オーストラリアは、ICCPRに基づく義務に従う形で通報者にこの権利を十分に告げたと主張する。

29. 通報者は自己に不利な証人と同じ条件で証人取調する権利を否定されたとの主張に関して、オーストラリアは、通報者が第14条第３項（e）に違反する事実があったことを何ら示していないと主張する。オーストラリアは、通報者に対して裁判に証人を召喚する機会を提供したが、通報者がこれを利用しなかったと主張する。

30. オーストラリアは、通報者の裁判での通訳の管理と提供が不十分であったことにより、第14条第３項（f）に基づく裁判所において無料で通訳の援助を受ける通報者の権利が否定されたとの主張を否定する。オーストラリアは、国内において有能な（competent）通訳人のサービスが受けられるようにするための監督体制をしかるべく用意しており、通報者に提供された通訳の業務は、望ましい職業上の水準に合致するものであったことを主張する。

31. 申立てられた第14条３項（d）違反に基づいて、オーストラリアが第14条３項（g）に違反したとの申立てに関して、オーストラリアは、この申立てが単なる仮説に基づくものに過ぎず、ICCPRの射程の外のものであると主張する。そうでないならば、オーストラリアは、通報者の本多千香が有罪の供述または自白をいかなる方法でも強要されていないと主張する。

32. オーストラリアは、通報者がその言語や国籍に基づいてICCPRの第２条及び第26条に反して差別を受けたとことを否定する。その理由は、通報者が、同様の事実がある状況に置かれた者と同一の法律と裁判手続に従わされたからである。

33. オーストラリアは、自国が専門家を雇い入れるための十分な金銭的な法律扶助を通報者に提供しなかったためにICCPRに基づく義務に違反したとの申立てはICCPR第２条、第14条第１項及び第26条の射程外であると主張する。オーストラリアはさらに、通報者はこれらの条項に基づいて被告人に提供されることが期待される諸権利を与えられていたと主張する。

事実

34. 通報は、営利目的で大量のヘロインをオーストラリアに輸入したことで、1994年５月、５名の通報者に下された有罪判決に関するものである。

35. 1992年６月17日、通報者はマレーシアからオーストラリアのメルボルン空港に到着した。通報者は、７名の日本国籍のグループの構成メンバーで、このグループには５名の通報者と他２名「A氏とB氏」が含まれていた。グループの「リーダー」である勝野良男のビザで警戒態勢が発動し、入国管理官が彼を取調することになった。彼が他の旅行グループのメンバーの航空券を提示した際、税関職員はグループの他の６名のスーツケースを捜索することを決定した。おびただしい量のヘロインが、他の４名の通報者それぞれのスーツケースに隠されていることが判明した。

36. 通報者は1994年５月、全員一緒にメルボルン・カウンティ・コートで裁判を受けた。裁判で証拠に含められたものはオーストラリア連邦警察（AFP）の通報者に対する取調べの反訳であった。これらの取調べは、通訳人の援助を得て、犯罪捜査の一部として行なわれた。裁判で証拠として提出された多くの反訳は、修正されたものであった。修正は、裁判の前、コミッタル・ヒアリングの後に、元々の取調べの反訳の正確性について、通報者から提起された懸念に基づきなされたものである。

37. 通訳の業務は、一連の裁判を通じて通報者を援助するために提供された。通訳のやり方は、１人の通訳人が公判手続を、マイクを通して通訳するというものである。通報者は各人、個別にヘッドフォンを通して公判手続を聞いた。これによって、通報者は、話されている通りに公判手続で起きていることを聞くことができた。

38. 通報者は、オーストラリアにヘロインを輸入したとの申立てを否認し、それどころか「なにも知らされないままの輸入（innocent importation）」に巻き込まれたと主張した。通報者は、マレーシアに途中立ち寄った際、レストランで食事を取ったが、その間に通報者の旅行鞄を積んだ車が盗まれたと主張した。盗まれた翌日、ツアーガイドが通報者に対して、旅行鞄は見つかったが、鞄が壊れていると告げた。通報者は、ツアーガイドが新しいスーツケースを用意したが、そのスーツケースからヘロインが発見されたと主張した。

39. DPPの主張は、以下の事実に基づいてなされた。

- マレーシアから輸入されたヘロインの質と量から、多くの運び屋が関わっていた。
- 輸入を計画した者は、申立人がこの輸入の当事者でなければ、通報者のスーツケースの中の大量の薬物を回収できる見込みがほとんどなかった。
- オーストラリアに旅行する前に、「旅行グループ」の手配・準備（ar-

rangements）がかなりの程度に何度も変更されたが、この点について通報者は明らかにしておらず、納得のいく説明をしなかった。通報者の旅行の出発日は、何度も変更された。

・「旅行」は無料又はつけで行けるといわれたが、この点に関する納得のいく説明がない
・この集団の特徴が、「旅行者」と言い得る人の集団の特徴と一致しなかった。
・このグループが、オーストラリアへの旅行の途中で、たった一日だけマレーシアに滞在するという大幅な迂回をしたことに対して、納得のいく説明がなかった。
・マレーシアでの盗難と通報者のスーツケースが交換されたという話は、スーツケースが迅速に回収され、衣類には損傷がなく又盗難されておらず、盗難が全く報告されていないことを考えると、そもそも信じられるものではなかった。
・勝野良男、この旅行グループに付き添ったスーという名前のマレーシア人、そして薬物を入れたと通報者が主張する「チャーリー」は、みな互いに知り合いであった。さらに、グループがオーストラリアで宿泊する予定であったホテルに身元不明の人物からの電話（caller）がスーと勝野良男に接触を試みるためにあった。この人物が輸入に関わっており、これに勝野良男が関わっていると知っていたと推測するのが、合理的である。
・通報者の旅行鞄が交換された状況と新しいスーツケースの重さから、通報者がこの新しいスーツケースに薬物が詰まっている事実に注意を払わなかったということは信じがたい。

40．通報者は1994年５月28日、営利目的のヘロインの量を輸入したとして有罪判決を受けた。勝野良男は25年の禁固刑の判決を、残りの通報者は15年の禁固刑の判決を受けた。

41．陪審員は、関連性のある故意（relevant intent）（実際に知っていた）

が存在するとの理由で通報者の有罪を認定した。これは、被告人が故意に薬物を輸入し、かつスーツケースが代替のものであるという話が嘘であるか、スーツケースの中に麻薬がある可能性（有意な又は現実の可能性）に気づいていると陪審員が納得したために成立した。

42. 通報者は、ビクトリア州最高裁判所上訴部に対して、自身等の有罪判決に対する控訴を提起した。勝野良男は、通報者に共通する控訴理由に加えて、1914年刑法（連邦法）第１部Cのいくつかの違反があったことを理由として、自身の有罪判決に対して控訴した。

43. 1995年12月15日、５名の通報者に共通する控訴理由は棄却された。しかしながら、勝野良男は自身への有罪判決の破棄と再審理の保証を得ることに成功した。

44. 通報者の共通する控訴理由は次の通りである。

・陪審員の選任過程において、裁判手続を無効にする事実があった。
・検察官が、被告人が証拠を提出していないことに関して言及した際、陪審員を誤った方向に導いた。
・「故意」の要素に関して、法廷判事が誤った説明をした。
・陪審員を解任しなかった。
・検察官は、オーストラリアにグループで到着していた２名を証人として召喚すべきであった。

45. 勝野良男の事件で生じた1914年刑法（連邦法）違反は、彼の権利について注意を与え、告知しなかったことに関連する。勝野良男の事件での状況は、彼が２度の取調べをAFPから受けたという事実（最初の取調べは彼のビザの申請に関して、２度目の取調べはヘロインの輸入に関して）によって複雑なものとなった。

46. 勝野良男の再審理は、1996年にメルボルン・カウンティ・コートにおいて開始された。1996年11月12日、勝野良男は再度、営利目的での量のヘロインを輸入したとして有罪判決を受けた。彼は禁固20年の判決を受け、2006年に仮釈放されることができるとされた。

47. 勝野良男は、ビクトリア州最高裁判所上訴部に対して行なった更なる控訴の申請に成功しなかったが、[第一審の] 裁判における陪審員の選任に関する問題についての上告を保証された。199年９月30日、勝野良男の上告は連邦最高裁判所によって棄却された。

48. 2002年11月、勝野良男を除く全ての通報者は仮釈放され、日本に帰国した。

49. 勝野良男は、オーストラリアに残った唯一の通報者である。

許容性

国内的な救済措置を尽くしていないことによる許容性の欠缺

関連法規

50. 選択議定書の第２条は、規約に基づき、いずれかの権利が侵害されたと主張し、全ての国内的な救済措置を尽くした個人は、文書による通報を検討のため自由権規約委員会に提出することができると定めている。このことは更に選択議定書の第５条２項（b）で明確にされており、そこでは、自由権規約委員会は、個人が全ての利用可能な国内的な救済措置を尽くしたと確認できない限り、個人のいかなる通報も検討してはならないと定める。自由権規約委員会の手続規則（規則）の規則90（f）はまた、通報が受理可能かそうでないかを決定する場合、自由権規約委員会は個人が全ての利用可能な国内的な救済措置を尽くしていることを確認しなければならないとしている。

51. 自由権規約委員会は、規則の適用について、次のように述べている。

「…国内の法制度に基づく利用可能な救済措置が尽くされるまで、規約に基づく権利が侵害されたと主張する個人は、自由権規約委員会に通報を提出する権限を有しない。それ故、この条件が満たされる前は、提出された通報を許容性を欠くものとして却下する義務が自由権規約委員会にはある。」[3]

52. ノヴァックは規則を次のような意味で理解している。

「通報者は、自身に合理的な救済の機会を与える全ての司法上の行政上の可能性を利用しなけれならない（それらは、判決の破棄、措置の不適用または適用の停止、違法の確認、損害賠償、申請の承認、原状回復、裁判官の罷免などである）。かかる可能性として、通常の司法上の、行政上の不服申立ての場に加えて、特別な救済措置がある。それらは、当該事件で効果的であるようであり、通報者にとって事実上利用可能である限りにおいて、憲法裁判所への申立て、人身保護令状、原状回復の申請、そして、おそらく一般損害賠償責任請求の申請も該当する。」[4]

53. オーストラリアは、個人は客観的に無駄である国内的な救済措置を尽くす必要はない一方で[5]、救済措置が無駄であるとの主観的な思い込みによっては、全ての利用可能な救済措置を尽くす義務が免除されない[6]との自由権規約委員会の先例を想起する。さらに、国内裁判所で提起された問題が通報で提起された問題ではない場合、選択議定書［第５条］第２項（b）に基づく要請は満たされない[7]。

---

3 *Wan Kuok Koi v Porutogal*, Communication No. 925/2000 [6.4].

4 Manfred Nowak, *UN Covenant on Civil and Political Rights CCPR Commentary*, (1993) 704.

5 *Pratt and Morgan v Jamaica*, Communication No. 210/86 and Communication No. 225/87

6 See *R.T. v France*, Communication No. 262/87; also *Kaaber v Iceland*, Communication No. 674/95.

7 *Perera v Australia*, Communication No. 541/93.

オーストラリア政府の答弁

54. オーストラリアは、通報者は選択議定書第５条第２項 (b) によって要請される利用可能な国内的な救済措置を尽くしていないと主張する。

55. 通報者の申立ての基礎を形成している問題は、AFPによる通報者の取調べの反訳が不正確なもので、通報者の裁判に不十分な通訳の業務が提供されたというものである。これらの問題を通報者は、一連の裁判や控訴において提起しなかった。

56. 通報者は、自身等がこれらの問題をオーストラリアにおいて提起しなかった事実によって、許容性が妨げられるべきではないと主張するが、その理由は次の通りである。

「(オーストラリアが) 十分な通訳を確保し問題を見抜く適切な制度をしかるべく整えなかったため、通訳の問題が生じ、その深刻さを通報者やその弁護人が十分に理解できなくなるだろうということが、事実上、確実に生じることとなった。」[8]

通報者は、その結果として次のようなことが起きたとする。

「通報者の通訳の援助を受ける権利に関する国内的な救済措置は、架空で、効果がなく不十分なもので、単なる理論上の可能性にされてしまった。慣習国際法は、国内的な救済措置は効果的かつ適切なものでなければならないとしている点で非常に明快である。もし国内的な救済措置がそうでない場合、それを尽くすことは要請されない。」[9]

57. オーストラリアは、自国の法制度における救済措置が「効果がなく不十分なもの」であるとの通報者の意見は、主観的な思い込みで、これによっ

---

8 Letter from Professor John J Tobin on the author to Maria Fransisca Ize-Charrin, Chief, Support Services Branch, United Nations High Commissioner For Human Rights, 21 January 2002, 4.

9 Ibid.

て、通報者は利用可能な国内的な救済措置を尽くす義務から解放されないと主張する。

58. オーストラリアは、自国が適切な通訳業務の提供を確保する効果的な制度を持たない、又は自国の国内法制度が、かかる業務が十分に提供されない場合の適切な救済措置を用意していないとの通報者の主張には同意しない。オーストラリアは更に、通報者とその弁護人が通報者の一連の裁判を通じて、本通報で提起する問題に注意を受けていたようであったが、提起しなかったことを指摘する。

適切な通訳の制度

59. 通訳人の利用可能性とその能力を確保するための監督機関は、オーストラリアにおいて、オーストラリア翻訳通訳国家資格認定機関（NAATI）という形で設立されている。この機関は、オーストラリアでの通訳人の基準を監督するもので、NAATIが翻訳人と通訳人のレベルとして承認する職業として活動できる最低の基準は、以前は「レベル３」である。これらの基準の複写は添付している（添付A）。通報者の裁判に提供された通訳人は、適切な翻訳人と通訳人の基準、又は「レベル３」の基準を満たす者であった。

国内的な救済措置

60. 刑事手続きを通じて被告人が通訳人の援助を受ける権利は、オーストラリアの国内法制度において、十分に確立した原則である。ディートリッヒ対女王事件において、オーストラリア連邦最高裁判所は次のように判示する。

　「例えば、利用可能な通訳人の便益は、英語を話せないし理解もできない代理人のいない者の裁判を公正なものにするために不可欠であるが、もしこれを政府が提供しない場合、法廷判事は公判を延期するか、停止する権限と義務が与えられており、上訴審は、例外的な事情がない限り、かかる本来不公正な裁判の後に下された判決を破棄する権限と義務がある。」[10]

61. ペレラ対移民及び多文化担当大臣事件[11]において、同様のことが言及されている。

「刑事裁判において、被告は裁判所に身体的に出席しなければならないという規則がある。この規則は、被告が自己に不利な主張を聞き、それに答える機会を有することができることを確保することを意図しているとされる。同様の原理は、通訳人の利用に関して、刑事裁判でとられる方法を告げることにもあてはまるとされる。公判手続きを理解し、自分の意見を理解してもらうためには、英語に十分堪能ではない被告に対する事件において、法廷判事は、公正な裁判を確保する自身の義務として、被告が有能な通訳人の援助を受けるよう取り計らわなければならない。」[12]

62. 被告人が公正な裁判を受けることに関連する権利の便益を受けることを確保するために、裁判所は、手続きの誤用（abuse）が裁判を不公正なものとするようである場合、公判手続きを停止する権限を持つ[13]。同様に、ある者が、これらの権利を否定されたと信じる場合、その者はこれを理由として自身への有罪判決に対して上訴することができる。この救済措置は通報者にとって利用可能であった。

63. 捜査と一連の裁判を通じて、通報者が、適切な通訳の問題を提起し、

---

10 (1992) 177 CLR 292 ('*Dietrich*'), 331 and 363; see also *R v Saraya* (1993) 70 A Crim R 515, 516.

11 [1999] FCA 507 ('*Perera*').

12 Ibid, 16; citing *Dietrich*, above n 10, 331 (Deane J); R v Saraya, ibid, 516 (Badgery-Parker J); *R v Johnson* (1987) 25 A Crim R 433, 435 (Stepherdson J), 442-3 (Derrington J): *The King v Lee Kun* [1916] 1 KB 337, 341-343 (Lord Reading CJ); *Kunnath v The State* [1993] 1 WLR 1315, 1319-1321 (PC); *R v Begum* (1985) 93 Cr. App. R. 96, 100-101; *R v Tran* [1994] 2 SCR 951, 963; and *United States ex rel. Negron v New York* 434 F.2d 386 (2d Cir 1970).

13 *Dietrich*, above n 10, 299, citing *Barton v R* (1980) 147 CLR 75, 95-96; Williams v Spautz (1992) 107 ALR 635.

これに対する適切な救済措置を求める機会を利用できたことは明らかである。その上、勝野良男を除いた残りの通報者の誰もが、1995年の控訴において不正確な取調べの反訳の問題又は不十分な通訳業務の問題を提起していない。数多くの他の理由で有罪判決に対する控訴がなされたが、この点を理由とした控訴はなされていない。

64. 通報者の弁護人の行動から、通報者は一連の裁判の間の通訳の業務の正確さに懸念を有していたことが分かる。元々の通訳の反訳の正確性は、コミッタル・ヒアリングにおいて問題とされた。勝野光男と浅見喜一郎が1914年刑法（連邦法）第1部Cに基づく自身の権利を適切に告げられたかどうかについての懸念は、第14条第3項（d）に基づく主張と類似するものであるが、この懸念はコミッタル・ヒアリングにおいても提起された。オーストラリアは、通報者が同じ裁判を受けたことから、他の通報者の弁護人が、勝野良男によって提起された問題を控訴で提起できるとの注意喚起を受けたであろうと主張する。[しかし、] この方策は再び採られなかった。

65. 1994年の通報者の裁判において、通報者の弁護人には、AFPの取り調べ記録の証拠採用に異議を唱える機会が開かれていた。こうしたことがなされなかったので、それぞれの取調べのビデオテープが陪審員に対して裁判において全て上映され、陪審員にはこのテープの補助として取調べの反訳が用意された。取調べの反訳の採用可能性に異議を唱えなかったことから、通報者の弁護人はこれらの反訳が証拠として採用されることを望んでいたことが分かる。通報者が裁判で証言しなったことを考えると、取調べの反訳は事件に対する通報者の意見を陪審員に示す唯一の手段であった。

66. これらのことから、通報者の弁護人は通報者の裁判の際に、本通報で現在提起している問題に気づいていたことが分かる。にもかかわらず、これらのことが通報者の裁判や控訴において提起されるべきであったのに、提起されなかった。

67. 裁判において通訳の業務が十分ではなかったとの主張に関して、オーストラリアは、通報者が裁判で何が起きているのかを理解できないと裁判所又は弁護人に表明する自由をいかなる時にも有していたと主張する。かかる懸念は、何時も提起されなかった。

68. その他に通報者が取り得た救済措置は、AFPの捜査官の行動について連邦オンブズマンに苦情を申立てることであった。(AFPに関する) 苦情申立法 (連邦法) 第31条に基づいて、オンブズマンはAFP構成員の行動に関して寄せられたいかなる者からの苦情に対しても調査を行なうことができる。オンブズマンは、AFPの行動が「不合理で、不正で、制圧的で、又は不当にも差別的」であると認定された場合、救済措置として、なんらかの措置が取られるよう命令することができるのである[14]。オンブズマンは、AFPの捜査が行なわれるに際して、その活動がこれらの基準に合致すると認定された場合、通報者の事件において何らかの救済措置を命じることができたはずであった。この方策は通報者によって、同じようにとられなかった。

まとめ

69. オーストラリアは、通報者の事件における救済措置の利用可能性は、自国の法制度において架空のものでも効果的でないものでもないと主張する。オーストラリアは、通報者の立場にある個人が有能な通訳人の業務にアクセスできることを確保するために監督機関をしかるべく設置している。刑事裁判において通訳人の援助を受ける被告の権利は、オーストラリアの法制度においては十分確立した原則である。被告がこれらの権利の利益を拒否される場合、救済措置が被告には利用可能である。さらに、裁判における通報者の弁護人の行動によって、通報者とその弁護人が本通報で提起した裁判における問題に気づいていたということが示されているが、当時はそれらの問題を提起しなかった。

---

14 Section 31(1)(a)(iii)

70. 以上の理由から、オーストラリア政府は、通報者が本通報で提起された問題に関連して国内的な救済措置を尽くしておらず、それ故通報は許容性を欠くものとみなすべきであると主張する。

主張の立証を行なっていないことによる許容性の欠缺

71. オーストラリアは、通報者が自国のICCPRの第９条第２項、第14条第３項（a)、第14条第３項（b)、第14条第３項（e)、第14条第３項（g）及び第26条違反を十分に証明できていないと主張する。

関連法規

72. 規則第90（b）は次のように定められている。

通報の許容性に関する決定に至る見解について、委員会又は規則第89に基づいて設置された作業部会は、次のことを確認しなければならない。

（b）個人が、十分に立証された方法で、規約が定める権利のいずれかを締約国によって侵害された被害者であると主張していること…。

73. 自由権規約委員会の先例は、通報者が、「一応有利な事件」を構成するよう、自身の主張を立証する際に十分な証拠を提出しなければならないことを示している[15]。

74. ノヴァックは、この要請について次のように述べている。

通報者は、規約に基づく権利の１つが侵害されたとの主張を立証し、納

[15] For example, A/48/40, pr781; A/47/40, pr625; A/46/40, pr679; A/45/40, pr608; A/44/40, pr633; A/43/40, pr654; A/39/40, pr588. 自由権規約委員会の説示から、通報者は「受理が可能とされるために、自身の主張の立証において十分な証拠を提出」しなければならないことが示されている。A/52/40, pr478; A/51/40, pr388; A/50/40, pr500; A/49/40, pr396. これらの説示は証拠が「一応有利な事件」と構成するようにとはしていないが、オーストラリアは、事実上、この点が要請されているとみなす。

得のいくよう申立てることが期待されている[16]。

オーストラリア政府の答弁

75. 本通報に関して、通報者は、第２条、第９条第２項、第14条第３項 (a)、第14条第３項 (b)、第14条第３項 (e)、第14条第３項 (g) 及び第26条の違反に関する主張を支持する十分な証拠を提出してきていない。このことは、公平な裁判所と不十分な金銭的な法律扶助に関連する第14条第１項に基づく主張についても同様にあてはまる。通報者が、オーストラリアによりこれら条文がどのように侵害されたのかを証明するための「一応有利な事件」であることを示せていないので、オーストラリアは、第２条、第９条第２項、第14条第３項 (a)、第14条第３項 (b)、第14条第３項 (e)、第14条第３項 (g) 及び第26条違反の申立ては許容性を欠くと主張する。

事物管轄による許容性の欠缺

関連法規

76. ICCPRの選択議定書の第１条は次の通り定める。

　規約の締約国であって、この議定書の締約国となるものは、その管轄の下にある個人であって規約に定めるいずれかの権利の右の締約国による侵害の被害者であると主張するものからの通報を、委員会が受理し及び検討する権限を有することを認める。委員会は、規約の締約国であるが、この議定書の締約国でないものについての通報を受理してはならない。

77. 自由権規約委員会は、第１条を、通報が受理可能とされるためには、通報は規約に基づく検討の範疇にある問題を提起しなければなならない要請であると解釈してきた。自由権規約委員会は、通報者の主張がICCPRの射

[16] Nowak, above n. 4, 667.

程にないものであるということが事実から明らかになった場合、通報を、事物管轄を理由に許容性なしと認定してきた。例えば、AS v オーストラリア事件[17]において、委員会は次のように述べている。

規約と議定書に基づいて主張を立証するために、通報者は、自身の事件において規約の規定の１つが侵害されていることを示さなければならない…。提出された全ての資料を慎重に検討した結果、人権委員会は、市民的及び政治的権利に関する国際規約の第12条、第17条、第23条及び第26条が本件に適用されるとの結論を得られない。」[18]

自由権規約委員会は、通報を許容性を欠くと決定した。

オーストラリア政府の答弁

78. オーストラリアは第２条、第14条第３項（a)、第14条第３項（b)、第14条第３項（e)、第14条第３項（g）及び第26条に基づいてなされた申立てがICCPRの射程外であることを主張し、その理由を各条での議論において説明する。オーストラリアはそれ故、これらの申立てが、事物管轄により許容性を欠くものとして棄却されるべきであると主張する。

本案：第14条第１項

ICCPR第14条１項は次の通りである。

すべての者は、裁判所の前に平等とする。すべての者は、その刑事上の罪の決定又は民事上の権利及び義務の争いについての決定のため、法律で設置された、権限のある、独立の、かつ、公平な裁判所による公正な公開審理を受ける権利を有する。

---

17 Communication No. 068/1980.

18 Ibid, [7] -[8.1].

申立て
裁判において取調べの反訳と録画されたビデオテープが用いられたことについて

79. 通報者は、不十分な通訳の業務がAFPの取調べの間に提供された結果、AFP捜査官と適切に意思疎通をすることが妨げられたと申立てる。通報者は、「欠陥のある」通訳によって、自身等は「不誠実で、首尾一貫せず、信用性に欠くとの間違った認識でみられる」ことになったと主張する[19]。取調べの反訳、録音テープ及びビデオテープが証拠として認められことで、陪審員に不公正な影響が及び、通報者は不誠実であるとの陪審員の見方が生じたと主張する[20]。被告は、このことがICCPR第14条第1項に基づく裁判所の前の平等と公正な審理の確保を行なわなかったことにあたると主張する。

80. DPPは、通報者からの要請で取調べの反訳を修正したにも関わらず、通報者は、反訳の改訂版は「深刻な欠陥があるもので、…（しかも）いかなる合理的な尺度によっても通訳人としての職業上の裁量を大きく外れている」[21]ものであると申立てる。申立てによると、通訳人は、自身が重要ではないと判断した取調べの箇所を翻訳することを怠り[22]、英語の翻訳における文法上の間違いによって、通報者は信用性に疑義がある者と表現されてしまった[23]との主張がなされている。

81. 通報者は、捜査に関わった捜査官が通訳の質の低さに気づいていたとの主張を裏付けるため、バセット、ブラウンの両捜査官の反対取調に着目する[24]。通報者は、ここから、これら捜査官のいずれもが通訳の問題を解決す

---

19 *Additional Information*, above n 1, 7 [14].
20 Ibid, 8 [15].
21 Ibid, 3 [1(sic)].
22 Letter from Chris Poole to Reverend Young , 3 April 1998,4.
23 Additional Information, above n 1, 8 [14]; Stephen Young, ‘Reflections From The Country Court Trial’, Attachment A to the Communication, 4.
24 Ibid, 10-12.

ることを無視したか、関心がなかったことが示されていると申立てる。更に申立てによれば、捜査官の間でのこうした態度は、「不可能とは言わないまでも、かかる問題を見抜き解決することを極めて困難にした」[25]とする。

82. 勝野良男の場合、その再審理において他の４名の通報者の反訳が証拠採用されたが、このことは、それが再審理であったにもかかわらず、取調べ［の反訳］が証拠採用されたという不正義を、他の通報者と同じように自身も受けたことを意味すると申立てている[26]。

裁判における不十分な通訳の業務

83. 通報者はまた、裁判において付された何人かの不適切な通訳人によって、通報者の公正な裁判を受ける権利が否定されたと主張する。申立てによると、通報者は、採用された通訳の方法によって、英語を話す者と完全に平等な立場で公判手続きを理解し、それに参加する機会を否定されたとする。通報者は、「５名の被告に対して１人の通訳人が付されるということは、(B.d.B.対オランダ事件、通報番号273/1989、第6.4パラグラフで自由権規約委員会が定義したような）手続上の平等を提供し、被告各人と検察との武器の平等を確保するためは余りにも不十分である」[27]と主張する。

84. 更に申立てによると、５名全ての通報者を単独の法廷で裁いたことにより、裁判で生じた通訳に関連する問題が悪化したとしている。特に通報者は、単独の法廷であったため、その弁護人との連絡が妨げられ、ひいては公判手続きを理解する能力が損なわれたと主張する[28]。

---

25 Ibid, 12 [21].

26 *Individual Communication of Yoshio Katsuno to the Human Rights Committee* (August 2001), [9].

27 Ibid, 17 [29].

28 Letter from Professor John J Tobin, above n 8, 5.

不公平な裁判─メディア報道と陪審員の選任

85. 通報者は、自身の裁判の結果は、メディアの報道と陪審員の選任過程によって不公正に損なわれたと申立てる[29]。オーストラリア政府は、これら申立てを通報者が公平な裁判を受ける権利が与えられなかったと信じているという意味で解釈する。

86. 申立てによると、通報者の裁判をめぐる報道は、通報者の裁判の結果を損なわせる効果を与えた。通報者は、ビクトリア州の法制度は、陪審員候補者に質問をしたり裁判を別の場所で行なったりするような、陪審員の偏見を取り除くような仕組みを有していないと主張する[30]。

87. 申立てによると、通報者をヤクザと関係している者であるとレッテルを張るメディア報道によって、「一般のオーストラリア市民はほぼ確実に、通報者に偏見を抱き、通報者の誠実さと正直さに深刻な疑念を抱くようになる」[31]としている。通報者の信用性は裁判における中心的な問題であったので、このことは通報者にとってとりわけ大きな意味があったことが述べられている。通報者は、この主張を裏付ける多くの新聞記事を提出した[32]。

88. 陪審員の選任過程に関して、申立てによると、通報者の裁判で用いられた選任過程は、恣意的なもので、「検察側と弁護側との武器の平等原則に違反する」[33]ものであるとする。当該制度は、ビクトリア州において長きに渡り行なわれてきたもので、検察のみに陪審員候補者が資格を問われるような予断を持っているかについての情報が提供される。

---

29 Ibid, 5-6.
30 Ibid, 5.
31 Ibid.
32 Attachment to the Communication labeled 'Photo Exhibits and Newspaper Sensationalism'.
33 Letter from Professor John J Tobin, above n 8, 6.

法律扶助を通じた不十分な金銭的援助

89. 通報者は、不十分な金銭的な法律扶助によって、自身等が公正な裁判を受けられなくなったと申立て、これが不十分であったために、通報者は自身等とその弁護人との連絡を助ける通訳人を雇うことが妨げられたとする。更に申立てによると、金銭的な余裕がなかったので、通報者は専門家に依頼しづらくなり、そのため、通報者が置かれた状況における通訳者関係の問題を認識することができたであろう可能性が減じることになったとする[34]。

関連法規

公正な裁判

90. オーストラリアは、規約第14条第1項の文脈における公正な審理の概念を、当事者に平等な方法で手続的権利を扱うこと、対審手続の原則の尊重及び迅速な手続きの尊重を含めた多くの条件が要請されているものと解釈する[35]。ノヴァックは、「武器の平等」という用語が、公正な審理を受ける権利にとって最も重要な基準になると考えている[36]。

91. ECHRの判例は、この概念に関して有益な解釈を提供する。即ち、当事者それぞれは、相手側に対して実質的に不利な立場に置かれないという条件で、証拠を含めた自らの主張を提出する合理的な機会が与えられなければならないと[37]。この要請するところは、各事件の状況によって異なることになる。

92. オーストラリアは、第14条第1項の要請が公正な手続きを一般的に要

[34] Ibid, 4.

[35] *Morael v France*, Communication No. 207/1986.

[36] Nowak, above n 4, 246.

[37] *Dombo vBeheer B. V. v The Netherlands* Application No. 1448/48.

請するものであり、そうしたものとして同条の要請は通常、司法手続きの全ての段階に適用があるものであると理解する[38]。

93. オーストラリアは、公正な裁判を受ける権利は、自国の法制度において謳われていると主張する。ディートリッヒ対女王判決で示されたように、被告の法律に従って公正な裁判を受ける権利は、「我々の刑事司法制度の基本要素である。」[39]この権利は、オーストラリアの裁判所が行なう裁判を制御する法律と慣行の規則において明白なものである[40]。

94. オーストラリアは、許容性に関連して、個人が裁判所で英語を話せない場合、被告の公正な裁判を受ける権利には通訳人を付される権利が含まれると主張したことを想起する[41]。オーストラリアは、この権利が［通訳の］能力の最低限の基準を要請するものであると解釈していると主張する。ペレラ対オーストラリア事件で、裁判所は次のような意見を述べた。

> 「通訳の質は、正義が行なわれ、かつ行なわれているようであることを確保するために十分に高いものでなければならない。このことは、少なくとも、(申立人) は有能な通訳人を付される権利を持つことを意味する。」[42]

95. ペレラ対オーストラリア事件で裁判所は、通訳人の役割は、「理解や意思の疎通を妨げ阻害するいかなる障害も取り除く」ために、「英語を話さない者を、英語を話す者と同じ立場にできるだけ近づける」ものでなければならないとしている[43]。これを達成するために必要とされる通訳の基準を決定

---

38 *Kartunen v Finland*, Communication No.387/1989, individual opinion of Mr Bertil Wennergren, [1].

39 *Dietrich*, above n 10, 298, citing *Jago v District Court* (N. S. W.)(1989) 168 CLR 23, 29 Mason CJ, 56 (Deane J), 72 (Toohey J), 75 (Gaudron J).

40 *Dietrich*, ibid, 298, citing *Bunning v Cross* (1978) 141 CLR 54; *R v Sang* (1980) AC 402, *Jago*, above n 28.

41 Paragraphs [60]-[61] of the Australian Government's Submission.

42 *Perera*, above n 11, 19, citing R v Tran[1994] 2 SCR 951, 958 (Lamer CJ).

43 *Perera*, ibid,18; *Gradidge v Grace Bros Pty Ltd* (1988) 93 FLR, 425 (Samuels JA) also referred to.

するに際して、裁判所はカナダのR対チャン事件[44]に着目した。この事件において、通訳の基準は「継続性、正確性、公平性、適格性及び同時性」[45]を満たすものでなければならないことが示されている。通報者は自身の申立てにおいて、この一節を引用していた[46]。

公平な裁判所―メディア報道と陪審員の選任

96. オーストラリアは、裁判所が事実と証拠を独立かつ公平に評価しなければならないとの要請は、裁判官に適用されるのと同様に陪審員にも適用されると理解する[47]。

97. オーストラリアは、自由権規約委員会に対して、ビクトリア州の陪審員の選任過程を定めた1967年陪審員法（ビクトリア州法）の第39条に留意するよう求める。同条は次の通りである。

39. 刑事裁判における専断的忌避

（1）罪状認否手続を終えた者はそれぞれ、次の場合に専断的に忌避することができる。

(a) 裁判において罪状認否手続を終えた者が１名の場合、陪審員候補者６名

(b) 裁判において罪状認否手続を終えた者が２名の場合、陪審員候補者５名

(c) 裁判において罪状認否手続を終えた者が３名又はそれ以上の場合、陪審員候補者４名

（2）刑事裁判において、それぞれの専断的忌避は、陪審員候補者が着席するために入った際に、そして着席する前になされなければならない。

44 *R v Tran*, above n. 40.

45 *Perera*, above n 11, 18-19, citing *R v Tran*, ibid, 985.

46 Additional Information, above n 1, 9 [18].

47 David Weissbrodt, The Right to a Fair Trial (2001), 144-145.

（3）罪状認否手続を終えた者の申立てに基づいて、裁判所は、その者を代理する弁護人又は弁護人助手（clerk of the legal practitioner）に対して、その者が専断的忌避するための援助を許可しなければならない。

98. オーストラリアは、国内法の適用が明らかに恣意的であり、又は裁判拒否に当たる場合でない限り、締約国こそがその適用を評価できるとする自由権規約委員会の先例を想起する[48]。自由権規約委員会は同様に、ICCPRの締約国の上訴裁判所が、具体的な事件での事実と証拠の評価に対して、又は裁判官による陪審員への特定の説示の評価に対して責任を有する。但し、陪審員への説示が明らかに恣意的であるか裁判拒否に当たる、又は裁判官が明らかに公平性という自身の義務に違反した場合は、その限りではないとする判断を示している[49]。

オーストラリア政府の答弁

公判前に行なわれた捜査を通じて、十分な通訳業務が提供されなかったこと

99. オーストラリアは、自由権規約委員会に対して、ECHRのカマシンスキー対オーストリア事件を留意するよう求める[50]。この事件は、公判前の捜査段階で用いられた通訳人が、「その質と［通訳の対象］範囲において不十分」であるとの申立てに関するものである。申立ては、実質的にICCPR第14条第3項（f）とほぼ同一のヨーロッパ人権条約第6条第3項（e）に基づいてなされた。カマシンスキー事件において、ECHRは、捜査段階で提供された通訳の水準が、カマシンスキー氏の公正な裁判を受ける権利や自己を防御する能力を損ねたと判断しようとはしていない。ECHRは、カマシンスキー氏が自身になされた質問を理解し、その応答において自己の考えを理解させ

48 *Dole Chadee et al. v Trinidad and Tobago*, Communication No. 813/1998, [10.1].
49 Ibid, [8.3]; *Kelly* (Paul) *v Jamaica*, Communication No. 253/1987, [5.13].
50 ('Kamasinski'), Application No. 1783/82, [76], [11-12]

ることができていたことが明らかであったことを考慮すると、取調の度に通訳人が出席したことは適切であったと判示した[51]。

100. オーストラリアは、通報者には捜査の全ての段階において通訳人を提供し、これを通じて公正な裁判を受ける権利が［カマシンスキー氏と］同様に与えられていたと主張する。オーストラリアは、AFPと通報者との間で行なわれた全ての取調べにおいて、有能な通訳人が出席したとの報告を受けている。勝野良男がメルボルン空港でAFP捜査官による最初の取調べを受けた際、通訳人の出席が得られず、「電話による」通訳人の業務が用いられた[52]。こうしたことは通常用いられている方法である。取調べの反訳からは、通報者が会話を理解し、自身等に問いかけられた質問に応答できていることが分かる。

101. オーストラリアは、捜査に関わったAFPの捜査官が通訳の問題に無関心であったとの通報者の主張には同意しない。オーストラリアは、勝野良男の再審理においてバーン裁判官が、捜査状況に関連する証拠を検討した際に、捜査官が通報者のための通訳の便益に関して細心の注意を払いながら行動したと考えられると述べたことに留意する。バーン裁判官は、過失の要素はなく、法が定める要件に対しての非難すべき軽視はなかったと述べた。AFP捜査官は、通訳人の利用につきまとう困難さがあるにもかかわらず、通報者に与えられるべき通訳の業務が提供されていることに気を配ったことは明らかである。オーストラリアは、当該AFP捜査官が有能な通訳人を提供しようと努力しただけでなく、用いられた通訳業務がAFP捜査官と被告との会話をつなぐことに十分適した水準であると合理的に信じていたと主張する。AFP捜査官が録音と録画で全ての取調べを記録したという事実は、彼らが透明性のある方法と法律に従った形で、被告にその権利を提供することを望んでいたことを意味する。取調べの録音はまた、取調べでの起こりうる間違い

---

51 Ibid, [77].

52 Letter form the DPP (Melbourne) to the Attorney-General's Depatment (Camberra), 15 April 1996.

を見抜けることを確保するための手段を提供した。

102. オーストラリアは、通報者に提供された通訳業務の正確性に何らかの問題があると提起された際、これに関するいかなる間違いをも修正する措置をとったと主張する。こうした事態は、コミッタル・ヒアリングの後に、勝野良男、勝野正治、勝野光男、本多千香が取調べの反訳が完全に正確なものではないとの苦情を提起した際に生じた。DPPはこれに応じて、独立した通訳人を配置し、通報者の取調テープを聞かせ、反訳において生じた不正確な点をすべて指摘させた[53]。このことは完璧に行なわれ、その結果新しい反訳が通報者の弁護人に提出され、弁護人は通報者がその正確性に満足しているとした。新しい反訳は、裁判の過程で陪審員に提供された。その一方で、浅見喜一郎は自身に対する取調べの元々の反訳に異議を唱えなかった。

103. オーストラリアは、修正された反訳が未だ不正確なため、通報者の公正な裁判を損ねる結果となったとの主張には同意しない。通報者は、修正された反訳が非常に不正確であると申立てるだけでなく、反訳を修正した通訳人が自身等で関連性があると考えた箇所のみを翻訳したとも申立てている[54]。正確な翻訳に対する通報者の権利を確保するために雇われた独立した有能な通訳人は、適切に提供された[55]。公判手続きの全ての過程に照らして、そして、裁判を通じて陪審員に提出された多くの資料を考慮すると、オーストラリアは、通報者が注意喚起している反訳の間違いの重大性を誇張していると、敬意を表して主張する。翻訳されていない反訳が部分的にあるとの通報者の申立てに関して、オーストラリアは委員会に対し、これらの箇所が主に「単に躊躇した発言であり、言葉に詰まったもの」[56]であるとのクリス・プールの意見書に留意するよう求める。

---

53 Letter form the DPP above n 52; Stephen Young , above n 23, 3.

54 Letter form Chris Poole, above n 22, 4 [7].

55 Letter form the DPP above n 52.

56 Letter form Chris Poole, above n 22, 4 [7].

104. オーストラリアは、捜査に関わったAFP捜査官、DPP及び裁判所が、取調べの反訳には、通報者の発したそもそもの言葉を文章に翻訳した際に、なんらかの変更があるであろうことに気づいていただろうと主張する。この問題は通報者の弁護人、検察及び裁判官によって、一連の裁判で議論された[57]。裁判官と陪審員も同様に、英語の反訳の文章が通報者の会話を性格に反映していないことに気づいていたであろう。それ故、英語文章における文法上の誤りは、通報者が主張するような方法で陪審員に影響を与えていないはずである。

105. オーストラリアはまた、裁判においてこれが証拠として用いられたことが、通報者の弁護人の戦術による決定であったので、通報者がこの主張を提起する理由に対して疑問を提起する。オーストラリアは、許容性に関する主張の中で、通報者の弁護人が取り調べの反訳を裁判で証拠として採用することに疑義を呈する選択肢を有していたが、それを選択しなかったことを指摘したことを想起する。オーストラリアは再度、バーン裁判官の勝野良男の再審理での説示（注釈comments）を引用する。

> 私見では、旅行鞄のすり替えという話が、捜査官の側での不公正さ又は不適切さによって作られたものではないという結論を述べることで十分であるように思える。私には逆に、そういう話を口々に言う者達が進んで行なう説明であるとした方が納得できる。そういう人たちの誰もが、荒唐無稽な性質の出来事を、熱心にとは言わないまでも、好んで話す傾向があるように私には思える。こうした者の誰もが自分が置かれた状況について話す熱心さは、それだけ大きなものとなる[58]。

通報者は、反訳が証拠として用いられたことにより、自身等の裁判の結果が不公正に損なわれたと主張する一方で、当時において通報者は、反訳が証拠として採用されることで自身らの主張が裏付けられると信じ、採用に同意をしたことが明らかである。

---

57 As noted by Stephen Young in above n 23; also Stephen Young, ‘Reflections From the Magistrates Court’, Attachment C to the Communication.

58 *R v Su & Ors*, above n 53, 686.

まとめ

106. オーストラリアは、公正な裁判における武器の平等原則が通報者の事件で遵守され、証拠として採用された取調べの反訳の使用は、通報者に対する裁判を不公正に損ねるものではなかったと主張する。

107. オーストラリアは、公正な裁判を受ける被告の権利は、オーストラリア法において確立しており、通報者の事件を捜査したAFP捜査官はこれらの規則を遵守したとの自国の主張を想起する。この点は、AFP捜査官が通報者の取調べの全てにおいて通訳人を出席させていた事実から明らかであった。これらの取調べの翻訳に通報者から疑義が呈せられた際、オーストラリアはいかなる誤りも適切に修正させるよう努め、修正された取調べの反訳は通報者の弁護人によって正確なものとして容認された。

108. オーストラリアはさらに、通報者が期待する通訳の水準は、ある言語から別の言語に翻訳する際に、翻訳の微妙な差異が不可避的に生じることを考えると、達成できない程の高い水準であると主張する。オーストラリアは、通報者に提供された通訳業務の水準がカマシンスキー事件で提供されたものに勝るとも劣らないものであったと主張する。この事件において、ECHRはヨーロッパ人権条約に基づく義務を締約国は十分果たしていると判示した。

109. オーストラリアは、通報者が控訴において適切に、不正確な反訳の問題が自身の裁判の結果に影響を与えたことを提起していないことに留意する。

110. オーストラリア政府は故に、この申立ては根拠のないものと主張する。

オーストラリア政府の答弁

通報者の裁判において適切な通訳業務が提供されなかった

111. オーストラリアは、一連の裁判において採用された通訳の方法が、通報者それぞれにとって裁判において起きていることを聞きかつ理解することができるものであったと主張する。DPPは、通報者の裁判において用いられた方法とは、1人の通訳人がマイクに向かって、公判手続を同時翻訳するというものであったと報告している[59]。被告のそれぞれは、提供されたヘッドフォンを通して、通訳人が翻訳した公判手続をあるがままに聞くことができた。故に、たった1人の通訳人が裁判で用いられる一方で、被告のそれぞれには、話されている通りに法廷での全てのことを平等に聞く機会が与えられた。

112. DPPは、この方法は、通報者の弁護人の1人の指示に従って用いられたと報告している。DPPは、通報者の弁護人が1人の通訳人による方法が望ましく、コミッタル・ヒアリングと裁判において同一の通訳人が用いられるようにとの希望を示したということを、オーストラリアに報告している[60]。DPPはまた、勝野良男の再審理で、クリス・プールの業務を手配するようにとの通報者の要請に従った[61]。

113. オーストラリアは、通報者とその弁護人が通訳の方法に満足しており、法廷通訳人の仕事ぶりは容認できるものと裁判で述べたと主張する。この点に関する懸念は、裁判において提起されなかった。実際、DPPは、通報者とその弁護人が通訳人の仕事ぶりを実際に誉めていたと報告する[62]。

114. オーストラリアは再度、自由権規約委員会に対して、ECHRのカマシンスキー事件に留意するよう求める。ECHRは、カマシンスキー氏の裁判で

---

59 Letter from the DPP. Above n 52.

60 Letter from DPP (Melbourne) to Attorney-General's Department, (15 February 1999), 2.

61 Yosshio Katsuno's solicitor wrote to the Department of Public Prosecutions on 16 May 1996, ibid.

62 Letter from DPP, above n 52.

要請された通訳の基準は、被告が「自己に不利な主張を理解し、かつ、特に事件に対しての自身の見解を裁判所において示すことができる方法で自己を防御すること［ができる］」[63]ものであったと判断している。カマシンスキー事件では、逐次的で要約的な通訳の方法は十分なものと判断された[64]。このことは、通報者に一連の裁判で提供された通訳業務に比べて、非常に低い水準のものであったことを示している。カマシンスキー事件においてECHRはまた、被告が裁判において通訳の質の問題を提起しなかった事実を考慮に入れており、これは本件における通報者と類似するものである。

まとめ

通報者の裁判において適切な通訳業務が提供されなかった

115. オーストラリアは、一連の裁判で用いられた通訳の方法によって、通報者にICCPR第14条第１項に従って、手続的平等の権利と公正な裁判を受ける権利を提供したと主張する。通報者のそれぞれは、同時通訳の手法で裁判を聞きかつ理解する機会を平等に与えられていた。通報者の弁護人は、この方法の採用に同意を与えていた。通報者が公判手続きを理解できない、又は通報者が通訳の方法に満足していないという指摘は裁判においてなされなかった。さらに、オーストラリアは特定の通訳人を手配するようにとの通報者の要請に従うことで、被告の権利を尊重することを望んでいたことを立証した。オーストラリアは、通報者のそれぞれが一連の裁判において生じていることを理解し、かつ、出席して防御することができる機会を平等に提供されていたと主張する。そして、これはカマシンスキー事件において十分であると考えられた基準を満たし、オーストラリアが主張するようにICCPR第14条第１項に基づく適切な基準を満たすものである。

---

63 *Kamasinski*, above n 50, [74].

64 Ibid, 83.

116. 以上の理由からは、オーストラリアは自由権規約委員会に対して、この申立ては根拠がないものであるとの理由で棄却すべきことを、敬意を表して要請する。

オーストラリア政府の答弁

公平な裁判所―裁判を巡るメディア報道と陪審員選任過程

117. オーストラリアは、通報者の裁判を巡るメディア報道と陪審員選任手続のどちらもが、通報者が公平な裁判所による裁判を受ける権利を否定される結果を生じさせていないと主張する。

118. オーストラリア政府は、通報者の裁判を巡るメディア報道が自身等の裁判の結果を損ねたとの主張に同意しない。オーストラリアは、許容性に関して行なった議論を想起し、通報者は、この報道から生じた現実の損害に関するいかなる証拠も提出してきていないことに留意する[65]。オーストラリアはまた、［本件を扱った］記事の性質が重大な逮捕を通常通り取材したと思われるようなものであったので、報道そのものが陪審員に偏見を抱かせるようなものではなかったであろうと主張する。

119. オーストラリアはまた、通報者は控訴の理由として、メディア報道の問題が陪審員に偏見を与えたことを提起していないとの先に提起した主張を想起する。控訴において、この問題を提起するために適切な時間は存在した。

120. 通報者の裁判において用いられた陪審員の選任過程に関して、オーストラリアはこの方法が、弁護側と検察側の武器の平等原則に違反しているとの主張に同意しない。オーストラリアは再度、この問題に関するバーン裁判官の議論を引用する。そこでバーン裁判官は、不適格な陪審員の名簿を提供

65 Paragraph [75] of the Australian Government's Submission.

する実行は、検察官が裁判が行なわれる原因に対して公平で中立な陪審員を選任することができるようにするためにオーストラリアで確立したと述べた。バーン裁判官は次のように考えている。

検察官が（公平かつ中立な陪審員を確保するという）目的を達成する権利を行使することは、かかる権利の行使に関する知識なしには望めない。このためにこそ、『不適格ではないとする確信』という情報が検察に提供される実行が発達してきた[66]。

オーストラリアは、1967年陪審員法（ビクトリア州法）の第39条に照らして、通報者のそれぞれが、４名の陪審員候補者を専断的に忌避する権利を有していたことに留意する[67]。

121．オーストラリアは、通報者の事件での国内法は、恣意的又は不正義な方法では適用されなかったと主張する。オーストラリアの国内法それ自体が恣意的でないとの主張を前提にしたとしても、通報者の裁判において検察に提供された不適格な陪審員の名簿が現実に用いられたことに関して疑いが示されている[68]。よって、通報者は、この実行の結果としてなんらの不正義も被っていなかった。それ故、この文脈においての通報者の主張は、ICCPRによって通報者に提供される保護の対象外である。

まとめ

公平な裁判―裁判を巡るメディア報道と陪審員選任過程

122．オーストラリアは、通報者がICCPR第14条第１項により要請される公正かつ公平な裁判所による裁判を受ける権利を否定されていないと主張する。裁判を巡るメディア報道と陪審員選任に関する国内法のどちらもが、公平であるべきとの義務の違反を招いていない。通報者の裁判を巡るメディア

66 R v Su & Ors, above n 53, 32.
67 Section 39 (1)(c).
68 R v Su & Ors, above n 53, 18.

報道は、いかなる重大な裁判においても生じるものよりも重大なものではなかった。この報道の性質に関する証拠は、裁判で何も提出されていない。

123. 通報者が苦情を申立てている陪審員の選任は、刑事裁判において公平な裁判所を創り出すことを目的にした公正な制度である。これにも関わらず、通報者が苦情を申立てている実行は、通報者の裁判において不適格であるとする事前に示された確信に基づく名簿はDPPによって参照されなかったので、通報者の裁判に影響を与えなかった。

124. 以上の理由から、オーストラリア政府は、通報者の公平な裁判所に関連する申立ては立証されておらず、根拠がないものとして却下されるべきであるとの意見である。

オーストラリア政府の答弁

法律扶助による不十分な金銭的援助

125. オーストラリアは、この申立てについてはICCPR第２条及び第26条の議論の中で詳細な検討を示す（下記参照）。

まとめ

126. まとめとして、オーストラリア政府は、通報者は第14条第１項に基づく公正な裁判を受ける権利を否定されておらず、ICCPR第２条及び第26条違反の差別を受けていなかったと主張する。通報者は、被告として同じ状況に置かれたであろう者と同一の法律の適用を受け、そうした者と同じ方法で取り扱われた。オーストラリアは、被告の文化的かつ言語的な相違を補正するために、そして通報者が自身を防御する機会を平等に与えられるために、全ての法手続きの段階において通訳人を提供した。さらに、通報者は一連の裁判においてそれぞれに別個に代理人が付せられ、こうして通報者には法手続きにおいて生じたいかなる文化的誤解についても、弁護人と共に申し入れることができる機会が提供された。

127. オーストラリア政府は更に、通報者がどのように通訳の援助を受けるための不適切な金銭的法律扶助が差別につながったのかを立証する証拠を何ら提示してきていないと主張する。しかしながら、オーストラリアは、かかる懸念を提起する機会を通報者が利用することが可能であったが、そうしなかったことを指摘する。

128. 以上の理由から、オーストラリア政府は敬意をもって、この申立ては立証されておらず、根拠のないものであり、ICCPRの対象外であるので却下されるべきであると主張する。

本案：第9条第２項及び第14条第３項（a）

ICCPR第９条第２項は次の通りである。

逮捕される者は、逮捕の時にその理由を告げられるものとし、自己に対する被疑事実を速やかに告げられる。

ICCPR第14条第３項（a）は次の通り。

すべての者は、その刑事上の罪の決定について、十分平等に、少なくとも次の保障を受ける権利を有する。

(a)　その理解する言語で速やかにかつ詳細にその罪の性質及び理由を告げられること。

申立て

129. 浅見喜一郎は、欠陥のある翻訳のために、自身の逮捕の理由を告げられる権利が侵害されたと申立てる。通報者らは、このことが起きたのは、捜査官が浅見喜一郎が自身の逮捕の理由を理解しているのかどうかを確認しようとしていた際であったと主張する。「私は彼に対して、彼がこの白い粉をオーストラリアに持ち込んだのかという質問をしていることを、彼は理解していますね？」とのAFP捜査官による質問は、「あたなは、自身がオーストラリアに白い粉を持ち込んだということを理解していますね？」と翻訳された[69]。

関連法規

130. オーストラリアは第９条第２項と第14条第３項（a）との関係性についての自由権規約委員会の先例を想起する。

第14条第３項（a）は、刑事上の罪に問われたいかなる個人も、速やかにかつ詳細にその罪の性質及び理由を告げられることを要請している。しかしながら、速やかに告げられることの要請は、個人が刑事上の罪に正式に問われた時点で適用されるに過ぎない。これは、警察の捜査の結果が出るまで拘留されている者に対しては適用されない。こうした状況は、規約の第９条第２項がその射程としている[70]。

131. ICCPR第９条第２項のコメンタリーは、この条に基づく締約国の義務が生じるのは、個人が最初にその自由を奪われた時点であるとする。その逮捕の理由を個人に告げる要請は、個人がそれらの理由について「合理的に気づかせる」ためであると言われている[71]。これは、当局が刑事上の罪を問うことを正式に決定した際に生じる、第14条第３項（a）に基づき要請される締約国の義務よりも緩やかなものである[72]。

---

69 *Additional Information*, above n 1, 21; *Supplementary Report on Problems of Interpretation at the Pre-Trial Stage*, (attachment to the Communication), ('*Supplementary Report*'), 28-29.

70 *Kelly v Jamaica*, above n 49.

71 Sarah Joseph, Jenny Schultz and Melissa Castan, *The International Covenant on Civil and Political Rights: Cases, Materials and Commentary* (2nd ed, 2004), 321; see alos Nowak, above n 4, 175.

72 Joseph et al, ibid,428; Nowak, above n 4, 174.

132. オーストラリアはICCPRの第14条第３項（a）に関する自由権規約委員会の一般的意見を想起する。そこでは、次のように定められている。

> 「速やかに」罪を告げられる権利は、権限のある機関によって最初に罪の決定がなされたらすぐに、定められた方法で［そのことを］告げられるべきであるということを要請する…。第３項の特別の要請は、告げられる内容が罪の基礎となる法律と嫌疑をかけられている事実を含む限り、罪を告げることが口頭または書面でなされることによって満たされる[73]。

133. オーストラリアはさらに、第14条第３項（a）で認められた権利は、第14条第３項（b）が求める防御の準備のために、全ての必要な情報を提供する義務を包含すると理解している[74]。

オーストラリア政府の答弁

134. 浅見喜一郎の申立ては、彼が自身の逮捕の理由を理解できなかったというものである。オーストラリアは、この申立てが、ICCPR第９条第２項に一致する形で、喜一郎が自身に対する罪の基礎となる事実を告げられなかったことを意味するものであると理解する。

逮捕の理由を浅見喜一郎が告げられていないこと―第９条第２項

135. オーストラリアは、AFP捜査官がICCPRに基づく自身の義務を遵守して、浅見喜一郎に対し、問われている罪と逮捕の理由を告げたと主張する。AFP捜査官の質問は「あたなは、自身がオーストラリアに白い粉を持ち込んだということを理解していますね？」と翻訳されたが、これは浅見喜一郎に対する罪の理由となった事実を含むものである。これは真実であり、たとえ翻訳された質問が、AFP捜査官が本来行なった質問の正確な翻訳ではなかっ

---

73 General Comment 13/21, [8].

74 See Nowak, above n 4 255; see also *Sendic v Uruguay*, Communication No. 14/63.

たとしても、真実であることに変わりはない。

136. オーストラリアはさらに、浅見喜一郎の逮捕を巡る状況を考慮すると、この通報者が自身の逮捕の理由を明確に理解できていたであろうと主張する。通報者のオーストラリアへの「白い粉」の輸入を巡る出来事に対する説明は逮捕後間もなくなされたものであり、このことから彼はAFPの取調べに答えている際に、嫌疑の背後にあってその根拠となる事実に気づいていたことを示している。

浅見喜一郎がその理解する言語で詳細にその罪の性質及び理由を告げられなかったこと―第14条第３項（a）

137. オーストラリアは、申立てが浅見喜一郎の逮捕時に関係するもので、正式に罪に問う時に関係しないものなので、通報者がこの申立てを裏付けるために提示した理由と証拠が、第14条第３項（a）と両立するものではないと主張する。この申立てを裏付けるなんらの証拠もないので、オーストラリアはこの申立てに対して特に答弁することができない。

138. オーストラリアは、しかしながら、通報者は適切な防御を開始できるように逮捕の理由についての情報を十分与えられていることが、証拠から示されていると主張する。さらに、この申立てを裏付ける証拠が全く提示されていない事実から、オーストラリアが第14条第３項（a）に基づく義務を遵守したとの結論が導かれる。

まとめ

139. オーストラリア政府は、この通報者がICCPR第９条第２項が遵守される形で、逮捕の理由が十分に告げられたと主張する。浅見喜一郎によって提示された情報は、AFP捜査官の質問の翻訳が正確なものではなかったというものであるが、逮捕の理由を合理的に浅見喜一郎に気づかせるように、逮捕の根拠となった事実を十分告げているという内容を含むものであった。

140. オーストラリアは、この申立てがICCPR第14条第３項（a）と両立しないものであり、本条項に基づいた申立てを裏付けるような証拠が示されていないと主張する。オーストラリアは、状況から、自国が第14条第３項（a）に基づく義務を遵守していたことが明らかであろうと主張する。

141. 以上の理由から、オーストラリア政府は、この申立てを、第９条第２項に関しては根拠がないこと、第14条第３項（a）に関しては立証されておらず、見当違いな事物管轄であることを理由に棄却すべきであると主張する。

本案：第14条第３項（b）

ICCPR第14条第３項（b）は次の通りである。

> すべての者は、その刑事上の罪の決定について、十分平等に、少なくとも次の保障を受ける権利を有する。
>
> （b） 防御の準備のために十分な時間及び便益を与えられ並びに自ら選任する弁護人と連絡すること。

申立て

142. 通報者は、法廷において１人の通訳人の援助があったが、これは通報者にとって弁護人と連絡ができる十分な機会とはならなかったと申立てる[75]。申立てによると、それ故、弁護人は確立した職業上の水準に従って、制約を受けることなく、依頼人を代理することができなかったとする[76]。申立てでは、このことによって、通報者はICCPR第14条第３項（b）に基づく

75 *Additional Information*, above n 1, 17, [30].

76 Ibid, General Comment 13/21 [9].

代理人と連絡するする機会の最低限の手続的保障が否定されたとする。

143. 通報者は、第14条第３項（b）を遵守するために求められる基準は、次のようなものであると主張する。即ち、「それぞれの被害者は、全ての発言を翻訳してもらい、裁判において被害者に質問や申立てがなされる場合には必要に応じて、通訳人を通して弁護人と協議でき、不明瞭な問題を明確にするために、弁護人に質問できなければならなかった。５名の被告人に対して１名の通訳人を付すことでは、手続的平等を提供するためには不十分であるばかりか、被告人それぞれと検察との武器の平等を確保するためにも不十分であった」[77]と。

関連法規

144. 第14条第３項（b）に関する一般的意見において、自由権規約委員会は次のように述べる。

「この第３項は、弁護人に対して、被告との連絡にあたって、その秘密を完全に尊重することを条件として行なうことを求めている。法律家は、その確立した職業上の基準と分別に従い、いかなる方面からの制約、影響、圧力または適当でない関与を受けることなく、その依頼人の相談を受け、依頼人を代理しなければならない。」[78]

145. オーストラリアは自由権規約委員会に対して、第14条第３項（b）に基づく締約国の義務は第14条第３項（d）と併せ読まなければならないとする本条に関するコメンタリーに留意するよう求める[79]。このことは、弁護人と連絡をとる個人の権利は、個人が秘密裏にかつ外部から何の影響も受けない状態で、その弁護人と連絡する機会を持てるよう締約国が要請されていることと併せ読まなければならないことを意味している[80]。この権利は、例え

77 *Additional Information*, above n 1, 17, [29].
78 General Comment 13/21 [9].
79 Joseph et al. above n 71, 432.

ば、個人が連絡を取れない状態で拘禁されているような場合には、特に問題となってくるだろう[81]。

146. オーストラリアは、「締約国は、法律家が行なった準備不足や申立てられている間違いに対して責任を負わされることはない。但し、締約国が、通報者とその弁護人に対して、防御の準備のための時間を拒否し、又法律家の行動が司法の利益と両立しないことが裁判所にとって明白であったはずである場合は、その限りではない」[82]との自由権規約委員会の先例を想起する。

オーストラリア政府の答弁

147. オーストラリアは自由権規約委員会に対して、この申立ての許容性に関して述べた主張、即ち、通報者がその弁護人と連絡が取れなかったとする主張を裏付ける現実の証拠を何ら提出していないという主張[83]を想起するよう求める。

148. オーストラリアはまた、この申立てがICCPRの射程外であると主張する。第14条第3項（b）に関連する先例は、政治的な圧力や外部からの影響から自由な状態で弁護人と連絡をする被告の権利を強調している。個人とその弁護人との連絡を積極的に助けることに締約国が責任を負うことは示されていない。

149. オーストラリアは、ICCPRに基づく自国の義務は通報者がその弁護人と連絡をとるための援助をすることを要請するものではないと主張するが、

---

80 Nowak, above n 4, 256; Joseph et al, ibid, 431-432; Dominic McGoldrick, *The Human Rights Committee: It's Role in the Development of the International Covenant on Civil and Political Rights* (1994), 422, citing *Marais v Madagascar*, Communication No. 049/1979; *Machado v Uruguay*, Communication No. 083/1981).

81 Nowak, ibid; McGoldrick, ibid.

82 *Winston Hankle v Jamaica*, Communication No. 710/1996, [7].

83 Paragraph [75] of Australian Government's Submission.

オーストラリアは、DPPがそれにもかかわらず、通報者と弁護人との連絡を通訳するために、毎回の公判の終了後に法廷通訳人を残させることで、こうした援助を行なったことに留意する[84]。このことにより、通報者はその弁護人に更なる指示を与える機会を持ち、又公判手続きに関して抱いた質問を尋ねる機会を得ることができた。

150. オーストラリア政府は、それぞれの被告が、一連の裁判において個別に代理されていたことに留意する。さらに、通報者は、その弁護人が自身等の指示に従わない方法で行動したということを述べてきてはいない。このことは、通報者が弁護人に自身等の指示を効果的に伝えることができていたことを意味している。

151. オーストラリア政府は、弁護人の行動が明らかに司法の利益と両立しない限り、締約国はその行動に責任を負わされることはないとの自由権規約委員会の先例を想起する。故に、通報者を代理した弁護人の行動に対して、特に弁護人が選択したその依頼人との連絡の方法や頻度において、締約国としてのオーストラリアの責任は及ばない。

まとめ

152. オーストラリア政府は、自国がICCPR第14条第３項（b）に基づく義務に従ったと主張する。どの段階においても、オーストラリアは通報者の弁護人と連絡をする機会を妨げ、否定したことはない。逆に、オーストラリアは積極的に、毎回の公判の終了後に、通報者と弁護人との連絡のために法廷通訳人を残させることで、こうした援助を行なった。さらに、通報者は、公判手続きで何が起きているのかを全て聞くことができ、いかなる誤解についても述べ、かつ、これを弁護人と共に提起する機会を与えられた。裁判において、弁護人が用いた方法に対して被告からの異議の申立てがなかったこと

---

84 Letter from DPP, above n 61, 2.

から、弁護人は、適切に連絡がとられた上での通報者の指示に従って行動していたことが分かる。

153. オーストラリア政府は、以上の理由から、本申立ては、立証されておらず、根拠のないもので、ICCPRの射程外であることを理由に棄却すべきと主張する。

本案：第14条第３項（d）

ICCPR第14条第３項（d）は次の通りである。

すべての者は、その刑事上の罪の決定について、十分平等に、少なくとも次の保障を受ける権利を有する。

(d) 自ら出席して裁判を受け及び、直接に又は自ら選任する弁護人を通じて、防御すること。弁護人がいない場合には、弁護人を持つ権利を告げられること。司法の利益のために必要な場合には、十分な支払手段を有しないときは自らその費用を負担することなく、弁護人を付されること。

申立て

自ら出席して裁判を受けなかったこと

154. 通報者は共通して、自身等がその裁判においてオーストラリアが提供した通訳業務が不十分であったことにより、自ら出席して裁判を受ける権利を否定されたと申立てる。通報者は、「単なる法廷への身体的な出席は言語的な出席に当たらない」[85]と主張する。主張によれば、通報者は裁判に適切に参加する権利を与えられておらず、それ故、公判手続きから事実上「欠席」したとしている。

---

85 *Additional Information*, above n 1, 18, [31], referring to Berk-Seligson, above n 1.

通報者の弁護人を付せられる権利が告げられなかったこと

155. 本多千香は、自ら選任する弁護人を付せられる権利を告げられなかったと主張する。この通報者は、自身が弁護人を「取調の間、出席」させることができると述べられたときに、それが「あなたは、質問された時に弁護人にあなたを助けるようにさせることができ、弁護人にあなたを防御させることができます」[86]と通訳されたことを根拠として、この申立てを行なっている。

156. 勝野光男は、「弁護士（legal practitioner）」が「法的な問題に関係する者」と翻訳された[87]ので、自ら選任する弁護人と連絡をとることができる権利を告げられず、取調の間、弁護人に出席させることができる権利を告げられなかったと主張する。

関連法規

自ら出席して裁判を受けなかったこと

157. オーストラリア政府は自由権規約委員会に対して、第14条第３項（d）に基づく被告の権利についてのノヴァックのまとめに留意するよう求める。

> 起草過程を含めて、体系的な解釈を行なうと、次のような解釈が導かれることになる。即ち、刑事上の罪に問われたすべての者は、裁判に出席しかつ自己を防御するという主要な、制限のない権利を持つ。しかしながら、この者はこの権利の行使を控え、その代わりに弁護人を用いることができ、裁判所はこの者に弁護人を付される権利を通知することが要請される。原則として、この者は、余裕のある限り、自ら選任する弁護人を選ぶことができる。もしこの者が金銭的な手段を持たない場合は、司法の運営

86 *Additional Information*, ibid, 20, [34].

87 Ibid, 21, [37] ; *Supplementary Report on Problems of Interpretation at the Pre-Trial Stage*, (attachment to the Communication), ('*Supplementary Report*') 35-38.

上必要な限りにおいて、無料で裁判所が任命する弁護人が付される権利を有する[88]。

オーストラリア政府の答弁

自ら出席して裁判を受けなかったこと

158. オーストラリアは、この問題に関するノヴァックのコメンタリーを、自ら出席して裁判を受ける被告の権利は、弁護人によって代理される選択をすることで、その行使が控えられると理解している[89]。オーストラリア政府は、それぞれの通報者は本件において個別に弁護人によって代理されているとの主張を繰り返す。さらに、通報者は、弁護人が通報者の指示に従って行動しなかったことを示してきてはいない。

159. オーストラリアは、通報者が公判手続において「言語的に出席」していなかったとの主張に同意しない。オーストラリアは、一切の翻訳業務が被告人を援助するために提供されていない状況に関連した文章から、通報者がこの引用を抜粋していることに留意する[90]。オーストラリアは再度、通報者の裁判に提供された通訳の方法によって、各通報者が公判手続きで起きていることをありのまま聞くことができたと主張する。被告のそれぞれは、それ故、公判手続を平等な立場で聞き、かつ、関わった。

160. オーストラリアはまた、通報者が裁判に参加できなかったと考えていることは、公判手続や控訴において通報者によって認識され、かつ、提起されていない問題であることに留意する。DPPの通報者からのその他の要請に対する対応から、DPPが通報者の提起するいかなる懸念をも解決することに好意的であったことが分かる。それにもかかわらず、通報者は第一審と控訴

88 Nowak, above n 4, 259.
89 Ibid.
90 Berk-Seligson, above n 1, 33-34.

審において、公判手続を理解する能力の問題を提起しなかった。

まとめ

自ら出席して裁判を受けなかったこと

161．ICCPRの第14条第３項（d）は、被告は公判手続に出席する権利を有するということを要請し、また被告に代わって弁護人が出席することを要請している。本件において、通報者は、第一審と控訴審を通じて弁護人によってそれぞれ代理されていた。さらに、通報者が［公判手続を］理解し、かつ公判手続に「出席する」ためのあらゆる機会を持つことを確保するために、裁判では同時通訳の方法が提供された。一連の裁判において通報者からそうではなかったとの指摘が示されなかった。

162．これらの理由から、オーストラリア政府は、この申立てが、根拠のないものとして棄却されるべきであると主張する。

オーストラリア政府の答弁

本多千香と勝野光男が弁護人を持つ権利を告げられていなかったこと

163．オーストラリアは、ICCPR第14条第３項（d）に基づいて、弁護人を付される権利を本多千香と勝野光男に告げる義務を遵守したと主張する。

164．オーストラリアは、通報者の弁護人を付せられる権利を伝えるためにAFP捜査官によって用いられた表現が通訳人によって正確に翻訳されなかったことを認識している。にもかかわらず、オーストラリアは、ICCPR第14条第３項（d）を遵守するように、本多千香と勝野光男は弁護人を付される権利を十分に伝えられたと主張する。オーストラリアは、本多千香の場合、「取調の間、出席」という言葉の翻訳が「あなたは、質問された時に弁護人にあなたを助けるようにさせることができ、弁護人にあなたを防御させることができます」と、そして勝野光男の場合は、「弁護士」の翻訳が「法的な問題に関係する者」とされたが、これは元々なされた発言の意味と文脈に非常に近いもので、これらの通報者に弁護人が付される権利が十分に告げられていると主張する。

165. オーストラリアは第14条第３項（b）に基づく主張で、本件における通報者のそれぞれは、十分にかつ適切に、第一審と控訴審を通じて弁護人に代理されたと述べたことに言及する。オーストラリアは、このことから、通報者が法的な代理を付せられることを告げられ、かつ受けられる権利を究極的に提供されたことが示されていると主張する。

まとめ

本多千香と勝野光男が弁護人を付される権利を告げられていなかったこと

166. オーストラリア政府は、通報者の本多千香と勝野光男が弁護人を持つ権利を告げられたと主張する。AFP捜査官は、要請されているように通報者にこの権利を告げた。通訳人同席によるこの通知の翻訳は、通報者にこの権利の意味を伝えるのには十分であった。さらに、両通報者は第一審と控訴審で弁護人に代理されており、このことから、この２名が法的な代理を受ける権利に気づき、かつ、究極的に告げられていたことが示されている

167. オーストラリア政府はそれ故、この申立ては、根拠のないものとして棄却されるべきであると主張する。

本案：第14条第３項（e）

第14条第３項（e）は次の通り

すべての者は、その刑事上の罪の決定について、十分平等に、少なくと

も次の保障を受ける権利を有する。

(e) 自己に不利な証人を取調し又はこれに対し取調させること並びに自己に不利な証人と同じ条件で自己のための証人の出席及びこれに対する取調を求めること。

主張

168. 通報者は、自己に不利な証人と同じ条件で証人を求める権利を否定されたと主張する。この主張の根拠となっているのは、オーストラリアへの入国の際に通報者と同行した２名の日本国民、A氏とB氏が、オーストラリアに戻ったら逮捕されるであろうとの検察官の発言である。これらの証人は、通報者の代理人によって裁判に現れるよう要請されなかった。通報者の申立ては、もし証人は召喚されたとしても、証人は逮捕されるという恐怖のために、証言のためオーストラリアに来なかったであろうというものである。主張によると、検察の戦術はそれ故に、通報者に不利な証人と同じ条件で証人を求めさせる権利を行使する可能性を消したというものである[91]。

169. 通報者は、その弁護人がこれら証人を裁判に召喚しないと決定したことについては、疑義を呈していない。

関連法

170. オーストラリア政府は、検察と被告の武器の平等を確保しようとする、次のような自由権規約委員会の先例[92]を認めている。

この規定は、被告に対して証人の出席と取調を強制し、かつ、検察官が召喚できるいかなる証人に対しても取調又は反対取調できるのと同等の法的な権限を保証しようとするものである[93]。

---

91 Letter from Professor John J Tobin, above n 8, 6.

92 *Parkanyi v Hungary*, Communication No. 410/90, [8.5].

93 General Comment 13/21, [12].

171. オーストラリア政府は、以前の通報から自由権規約委員会の先例を想起する。

自由権規約委員会は、自己のために証人を召喚しないことが第14条第3項（e）違反であるとの通報者の主張に関して、被告はいかなる証人をも召喚する自由があったが、通報者の弁護人が、その職業上の判断から、そのようにしない選択をしたことに留意する。自由権規約委員会は、締約国は弁護人が行なったとされる誤りに責任を負わされることはないとの考えである。但し、弁護人の行為が司法の利益と両立しなかったことが裁判官にとって明らかであった、または明らかなはずであった場合は、この限りではない[94]。

172. オーストラリアはまた、国内法の適用が明らかに恣意的で、又は裁判拒否に当たることが明らかな場合を除いて、その適用を検討することは、締約国の上級審であるとの自由権規約委員会の先例を想起する[95]。

オーストラリア政府の答弁

173. オーストラリアは、この主張が通報者のICCPRに基づく権利が侵害されているとの可能性にのみ言及するもので、いかなる現実的な侵害の可能性に言及するものでないので、許容性を欠くであると主張する。いずれにせよ、オーストラリアはICCPRの第14条第3項（e）に基づく義務に違反しておらず、この主張は根拠のないものとして棄却すべきであると主張する。

174. 裁判にこれら証人を召喚する問題は、控訴において通報者によって提起された。バーン裁判官は、この問題が陪審の選任される前に［第一審の］裁判で提起され、検察官がこの2名の証人が信頼に足ると考えなかったので、この証人を召喚する選択をしなかったと述べている[96]。しかしながら、

94 *Klaus Werenbeck v Australia*, Communication No. 579/1994, [9.8]; see also *Perera v Australia*, above n 7.
95 See *Dole Chadee et al.v Trinidad Tobago*, above n 48.

検察官は次のような提示をまさに行なった。

もし被告が彼女ら（A氏とB氏）を召喚したのであれば、我々は経費を負担するつもりである。もし彼女らがこの時期に休暇をとってオーストラリアに到着するのなら、彼女らは逮捕され罪を問われるであろう。…私は現在、もし彼女らがオーストラリアに来て証言をし、その証言が彼女らが警察に話したことに沿うものであれば、彼女らは再度釈放される保証を与えるようにとの指示を受けている[97]。

裁判官は、自身では証人を召喚するつもりはない、公判手続きを止めるつもりはないと述べた。申立人は、この決定に対して異議を唱えることにこだわらなかった[98]。

175. バーン裁判官は、控訴審において、検察官は合理的に証人を召喚しない決定をし、被告がそのようにすることをできるようにしたのであるから、通報者に不利な誤審は生じていないとの考えを示した[99]。この証人を召喚する機会が通報者にはあったにも関わらず、通報者はそうすることをせず、証人を召喚しない裁判官の決定に対して異議を唱えることもなかった。

176. オーストラリアは、通報者の弁護人の活動に対して、それが司法の利益に明らかに反しない限り、国家は責任を負わないという、通報者も明らかに認めている自由権規約委員会の先例を想起する。

まとめ

177. オーストラリアは、この申立ては通報者のICCPRに基づく権利が侵害されている可能性のみに言及するもので、いかなる現実の侵害の可能性に言

96 *R v Su & Ors*, above n 53, 62, 66-67.
97 Ibid, 61.
98 Ibid, 62.
99 Ibid, 70.

及するものではないと主張する。いずれにせよ、オーストラリアは、被告が当該証人を召喚できる機会を通報者も有していたにもかかわらず、そうする選択をしなかったので、自国において第14条第３項（e）違反は存在しないと主張する。オーストラリアの控訴審はこの問題を検討し、通報者に不利な誤審は生じていないと認定した。

178. オーストラリア政府はそれ故に、この申立てが、根拠のない、ICCPRの射程外であるとして棄却すべきと主張する。

本案：第14条第３項（f）

第14条第３項（f）は次の通りである。

すべての者は、その刑事上の罪の決定について、十分平等に、少なくとも次の保障を受ける権利を有する。

裁判所において使用される言語を理解すること又は話すことができない場合には、無料で通訳の援助を受けること。

179. 通報者は、３名の法廷通訳人に対する管理が行なわれていなかったので、第14条第３項（f）に基づく通訳の援助を無料で受けられる被害者の権利が侵害され、第14条第１項と第14条第３項に基づく権利が全体的に侵害されたと主張する[100]。

180. 通報者は、自身等の裁判において通訳業務の人員とその管理が不十分であったことは、オーストラリアが提供した通訳業務の制度が不十分なものであることを意味していると主張する。申立てによると、このように管理がなされていないということは、裁判に関わった様々な通訳人が裁判でお互いの出席について気づかず、法的な概念を使いこなせなかったという事実において明白であったとする。

---

100 *Additional Information*, 18 [32].

181. 申立てによると、通訳人が検察のソリシターとの親密さを露わにしたが、これは職業上の責任と行動に関する基本原則に違反するものであるということである。通報者は、これによって、通訳人の客観性に対して信頼しなくなり、結果通訳人とのやりとりが阻害されることになったと主張する。

182. 通報者は、問題とする通訳人の検察のソリシターとの親密さは、オーストラリア政府が重要な職業倫理の問題に関して然るべき配慮を制度上用意していなかったことを意味しており、かかる制度上の問題に対してオーストラリア政府が適切な職業訓練を通じて対処していない証拠を示していると主張する。

関連法規

183. 人権委員会の第14条第３項（f）についての先例は次の通りである。

> 被告が裁判所で用いられる言語を理解し又は話せない場合、被告は無料で通訳の援助受けることができる。この権利は、公判手続きの結果によるものではなく、外国人と同様に自国民に対しても適用がある。裁判所で用いられる言語を知らないこと、又はそれを理解することが困難であることは、防御する権利にとって大きな障害となる場合、これは基本的な重要性を有する[101]。

184. オーストラリアは、自由権規約委員会に対して、ヨーロッパ人権条約第6条第３項（e）に関するECHRのカマシンスキー事件に留意するように求める。ECHRは、この事件において通訳業務に必要な基準とは、

> 被告が自己に不利な主張を理解し、かつ、特に事件に対しての自身の見解を裁判所において示すことができる方法で、自己を防御することができるといったものである。

と表明した。更に、次のように述べた。

---

101 General Comment 13/21, [13].

…第３項（e）で保障された権利を現実的かつ効果的なものにする必要があるとの立場から、権限のある機関の義務は、通訳人を任命することのみに限られず、もし特別な状況にあるとの通知を受けた場合、かかる義務は、提供された通訳の適切さに対する継続的な監督にも及ぶ[102]。

オーストラリア政府の答弁

185. オーストラリアは、刑事手続において通訳人を付せられる被告の権利は、オーストラリア法において基本的な原則であるとの、第14条第１項に関して先に述べた主張を想起する[103]。さらにオーストラリアは、自国が有能かつ専門的な通訳人を利用できることを確保するための制度をしかるべく用意しているとの主張を想起する[104]。

186. オーストラリアは、裁判での通訳人に対する管理を誤ったとの通報者の主張、若しくは主たる通訳人がしばしば然るべき理由もなしに又は個人的な余暇を楽しむとの理由で裁判を欠席したとの通報者の主張に同意しない。オーストラリアは、通訳人の裁判の欠席は病気を理由とするもので、欠席も稀であったとのDPPからの報告を受けている。オーストラリアは、主たる通訳人が裁判を欠席した場合には、この通訳人はNAATIの「レベル３」の資格を有する通訳人と交代したと主張する。

187. オーストラリアは、通報者が裁判の間、自身等に提供された通訳業務をやめさせるようにと主張したが、通報者とその弁護人のいずれもが当時の通訳の業務の正確性または習熟度に関する苦情を申立てていないと主張する。通報者がそれどころか裁判で提供された通訳の業務に満足していたことを示しているのは、通報者の弁護人の多くが主たる通訳人の職業意識の高さを誉め、依頼人に代わって礼を述べていたことからも分かるとのDPPの報告

102 *Kamasinski*, above n 50, [74].
103 Paragraphs [60]-[61] of the Australian Government's Submission.
104 Paragraphs [59] of the Australian Government's Submission.

がある。

188. オーストラリアは、DPPが通報者の裁判の終了後になされた、勝野良男の再審理において別の通訳人を雇うようにとの良男の弁護人からの要請に速やかに対応したとの主張を繰り返す。DPPは、この要請に応じて、再審理でクリス・プール氏に業務を依頼した[105]。それ故、5名の全通報者の控訴においてはじめて、オーストラリアは通報者の裁判における通訳人の仕事ぶりに対する懸念に関しての注意喚起を受けた。

189. オーストラリアは、裁判における通訳人は独立して、かつ、通報者の代理人の同意に基づいて業務に従事したとの先に示した主張を想起する。オーストラリアは、通報者又はその代理人が通訳人は有能でない、偏見に満ちている、又は職業意識を持たない行動をすると考えていたならば、裁判の過程においてこの問題を提起する自由があったことに留意する。

まとめ

190. オーストラリアは、通報者がICCPR第14条第３項（f）に基づく裁判所で通訳の無料の援助を受ける権利を否定されなかったと主張する。オーストラリア政府は、通訳人の業務が有能で職業上の水準に適っているかを監視し、そのように確保するための制度を用意している。かかる基準は、裁判を通じて通報者を援助するためにNAATIが認証した「レベル３」の通訳人が提供されたことから、通報者の裁判では守られた。通訳人は裁判において、透明性があり、かつ、公平な通訳の方法を用いた。さらに、オーストラリアは、通報者が1995年の控訴まで、この事実を通知しなかったので、通報者の懸念に手を差し伸べることができなかった。

191. 以上の理由から、オーストラリアは敬意を表して、自由権規約委員会

105 Letter form the DPP above n 52, 2.

はこの主張を根拠のないものとして却下するよう要請する。

本案：第14条第３項（g）

ICCPRの第14条第３項（g）は次の通りである。

> すべての者は、その刑事上の罪の決定について、十分平等に、少なくとも次の保障を受ける権利を有する。
>
> (g)　自己に不利益な供述又は有罪の自白を強要されないこと。

申立て

192. 申立ては、第14条第３項（d）に基づく本多千香の権利が侵害されているのであれば、同じように彼女の第14条第３項（g）の権利も侵害されているというものである。通報者は次のように主張する。

> 弁護人が同席しなければ、被疑者は自己に不利な証言をすることになるので、取調の間、弁護人を出席させる権利を本多に告げなかったことは、第14条第３項（d）に基づく自己負罪を拒否する彼女の権利の侵害にあたる[106]。

193. この問題は、自身に対する第14条第３項（d）違反の申立ても行なった勝野光男の文脈においては、提起されていない。それにもかかわらず、オーストラリア政府は、本多千香の主張に対する答弁と同じ内容が、勝野光男の場合においてもあてはまると主張する。

関連法規

194. オーストラリアは、次のノヴァックのコメンタリーに留意する。

> 「強要されない」という用語は、直接的又は間接的な身体的圧力や精神的圧力といった様々な形態を指し、第７条と第10条が禁止する拷問や非

---

106 *Additional Information*, above n 1, 21 [35].

人道的取扱いから、強要又は脅迫といった様々な手段や被告に供述を強要するための司法的な制裁を加えることまで及ぶ。第14条は、強制されてなされた被告の自白や供述を刑事裁判での証拠として採用することはできないとは明確に定めるものではないが、自由権規約委員会は第14条に関する一般的意見の中で、締約国に対して、かかる証拠の使用の禁止に相当する内容を法律で定めるよう要請している[107]

195. オーストラリアは、第14条第３項（g）に関する自由権規約委員会の先例を検討してきたが、本条に基づく主張のほとんどは共通して、実際に肉体的または精神的な圧力にさらされてきた被告に関係するものであることに留意する[108]。その例としては、極度な虐待を受けた状態での自白調書への書名を強制された被告の例[109]、反逆行為を行なったと認めなければ電気のこぎりで手の指を切り落とすと脅されたピアノ演奏家の例[110]、そして捜査官が被告を撃つと脅した例[111]がある。

196. 同様に、一般的意見13/21は、ICCPR第14条３項（g）を解釈するに際して、同第７条と第10条を考慮しなければならないとしている。

第７条は次の通りである。

何人も、拷問又は残虐な、非人道的な若しくは品位を傷つける取扱い若しくは刑罰を受けない。特に、何人も、その自由な同意なしに医学的又は科学的実験を受けない。

第10条は次の通りである。

自由を奪われたすべての者は、人道的にかつ人間の固有の尊厳を尊重して、取り扱われる。

---

107 Nowak, above n 4, 264.

108 See also Nowak, above n 4, 264; McGoldrick, above n 81, 429-430.

109 *Conteris v Uruguay*, Communication No. 139/1983.

110 McGoldrick, above n 81, 430, referring to *Estrella v Uruguay*, Communication No. 074/1980.

111 *Berry v Jamaica*, Communication No. 330/1988.

197. オーストラリアは、総括所見においての自由権規約委員会の指摘を想起する。

締約国は、刑事事件において被告人によってなされた供述が、その自由な意思に基づいてなされたものであるということを証明する責任を国家に負わせ、かつ、規約第７条に違反して得られた供述は証拠から除外されるような適切な立法措置をとらなければならない[112]。

この箇所に対してなされたコメンタリーでは、警察の取調べの録音又は録画による記録といった手続きを実施することは、ここでの要請を適切に満たすものであるとされている[113]。

198. オーストラリアは自由権規約委員会に対して、締約国に対するICCPR第14条第３項（g）に基づく要請を反映したオーストラリア法に留意することを求める。1914年刑法（連邦法）第23V条は次のことを要請している。

（１）被疑者として取調を受ける者が、逮捕されているかどうかに関わりなく、捜査官に対して自白または自供をした場合、連邦法が定める犯罪に関する手続において、自白や自供が、その者に不利な証拠として採用されることはない。但し、次の場合はその限りではない。

(a) 自白や自供が、それらを録音することが合理的に可能な状況においてなされた場合—取調の内容と取調を受けた者が話すいかなることも録音されている場合…

199. 更に1914年刑法（連邦法）の第23Q条は次のように定める。

逮捕されている者または保護された被疑者は、人道的に、人間の尊厳を尊重して取り扱われなければならず、残虐な、非人道的な又は品位を傷つける取扱いにさらしてはならない。

---

112 (1999) UN doc. CCPR/C/79/Add. 111, extracted in Joseph et al. above n 72, 449.

113 Joseph et al. ibid, 450.

オーストラリア政府の答弁

200. オーストラリア政府は、この申立ては根拠のないものとして棄却すべきであると主張する。オーストラリアは、第14条第３項（d）との関連で行なった、本多千香と勝野光男は弁護人を付せられる権利を告げられていたとの主張を再度行なう。もし自由権規約委員会がこの主張に同意するのであれば、通報者の主張について、第14条第３項（g）違反は存在しないことになるだろう。

201. そうでないとしても、もし自由権規約委員会が通報者は弁護人を付される権利を告げられていないとの申立てに同意しても、オーストラリア政府は、これらの通報者に対して第14条第３項（g）に違反する有罪の自白を強要しなかったと主張する。

202. オーストラリア政府は、ICCPR第14条第３項（g）に関連して、上記第196パラグラフと第197パラグラフで議論したように、自由権規約委員会の先例に言及する。先例によると、供述を「強要され」るとみなすには、ある者に対して有罪であるとの供述または自白を強要するために、なんらかの決定的な力の形態が必要であるとされる。捜査と裁判のどの段階においても、通報者から自白を引き出すことを目的として、通報者に対して力やその他の脅迫は用いられなかった。通報者の取調べにおいて、AFP捜査官は透明性をもって、かつ、オーストラリア法の要請に従って行動した。取調べは、独立した通訳人の同席のもと、そしてその援助の下、行なわれ、録音と録画の双方の方法で記録された。オーストラリアは、これら捜査の記録のいずれも…［原文ママ］ないと主張する。

203. オーストラリアは、通報者が有罪の自白を強要されていないばかりか、いかなる自白をも行なっていないことを主張する。この点は、通報者がこの申立てを、自身等の事件で実際に生じたものというよりも仮定の状況として述べていることから明らかである。捜査と一連の裁判の全体を通じて、通報者は、自身の旅行鞄がクアラルンプールで交換され、罪に問われている犯罪に対しては無実であるとの話を一貫して続けた。通報者の弁護人は、通報者に代わって、一連の裁判でこの見解を述べることが可能であった。

204. オーストラリアは再度、自由権規約委員会に対して、この問題は控訴理由として有効であったにもかかわらず、国内裁判の過程を通じて通報者が提起していないとの、本申立ての許容性に関する［自国の］主張に留意するよう求める。

まとめ

205. オーストラリアは、本多千香と勝野光男はICCPR第14条第３項（g）に基づく権利をなんら否定されていないと主張する。申立てが純粋に仮説に基づくものであるだけでなく、本条に関する先例も、本条違反となるにはなんらかの明確な強制の形態が必要であろうことを示している。本件における通報者は、有罪の自白を強要されたことが決してない。オーストラリアは、通報者の取調べを、透明性がある方法で、法律に従って行なった。通報者には、自らが無実であるとの立場を一貫して主張する自由があった。最後に、この問題は再度、オーストラリアの国内裁判所において適切な時期に提起されなかった［ことに言及する］。

206. 以上の理由から、オーストラリア政府は敬意を表して、通報は根拠がなく、不適切な事物管轄であるとして棄却すべきであると主張する。

本案：第２条及び第26条

ICCPR第２条は次の通りである。

１．この規約の各締約国は、その領域内にあり、かつ、その管轄の下にあるすべての個人に対し、人種、皮膚の色、性、言語、宗教、政治的意見その他の意見、国民的若しくは社会的出身、財産、出生又は他の地位等によるいかなる差別もなしにこの規約において認められる権利を尊重し及び確保することを約束する。

2．この規約の各締約国は、立法措置その他の措置がまだとられていない場合には、この規約において認められる権利を実現するために必要な立法措置その他の措置をとるため、自国の憲法上の手続及びこの規約の規定に従って必要な行動をとることを約束する。

3．この規約の各締約国は、次のことを約束する。

(a) この規約において認められる権利又は自由を侵害された者が、公的資格で行動する者によりその侵害が行われた場合にも、効果的な救済措置を受けることを確保すること。

(b) 救済措置を求める者の権利が権限のある司法上、行政上若しくは立法上の機関又は国の法制で定める他の権限のある機関によって決定されることを確保すること及び司法上の救済措置の可能性を発展させること。

(c) 救済措置が与えられる場合に権限のある機関によって執行されることを確保すること。

ICCPR第26条は次の通りである。

すべての者は、法律の前に平等であり、いかなる差別もなしに法律による平等の保護を受ける権利を有する。このため、法律は、あらゆる差別を禁止し及び人種、皮膚の色、性、言語、宗教、政治的意見その他の意見、国民的若しくは社会的出身、財産、出生又は他の地位等のいかなる理由による差別に対しても平等のかつ効果的な保護をすべての者に保障する。

申立て

不十分な通訳の業務

207. 通報者は、公判前と公判中に付せられた通訳業務が不適切であったために、自身等の裁判所の前の平等に対する権利、公正な審理を受ける権利及び言語を理由とする差別を受けない権利が否定されたと申立てる[114]。

208. 通報者は、政府によって提供された通訳の業務が、質の低さを修正し、通報者がオーストラリアの法制度の中で直面した文化的な相違を補正するには不十分であったと申立てる。通報者は、こうした文化的な相違によって、裁判を通じて自身等に何が起きているのかを理解することが非常に困難になったと申立てる。通報者は、捜査と一連の裁判を通じての不公正さを抗議することを阻まれ、その結果自身の無実を積極的に主張することができなくなったと申立てる[115]。

209. 通報者は、『西部オーストラリアでの拘禁中の個人の死亡に対する』第二巻と、オーストラリアでの事件であるペレラ対移民及び多文化問題担当大臣事件[116]を参照し、オーストラリア政府はオーストラリア国内の通訳業務が不十分なもので法制度において不正義を生んでいることに気づいていただろうと主張する[117]。通報者は、外国の文化圏・言語圏からきた人々に生じる問題に対処することができるように捜査に関わる捜査官に対する十分な訓練をオーストラリアが準備していないと主張する。申立てによると、捜査官が適切に訓練を受けていれば、彼らは日本の文化に注意を払い、結果通報者のニーズに注意を払ったはずであるとする[118]。

---

114 *Additional Information*, above n 1, 8 [15].

115 Ibid, 13-14, [23]-[24].

116 Above n 11.

117 *Additional Information*, above n 1, 12-15, [22]-[27].

118 Ibid, 16, [27]-[28].

210. 申立てによると、オーストラリア政府が十分な通訳業務の制度をしかるべく用意しなかったことが、ICCPR第２条、第14条第１項、第26条違反にあたるとしている。

法律扶助を通じた不十分な金銭的援助

211. 通報者は、金銭的な法律扶助が不十分であったため、通報者とその弁護人との連絡を助ける通訳人を雇うことができなかったので、かかる法律扶助により、通報者の公正な裁判を受ける能力が抑えられたと主張する。さらに申立てによると、資金が不十分だったので、通報者は専門家を得ることに制約を受け、通報者が置かれている状況において、通訳人に関連する問題に気づくことができた可能性が減少したとしている[119]。

関連法規

第２条

212. オーストラリア政府は、第２条に基づく権利は一般的な権利であって、本質上付随的なものであり、ICCPRが謳う特定の権利に関連するものであると理解している。オーストラリアは、第２条違反がICCPRの他の条文違反と関連付けられて申立てられた場合、他の権利違反の申立てが許容性を欠くと判断されれば、それは第２条が侵害されたとの主張もまた、許容性を欠くことを意味するとの自由権規約委員会の先例に留意する[120]。

213. 第２条の付随的性質は、ファナリ対イタリア事件[121]で明確にされた。

---

119 Letter from Professor John J Tobin, above n 8, 4.

120 See, for example MGB and SP v Trinidad and Tobago, Communication No. 268/1987; RLM v France, Communication No. 347/1989, GB v France, Communication No.348/1989; SG v France, Communication No. 347/1988; SE v Argentina, Communication No. 275/1988.

この事件において通報者は、イタリア憲法裁判所によって汚職を理由に有罪判決を受けていた。通報者は、第14条第5項に基づく上訴をする権利（イタリアはこれに留保を付していた）と第2条第3項に基づいて救済措置を受ける権利（イタリアはこれには留保を付していなかった）が侵害されたと主張した。自由権規約委員会は通報を却下し、次のように、通報者は第2条の本質を読み誤っていると述べた。

> しかし、この救済措置を受ける一般的な権利は、付随的なものであり、本件のように関連付けられて主張されている権利が留保によって除外されている場合には、援用することができない。たとえそうでなかったとしても、第14条第5項の場合、主張されている権利は救済措置（[つまり］上訴）を構成している[122]。

214．オーストラリアは、通報者が第2条違反そのものを主張できないと主張する。自由権規約委員会が第14条第1項と第26条に関して違反がないとの認定をすれば、第2条についての主張もまた許容性を欠くこととなる。

第26条

215．人権委員会の先例は、次の通りである。

> 第26条は、すべての者は、法律の前に平等であり、法律による平等の保護を受ける権利をいかなる差別もなしに有すると定め、かつ、法律は、人種、皮膚の色、言語、性、宗教、政治的意見その他の意見、国民的若しくは社会的出身、財産、出生又は他の地位等のいかなる理由による差別に対しても平等のかつ効果的な保護をすべての者に保障すると定めている[123]。

216．オーストラリア政府は、自由権規約委員会が「差別」を、禁止された

---

121 Communication No. 075/1980.

122 Ibid, 13.

123 General Comments 18/37, [1].

理由に基づくあらゆる区別、排除、制限又は優先であって、全ての権利と自由を、平等の立場で、すべての者が認識し、享受し又は行使することを無効にする又は害する目的又は効果を有するものとしていることに留意する[124]。

217. オーストラリアは、裁判所の前の平等に対する権利は、裁判所へのアクセスと裁判所による取扱いにおいて差別から自由である権利を体現していると理解している[125]。

オーストラリア政府の答弁

不十分な通訳業務

218. オーストラリアは、ICCPR第26条に違反して、通報者の言語、人種又は文化を理由として、通報者を積極的に差別し、通報者に対する差別を防止しなかったことはないと主張する。自由権規約委員会がこの点においてオーストラリアの主張を認めるのであれば、オーストラリアは、ICCPR第２条に基づく義務も遵守していると主張する。

219. オーストラリアは、一連の裁判のいずれにおいても、通報者がその人種や国籍を理由として異なる取扱いを受けたことはないと主張する。通報者は、同様の事実がある状況に置かれたであろう者と同一の法律に従わされ、かかる者と同一の犯罪で罪に問われることとなった。通報者はまた、いかなるオーストラリア国民またはそれ以外の国民とも同一の国内裁判所の手続を受けた[126]。

220. オーストラリアは通報者の言語に関連する困難性を補正し、公正な裁判過程への通報者のアクセスが「平等」原則に従ったものであることを確保

124 Ibid, [7].
125 Nowak, above n 4, 239 referring to General Comments 13/21 [3].
126 Cf Kavanagh v Ireland, Communication No. 819/98.

することに積極的に努めたと主張する。より重要なこととして、オーストラリアは、AFPとDPPが有能な通訳人を法手続きの全段階を通じて、被告を援助するために利用可能なものとして確保していたことを指摘する。総額18,689ドルが、通訳業務と翻訳業務に費やされ、その内、5,543ドルがコミッタル・ヒアリングで、13,146ドルが［第一審の］裁判で使われた。全ての通訳人は専門的で、その資質は裁判所が認めるところであった。

221. オーストラリアは、通訳の問題に関する様々な報告書が、オーストラリアでかかる問題が広がっていることを強調しているとの通報者の申立てには同意しない。オーストラリアは、かかる報告の存在自体が、オーストラリアにおいて通訳関連の業務の提供が進んでいる動きの一環をなしていると主張する。1991年に報告書『拘禁中の先住民の死に関する王立委員会』が完成した。通訳人に関連する問題を認めること自体は、オーストラリアが懸念を抱いていることを示すものであるが、オーストラリアは通報者の一連の裁判において通訳に事実として問題があったということを認めるものではない。

222. オーストラリアは、それぞれの被告が一連の裁判を通じて、個別に弁護人によって代理されていたという主張を想起する。オーストラリアは、このことによって被告が直面した多くの文化的問題が対処されたと主張する。なぜなら、通報者の弁護人がオーストラリアの法制度の一部を成すからである。通報者は、手続に関する誤解を、その弁護人と共にいつでも提起する自由を有していた。さらに、通報者は、その弁護人を通して、自身等が罪に問われていた犯罪について無実であると、一貫して主張することができていた。

223. オーストラリアは、もし自由権規約委員会が第26条に基づく主張が根拠のないものと主張を認めるのならば、第２条に基づく主張もまた根拠のないものとみなされると主張する。

まとめ

不十分な通訳の業務

224. オーストラリア政府は、通報者がICCPRの第26条又は第２条に違反して差別をうけたことはいかなる場合においてもなかったと主張する。通報者は、通報者と同様の状況に置かれたであろう者と同一の法律に従わされ、同じ方法で取り扱われた。オーストラリアは、被告の文化的かつ言語的相違を認めて、通報者に自己を防御する平等な機会を提供するために、手続の全ての段階で通訳人を用意した。その上、通報者は、それぞれ別々に一連の裁判において代理されており、この方法によって、通報者は、公判手続きにおいて遭遇したいかなる文化的な誤解をも弁護人と共に提起し、解決する機会を与えられていた。

225. 故にオーストラリアは、本申立ては根拠のないものとして棄却すべきであると主張する。

オーストラリア政府の答弁

法律扶助を通しての不十分な金銭的援助

226. オーストラリアは、通報者が、どのようにしてオーストラリアが通報者に対して十分な金銭的な法律扶助を提供しなかったのか、どの「専門家」が必要だったのか、またどのように通報者の事件の結果に影響を与えたのかについての証拠を示した上で、本申立てを立証するということをしてきていないと主張する。さらにオーストラリアは、この主張の内容が、非差別と公正な裁判を扱っている一方で、ICCPRの第14条第３項（b）と第14条第３項（d）とに結びついた問題をも扱っていると主張する。オーストラリアは、この点において通報者が求める保護が、ICCPRに基づく国家の義務の対象外であると主張する。

227. オーストラリアは、申立てられている金銭的な法律扶助が不足したことで、通報者が言語を理由とした差別を受けやすい状態に置かれることにはならなかったと主張する。オーストラリアでは刑事事件において個人に法律扶助が提供されるかどうかは、確立したガイドラインに従って決定される。これらのガイドラインの複写は添付してある（添付B）。これらのガイドラインは、法律扶助を受ける事件において通訳人を付される被告の権利を認めている。これらのガイドラインは、全ての申立人に普遍的に適用されるものであるので、法律扶助の拒否それ自体が特定の個人に対する差別とはならない。

228. 全体で、通報者は433,827.94ドル相当の金銭的な法律扶助を受けた。この内の273,289ドルは法廷弁護士の裁判経費に使われた。裁判において、各通報者は、刑事法の運用に十分長けた法律事務所の代理を受けた。加えて、各通報者は、それぞれの法廷弁護士の代理を受け、これら５名の法廷弁護士は刑事法分野において長年、十分な経験を積んでいた。

229. オーストラリアは、通報者が申立てる金銭的な法律扶助が不足したことによって、通報者の公正な裁判を受けることができる能力が妨げられなかったと主張する。オーストラリアは、金銭的な法律扶助は、司法の利益が必要とされる場合においてのみ締約国によって提供されるべきであるとの自由権規約委員会の先例[127]を想起する。本通報で示された理由から、オーストラリアは、通報者が第14条第１項に基づく公正な裁判を受ける権利を、あらゆる段階で与えられていたと主張する。

230. オーストラリアは、法律扶助によって提供された経済的な援助が不十分であったため、通報者の弁護人が不十分であったとの主張が、ICCPR第14条第３項（d）に基づいてなされたキャンベル対ジャマイカ事件[128]の通

127 *Currie v Jamaica*, Communication No. 377/89.
128 Communication No. 618/95.

報を、自由権規約委員会に対して留意するよう求める。締約国にはICCPRに基づく義務違反がなかったとの結論に際して、自由権規約委員会は、被告の弁護人の行動が司法の利益と両立しないかぎり、締約国に弁護人の欠陥の責任を負わし得ないとの先例を想起した[129]。オーストラリアは敬意を表して、自由権規約委員会に対して、キャンベル対ジャマイカ事件の論拠に従い、かつ、オーストラリアにも同様に、通報者が本件における援助のための特別の専門家を得られなかった責任を負わし得ないと判断するよう求める。

231. 通報者の代理人と連絡をとる能力に関して、オーストラリアは、これが、ICCPR第14条第３項（b）に基づく自身を防御する十分な便益を受けることと弁護人と連絡をとる通報者の権利に関する問題であると考える。オーストラリアは、もし被告又はその弁護人が、自身等が防御のための準備が不十分であると考えていたなら、かかる懸念を表明するのは、休廷の要請を通じて、公判手続で行なうのが適切な時期であった。

まとめ

法律扶助を通した不十分な金銭的援助

232. オーストラリア政府は、通報者がICCPR第14条第１項に基づく公正な裁判を受ける権利を否定されておらず、通報者が第２条又は第26条に違反した差別を受けなかったと主張する。通報者は、被告としての状況に置かれるであろう者と同一の法律に従わされ、同一の取扱いを受けた。オーストラリアは被告の文化的・言語的相違を補正するために手続の全ての段階で通訳人を提供し、通報者に防御のための平等な機会を提供した。さらに通報者は一連の裁判を通じてそれぞれ別々に代理され、このような方法により、手続で生じたいかなる文化的な誤解についても代理人と共に提起し解決する機会を与えられた。

---

129 Ibid, [6.2].

233．オーストラリア政府はさらに、通報者が、どのように通訳の援助を受けるための不十分な金銭的な法律扶助によって差別されることになったのかを立証するいかなる証拠も提出していないと主張する。とはいうものの、オーストラリアは、かかる懸念を提起する機会を通報者は用いることができたが、用いなかったことを主張する。

234．以上の理由から、オーストラリア政府は敬意をもって、本申立ては立証されていないものとして、根拠のないものとして、そしてICCPRの射程外であることを理由に棄却すべきであると主張する。

記録４　答弁書に対する反論

〔解説〕

オーストラリア政府からの答弁書は2004年９月27日付の送付書とともに自由権規約委員会から通報者に送付された。そして、反論があれば、送付書の日付から２ケ月以内に委員会に到達するよう提出されたいとの指定があった。

しかし、２ケ月以内の反論というのは、英語の答弁書を理解した上で、その内容を検討し、英語の反論書を作成する、という過程を考えれば、物理的におよそ不可能な期間であった。さらに、オーストラリア政府からの答弁書で引用されている書簡が開示されていないことから、有効な反論はできないと考えられた。そこで、書簡の開示を求めるとともに、反論を準備すべき期間の延長を申し出たところ、新たに2006年１月８日が期限として指定された。

そして、2005年12月26日、オーストラリア政府に対する反論書（英文39ページ）を自由権規約委員会に対し送付した（送付書の日付は2005年12月24日）。

反論書で取り上げられた論点は、以下のとおりである。

Ⅰ　許容性について

A 国内的救済手段を尽くしたか否か

B 申立を根拠づける事実を立証しているか

C 申立事実は、自由権規約の対象範囲を逸脱しているか

Ⅱ　本案について

A 捜査段階における通訳の不適切さ（inadequacy）について

　―自由権規約第９条２項・第14条３項（a）違反

B 逮捕の不告知および不利益供述の強要について

　―自由権規約第14条３項（a）・第14条３項（9）違反

C 弁護人選任権を告知しなかった点について

　―自由権規約第14条３項（e）違反

D 証人を呼ぶ機会を与えなかった点について

　―自由権規約第14条３項（e）違反

E 公判段階における通訳の不滴切さについて

—自由権規約第14条１項・同３項（e）（f）違反

F 陪審員選定における不平等な取扱いについて

—自由権規約第14条１項違反

G 不適切なリーガルエイド制度について

—自由権規約第14条１項・第26条違反

H マスコミ報道と陪審について

弁護団は、IIの本案（merits）については、特に通訳の問題について、十分な証拠を持っており、勧告が出されるものと考えていた。反論書の中で、最も重視していたのは、Ｉの許容性の中で国内的救済手段を尽くしていたか否か、の問題であった。この点、オーストラリア政府の答弁書の内容は、前述したとおりであり、要するに、通訳につき問題があるというのであれば、供述調書の許容性につき弁護人は、マジストレートコートの中で、異議を申し出る機会があったのに異議を出していない、第一審においても控訴審・上告審においても通訳問題を主張しなかった、というものであり、国内的救済手段を尽くしていない、というのである。

この点についての、通報者側の反論の要旨は概要以下のとおりである。すなわち、通報者らの弁護人はいずれも日本語を理解する能力は有していなかった。このことは、オーストラリア連邦警察の捜査官、検察官、裁判官も全て同じであった。他方、通報者らは英語を理解できず、理解できたのは日本語のみであった。通報者らと刑事手続きに関わった人間の意思疎通のためには、通訳人が必要であるが、本件の問題点は、その通訳人らの日本語能力が低かったという点にある。そして、通訳の不適切性の深刻さは、本件通報の準備過程において、熟練された通訳人・翻訳家、学者等の協力を得て、テープと反訳を一つ一つ点検して初めて分かったことなのである。もし、通報者らが、通訳の不適切性の深刻さを認識していたなら、公判や控訴審・上告審で、通訳の問題を取り上げたことは確実である。

また、オーストラリア政府は、通報者らの弁護人が通訳の問題に気付いていたのならば、何故供述調書の信用性につき争わなかったのか、と反論しているが、弁護人らが争わなかった事実は、弁護人らが通訳の不適切さが深刻な問題であることに気付いていなかったことの証左といえる。

反論書の作成に当たり、弁護団は、さらに通訳上の問題がないか否かをチェックすることとした。それに協力していただいたのが中根育子氏である。同氏の目を見張るべき精力的な英語及び日本語の反訳作業及び同氏のご専門である言語的分析により、５人のうちたった１人（本多千香氏）のたった１日分の取調べについてですら、様々な通訳上の問題があったことが明らかとなった。中根氏の分析は極めて精緻なものであり、しかも英語及び日本語の各言語で詳細なレポートを書いて下さった（弁護団では「中根レポート」と呼んでいる）。反論書ではこれを引用するとともに英語版を資料として添付することとした。ただ、今回は紙幅の関係で日本語版のレポートですら書籍に掲載することが出来なかった。日英両言語による中根レポートはCD-ROMに収録したので、そちらをご参照いただきたい。

反論書は、中根育子氏による取調べテープの新たな分析及び誤訳部分を指摘した報告書と一緒に、自由権規約委員会に送付された。オーストラリア政府からのの答弁書が送られてきてから、約１年３ヶ月後のことであった。
（編者注：なお、以下で「青本」とあるのは、これまでの個人通達の申立書・添付資料をまとめた冊子のことである。表紙がブルーだったから、弁護団内部で「青い本」ないし「Blue Book」と呼んでいた。）

通報番号1154/2003
市民的及び政治的権利に関する国際規約の選択議定書に基づく
勝野ほかによる個人通報

締約国の答弁に対する
通報者の反論

勝野正治氏
勝野光男氏
本多千香氏
浅見喜一郎氏

及び
勝野良男氏

目次

許容性……………………………………………………………………… 5

法手続の経過―国内的な救済措置の完了…………………………… 5
不十分な通訳……………………………………………………………… 6
本件における中核的問題……………………………………………… 6
オーストラリア政府の答弁…………………………………………… 7
通報者の反論…………………………………………………………… 8
弁護人は問題に気づいていなかった（し、気づきえなかった）……… 8
中核的問題としての通報者の信用性……………………………… 12
オーストラリアは通訳の監視をしなかった………………………… 13
客観的に判断して救済措置が効果的ではないこと……………… 13
勝野良男は他の通報者と同様に、控訴理由として通訳の問題を
提起していない……………………………………………………… 14
連邦オンブズマンへの苦情申立て…………………………………… 16
まとめ…………………………………………………………………… 16
立証をしていないこと：事物管轄による許容性の欠缺…………… 19

本案……………………………………………………………………… 20

公判前に行なわれた捜査を通じて、適切な通訳業務が
提供されなかったこと………………………………………………… 20
公正な公開審理を受ける権利（第14条第１項）と無料で通訳の援助を受
ける権利（第14条第３項（f））の侵害
通報者の主張…………………………………………………………… 20
オーストラリア政府の答弁…………………………………………… 20

通報者の反論……………………………………………………………… 21
カマシンスキー事件：オーストラリアの「AFPと通報者との間で行なわれた全ての取調べにおいて、有能な通訳人が出席したとの報告を受けている」との主張…………………………………………………………… 21
書面の反訳に対する「修正」が間違っており、かつこれが翻訳者の職業上の水準が低いことを示していること…………………………… 26
はじめから間違った通訳に基づく反訳の「修正」が不可能であること 28
裁判における通訳人の不十分さ………………………………………… 29
通報者の主張……………………………………………………………… 29
オーストラリア政府の答弁……………………………………………… 33
通報者の反論……………………………………………………………… 33
浅見喜一郎にその逮捕の理由を告げなかったこと…………………… 34
—第９条第２項
通報者の主張……………………………………………………………… 35
オーストラリア政府の答弁……………………………………………… 35
通報者の反論……………………………………………………………… 35
通報者が自ら選任する弁護人の援助を受ける権利を適切に
伝えられていないこと…………………………………………………… 36
—第14条第３項（d）
通報者の主張……………………………………………………………… 36
オーストラリア政府の答弁……………………………………………… 36
通報者の反論……………………………………………………………… 37
通報者は証人を召喚する機会を与えられなかった…………………… 38
—第14条第３項（e）
通報者の主張……………………………………………………………… 38
オーストラリア政府の答弁……………………………………………… 38
通報者の反論……………………………………………………………… 38

通報番号1154/2003の通報者は、オーストラリア政府が2004年７月28日付けで提出した主張に対して次のように反論する。

許容性

手続の経過—国内的な救済措置の完了

1．下記の情報は通報者が尽くした、逮捕及びそれ以後の法手続に関する情報である。

逮捕

5名の通報者は、1982年6月17日にオーストラリア連邦政府によって逮捕された。フォン・ファット・スー氏は1992年6月19日に逮捕された。

メルボルン・マジストレート・コートにおけるコミッタル・ヒアリング

1992年11月9日から12月7日まで。5名全ての通報者とスー氏はコミッタル・ヒアリングを受けた。

5名の通報者の第一審であるメルボルン・カウンティ・コート：1994年3月から5月

1994年5月28日：有罪との評決が通報者とスー氏に下される。

1994年6月10日：刑の宣告

通報者の全員によるビクトリア州最高裁判所刑事上訴部に対して控訴を申立て：判決の言い渡しは1995年12月15日

1995年12月15日：上訴部は勝野良男に対する有罪判決を破棄し、同氏の裁判の再審理を命令したが、他の4名の通報者（とスー氏）の控訴は棄却した。(女王対スー事件［1997］1 VR 1 50. レクシス・リーガルデータベース・ビクトリア州未搭載判決集で入手可能。1995 VIC LEXIS BC9502564.)

勝野良男のメルボルン・カウンティ・コートにおける再審理：1996年10月から11月

1996年11月12日：勝野良男に有罪判決

オーストラリア連邦最高裁判所。４名の通報者（勝野良男を除く）の上告特別許可の申立

1997年６月６日：オーストラリア連邦最高裁判所は、通報者の浅見喜一郎、本多千香、勝野光男及び勝野正治の申立を却下する。

勝野良男の控訴の申立：ビクトリア州最高裁判所上訴部

1997年12月23日：控訴棄却（レクシス・リーガルデータベース・ビクトリア州未搭載判決集で入手可能、女王対勝野良男事件, 28 of 1996, BC9707353.）

勝野良男の上告許可の申立：オーストラリア連邦最高裁判所（キャンベラ）

1999年９月：申立却下

不適切な通訳

本件における中核的問題

２．国内的な救済措置の完了と許容性について詳細に検討する前に、我々は通報者の主たる苦情について明確にしておくことを希望する。その理由は、このことが［国内的な救済措置の］完了の問題と非常に密接に関連しているからである。

３．オーストラリアは、公判前の取調べと裁判を通じて、通報者に規約14条に基づく公正な裁判を受ける権利とこれに関連する権利を保護し確保するために適切な通訳の制度を通報者に適用しなかった。このことはいくつかの重大なことを示唆している。

（１）公判前の警察の取調べにおける通訳者の能力が不十分であったため、こうした尋問が不正確なものとなり、通報者を不公正に不利な立場に

置くことになった。

（2）オーストラリアが最低限の能力をもつ通訳者を提供し、裁判と公判前を通じての通訳の正確性を検討するための効果的な制度を有していないため、通報者またはその弁護人は当時において問題の深刻な様相に気づくことができなかった。

（3）その結果、通報者が被った権利侵害は次の通りである。

・1994年の裁判において、取調べに関する不利で不正確な記録が証拠として用いられ、そのため裁判が不公正なものとなったこと。

・裁判中の法廷において、主たる通訳人が甚だしい職業倫理違反を行い、通訳者の援助を受ける通報者の権利が侵害されたこと。

・法廷での通訳の方法が不適切な一方通行であったため、裁判を通して法廷で弁護士と連絡を取り合うことができなかったこと。

・法廷が休廷になった際、弁護士と打合せをするために必要な通訳者へのアクセスが、裁判を通して、十分ではなかったこと。

・通報者の逮捕の理由が適切に告げられなかったこと。

・通報者の弁護人を付される権利が適切に告げられていなかったこと。

4．通報者は、オーストラリアが規約上のこれらの権利と他の権利を保護し確保しなかったと、先に提出した文書で立証しており、本反論でもこの点を立証する。

5．中核的な問題は、オーストラリアが主張するような単純なもの、即ち「オーストラリア連邦警察（AFP）による通報者の取調べの反訳が不正確で、通報者の裁判に十分ではない通訳のサービスが提供された」（オーストラリアの答弁書（以下、「AS」）第55パラグラフ）ということではない。中核的な問題は、不正確な通訳が根本的に、（ビデオとテープ録音により記録された）警察による公判前の取調べに汚れをつけることとなり、陪審員と裁判官の目に映る通報者の信用性を不公正にかつ致命的に損ねることとなった。これらの不正確かつ信頼性のない取調べの記録が、通報者の1994年のメルボルン・カウンティ・コートにおいて、証拠として採用され、陪審員によって検討されたのである。

オーストラリア政府の答弁

６．オーストラリアは、以下の２つの主張に基づいて、通報者は全ての国内的な救済措置を尽くしていないと断言する。

（１）通報者とその弁護人は、不適切な通訳の問題について気づいていた。通報者と弁護人は［第一審の］裁判において又は控訴においてこの問題を提起することができたにもかかわらず、それをしなかった（AS 第62-64パラグラフ）。

（２）通報者はオーストラリア連邦警察の行動について連邦オンブズマンに対して苦情を申立てることができたにもかかわらず、それをしなかった（AS　第68パラグラフ）。この主張については、下記の第32パラグラフで反論する。

通報者の反論

７．下記で通報者が示すように、これら２つの主張は根拠がないものである。

弁護人は、問題に気づいていなかった（し、気づきえなかった）

８．オーストラリアは、通報者の弁護人が録音テープの反訳の正確性の問題と、勝野良男と浅見喜一郎が自身の権利を適切に告げられていたかどうかについて気づいており、従って、コミッタル・ヒアリング（これは、マジストレート・コートの手続で、事件を上級の裁判所での裁判のために送付するに足る十分な証拠があるかどうかを決定するもの）の間の通訳の不適切さについて認識していたと主張する。(AS 第64パラグラフ)

９．オーストラリアはまた、通報者は裁判において証言せず、弁護人は警察の取調べの記録の証拠能力に異議を唱えなかったので、通報者と弁護人はこの記録を証拠として採用されることを望んでいたと主張する。オーストラリアが指摘する通り、ビデオテープと反訳は事件に対する通報者の意見を陪審員に示す唯一の手段であった。取調べのビデオテープは全て、裁判において陪審員に見せられ、この映像の「補助」として反訳が陪審員に提供された。

10. 通報者の弁護人は通訳と翻訳の問題の程度に気づいていたが、警察の取調べの記録の使用に反対しないという決定を戦術的に行なったとするオーストラリアの主張は、信じ難いものである。弁護人は、経験豊富な者であり ― オーストラリアはこの弁護人を、「刑事法分野において長年、十分な経験を積んでいた」法廷弁護士であると述べる ―、自身の依頼人に極めて重大な損害を及ぼすような、多くの誤りに満ち、かつ、多大な不利益をもたらす証拠が使用されることを許可するほど専門的な能力に欠ける者であったはずがない。弁護人は、存在した通訳に関する問題がどの程度のものであったかを知らなかった（通報者が主張するように、オーストラリアが質を維持するための制度を準備していなかったことから、知ることができなかった）ので、取調べの記録の証拠としての採用に反対しなかったのである。

通報者の弁護人は、誰一人として日本語を理解しなかった。AFP捜査官、検察官、裁判官も同様である。日本人の通報者が置かれていた状況は、もちろん、まさにこの逆である。つまり、通報者は日本語しか分からず、英語は分からない。通訳人は、日本語と英語の双方を知る唯一の者であったが、まさにその通訳人の能力の低さこそが、係争中の主要な問題になっているのである。

11. 連邦警察による通報者の取調べが行なわれている間、通訳人を除く誰もが通訳の正確さを判断できる立場にはなく、そして通訳人自身は、誤った通訳をし、恣意的に情報を付け加え、かつ、除いたりし、更に通訳人自身の言葉で通報者との会話を行なった。

12. 取調べの時にしばしばあったことだが、通訳人は通報者が言わんとするところを、限られた語彙で理解しようとし、時には問題を明確にしようとした。しかし、その結果、基本的事実として、通訳人がしばしば通報者が述べたことを誤って理解し、情報を誤訳、追加又は削除したということが残されている。しかし、翻訳人が、度々不正確に理解できたことに基づいて何らかの言葉を創作する限り、それを見ている双方の言語を話せない者にとっては、あたかも正確なやりとりがなされているかのように思えた。通訳人が創作したものが、支離滅裂で、一貫性のない、または言い逃れのようなものであった場合、それは、まさに通訳人でなく通報者こそが支離滅裂で、一貫性がなく、または言い逃れをしているかのように見えたのである。

13. 我々は、この点に関する明確な例示を、「公判前の段階での通訳の問題に関する追加報告書」(以下、「追加報告書」)(青色の表紙の『メルボルン事件個人通報』2001年12月(以下『青本』)の(114)—(116)頁)において行なっている。そこで示された会話のやりとりのうちの1つとして、捜査官が勝野良男の「チャーリーとの次の接触(contact)」について尋ねているものがある。捜査官は、英語の標準的な「接触(contact)」の意味を意図していた。つまり、面と向かっての会合と、電話によるなどの他の形態での接触である。しかしながら、通訳人は、「あなたが、チャーリーとまた会った(meet)のは、いつですか」というように質問を不正確に翻訳し、質問を実際に面と向かっての会合の意味に限定している。[そして、]良男と通訳との間での日本語でのやや長いやりとりが続く。その結果、日本語は知らず、英語の通訳のみ理解する警察の捜査官の立場からは、通訳人が行なった一見すると小さな誤訳が、良男が言い逃れをし、意図的に呼びかけに反応せず、一貫性を欠いていると警察官に信じさせる事態を招いている。

14. 捜査官は次のように言っている。即ち、「わかりました。あなたが聞かれた質問にわざと答えないようにしているような強い印象を私は受けているんです。では、なぜそんなことをしているのですか?」良男がこの発言の内容を否定すると、捜査官は続けて「私自身とオバース警察官は、非常に単純で率直な質問をしているのに、あなたはひどく長い答えを、意味をなさない長い答えをしているし、時には質問に全く答えていない。そこでですね、あなたは質問のいくつかに故意に答えないようにしているのですか？そしてそれはどうしてですか？」この問いかけに対して、良男は日本語で、「私の答えはぜんぜん長くないとおもいますよ」と答えた。通訳人はこれをほぼピジン・イングリッシュで、「彼は彼の答えは長くないと思うそうです」と翻訳した。

15. 通報者は、自由権規約委員会に提出した資料の中で、数多くの同様の出来事を提示してきた（『青本』、(84)、(96)、(119) — (120) 頁参照)。この種の意思疎通を目の当たりにした日本語を話せない人ならば、通報者の信用性を疑うことが避けられないだろう。

16. 弁護人は、通報者と警察の意思の疎通がスムーズになされていなかったことに気づいていたが、問題が通訳人の不正確さに起因していると理解することは不可能であった。その上、不正確さの程度は、後になってようやく発見された。つまり、通報者の支持者が、警察による取調べの録音テープの反訳を見て、［その反訳の］日本語部分が単に「外国語」とされていて、話された通りの日本語が書かれていなかったことが分かった時であった。ここにおいて初めて、通訳人が捜査を通して、正確に通訳をしていたのかどうかについての疑義が生じたのであった。

17. 本通報を準備する際、通報者の日本人の弁護人が、経験を積んだ日英と英日の通訳人及び司法通訳分野の大学の専門家による学際的なチームを召集し、警察による尋問の部分の録音テープと反訳を分析した。この録音テープと反訳を入念にかつ専門的に分析して初めて、通訳の程度が詳細にどのようなものであったのかが分かった。その通訳の程度は、ペレラ対移民及び多文化担当大臣事件（オーストラリア答弁書、第61及び第95パラグラフで引用）とR対チャン事件（オーストラリア答弁書、第95パラグラフで引用）で確立された能力の標準に達しないというものであった。

ペレラ事件で明確にされた基準とは、通訳人は、「理解や意思の疎通を妨げ阻害するいかなる障害も取り除く」ために、「英語を話さない者を、英語を話す者と同じ立場にできるだけ近づけ」なければならないというものである。R対チャン事件は、ペレラ事件判決が引用するカナダの国内判例であるが、通訳の基準は「継続性、正確性、公平性、適格性及び同時性」を満たさなければならないとした。

オーストラリアが主張する基準をはるかに下回っている多くの深刻な通訳の欠陥の例は、「追加報告書」(『青本』の((71) ― (130) 頁) と、応用言語学者で司法通訳の専門家であるシドニー大学の中根育子氏による「1992年7月20日のオーストラリア連邦警察による本多千香氏への取調べに関する報告書」に記載されている。

18. 本件に参加した全ての者が、不十分な通訳の問題をその時に見抜くことができなかった理由は、通訳が根本的に単純なもので機械的に処理できるとの思い込みによってある程度説明することができる。言語の問題の専門家でない者にとって、通訳人は導管又は機械に類似したものとして、広く(そして間違って)信じられている(Kathy Laster and Veronica Taylor, *Interpreters and the Legal System*, Sydney: The Federation Press (1994), p. 112.)。かかる誤った見解では、通訳人という導管の中を、その一方の端から入れられた1つの言語でなされた発話が、機械的にずっと流れていくなら、それは変化することなく流れ出るはずだということになる(但し、発話が本件のように別の言語である場合を除く)。

19. 通報者の事件では、この長らく疑問符がつけられた導管モデルが、検察、裁判官そしておそらく弁護人さえもが抱く通訳に対する基本的な思い込みを形成してきたようである。通訳人を介した警察の捜査官と通報者とのやりとりにおいて、意思疎通の問題が生じた場合、関係する1つの言語のみを分かる専門家でない者は、なぜそうなのかと不思議に思うだろうが、問題が通訳人の能力のなさに起因すると判断することはないだろう。むしろ、尋問を受けている者が何かを隠そうとしているか、尋問から逃れようとしているので、意思疎通がスムーズにいっていないと間違った考えを抱くことになろう。その結果、かかる人物は信頼の置けない又は信用性を欠く者であると、間違った不公正な見方をされてしまうことになる。

20.「追加報告書」と中根氏の論文で提示した例によって実証されたように、こうしたことがまさに本件において通報者に対して生じたのである。こうした例を、通報者の1人である勝野光男への警察の取調べの記録からもう1つ挙げておこう。これは第14パラグラフで提示したことに追加するものであるが、欠陥のある通訳が、通報者の公正な裁判を受けられることに非常に大きな負の影響を与えたことを理解する助けとなろう。陪審員は、この例とその他多くのものを見聞きすることが許されていた。通訳人が能力のなさを際立って見せた直後、シュナイダー捜査官は「くだらんことばかりを言っていると私は思うと彼に言ってくれ。くだらんことばかりを言っていると彼に言ってくれ。」と述べている。(「追加報告書」、『青本』の(84)頁、参照)。さらに、導管モデルによって、オーストラリアが、質を管理する効果的な制度(NAATI(オーストラリア翻訳通訳国家資格認定機関)から翻訳通訳資格の認定を得るために必要とされる一度だけの試験は除く)を提供していない理由が説明できるであろう。(ラスター及びレスター、『通訳人と法制度』33頁、以下、『ラスター』)。

中核的問題としての通報者の信用性

21. 通報者の公判に対して、この不十分な通訳によってもたらされた甚大な不公正な効果を想像することは困難なことではない。カウンティ・コートのルイス裁判官が通報者の1994年の審理で述べているように、検察側の陳述は通報者の信用性を攻撃することを基礎としている。即ち、「この事件は、つまり情況証拠が問題となる事件であり、信用性が問題となる事件ですね。」(検察官テイラーへのルイス裁判官の発言、カウンティ・コートの公判記録の930頁。添付書類1に添付)と。冒頭陳述において、検察官は陪審員に対して、信用性が重要であることを、次のように非常に明確に語った。

「さて、陪審員の皆様、皆様はやがてこれら様々な取調べの全体を聞き、実際に見ることになります。というのも、入国管理局の中で行なわれた二番目の被告人である良男の取調べを除いて、その他の被告人の取調べは全てビデオカメラで録画されているからです。よって、陪審員の皆様は、この法廷において、テレビ画面に映し出されるこれらを聞き、そして見ることになるのです。

しかし、それぞれの被告人が語った話の中には、真実を含む言葉がひとつも存在しないと検察官が主張していることを、最初に私に明らかにさせて下さい。」(カウンティ・コートの公判記録の44頁。添付書類2に添付)

オーストラリアは通訳の監視をしなかった

22. オーストラリアは、その義務として、通訳人の能力を監視する効果的な制度を提供せず、それ故、通報者の優れた通訳をつける権利を確保しなかったので、公判前の捜査、[第一審の]裁判及び控訴を通じて、規約に基づくオーストラリアの義務の違反となる程に通訳が非常に不十分であったことを知る立場にいた者は誰も居なかった。通報者と弁護人が知っていたら、[第一審の]裁判と控訴を通じて、通報者と弁護人が実際に行なったよりも大きくこの問題を取り上げたであろうことが確実である。しかしながら、通報者と弁護人には知ることが不可能であったので、[第一審の]裁判と控訴を通じてこの問題を提起することは不可能であった。法は不可能を要求せず(lex non cogit ad impossibilia)である。

23. オーストラリアは、通報者が救済措置は効果的ではないと単に「主観的に信じていた」と主張し、このことにより、通報者は[第一審の]裁判と控訴において通訳の欠陥の問題を十分に提起することを妨げられたとしている。オーストラリアは、通報者の状況を、R.T.対フランス(通報番号262/87)とカアバー対アイスランド(通報番号674/95)と同一視しようとしているが、この両事件で通報者は救済措置を「知っていた」が、これを利用しないとの決定を意図して行なった。しかし、本件通報者の事件は、通訳の欠陥が特徴的な問題であるので、この2件の事件とは大きく異なる。

客観的に判断して救済措置が効果的ではないこと

24. 通報者は問題をさらに提起することを検討したことはなかったのであり、通報者が効果的ではないだろうと主観的に判断したために、そうしない決定を単に行なったのである。ここで通報者が置かれた状況は非常に特殊で、故に通報者が「主観的に信じていた」ことを持ち出すことには何の意味もない。通報者が主張しているのは、オーストラリアが適切な通訳人の制度（ここには、通訳人の能力を効果的に監視することを必然的に含まれるであろう）を用意していないという極めて客観的な理由から、本件において問題の深刻さを見抜くことが不可能であったということである。これを見抜くことは、通訳人の適切さの問題を提起するための必要な条件であり、オーストラリア政府が［制度を用意］しなかったことにより、この条件が存在しなかったことから、オーストラリアが示す救済措置は客観的に効果的なものではなかった。救済措置が客観的に存在しなかったとさえ言うことができよう。

25. マジストレート・コートでのコミッタル・ヒアリング（本文書に添付書類３として添付した、マジストレート・コートの反訳、52頁を参照）におけるトニー・カン・キットン氏に対する反対尋問において、通訳に関する懸念が示されたことは真実である。キットン氏は旅行代理店のガイドで、メルボルン空港で通訳人として用いられた者である。反対尋問では、キットン氏が和英の通訳人として完全にその資質を欠いていることに懸念が示された。反対尋問が進むと（276頁、添付資料４として添付)、キットン氏は勝野良男の取調べの翻訳業務は「自身にとっては余りにも難しすぎた」ことを認めた。かかる点を承認するかどうかに対する弁護人の回答は、単に「(キットン氏を通訳人として用いたという）エピソードに関連して曖昧さが存在することと、私の懸念すべきことは裁判官が理解しているのかということだ」ということである。

26. 本文書の223頁（添付文書５として添付）には、連邦警察のバセット捜査官への反対尋問において、通報者の1人である浅見氏が何を尋ねられているのか理解できていない時があったことがバセットにはしばしば明らかであったことと、これは「通訳の困難さから生じた」ことをバセットが認めているとある。

27. オーストラリア政府は、弁護人が通訳の問題に気づいており、それを問題提起しなかったと主張する。真実はむしろ、弁護人が問題提起したのではなく、さらに問題提起しなかったことが、弁護人は通訳の不十分さの程度に気づいていなかったことの証拠となっていることである。

勝野良男は他の通報者と同様に、控訴理由として通訳の問題を提起していない

28. オーストラリア（AS、第65パラグラフ）は、控訴において勝野良男が通訳の問題を提起したため、弁護人が上訴においてこの問題を提起することが可能であると「注意喚起されていたはず」であるとの主張をしようとしている。オーストラリアは、勝野良男が不十分な通訳の問題を見抜き、それを控訴で提起できていたら、他の4名の通報者は同じことができていたはずだといったことを示そうとしているようだ。実際は、勝野良男は、他の通報者と同じく、控訴理由として不十分な通訳の問題を正式に提起していなかった。

29. この事実は、ビクトリア州最高裁判所上訴部の1995年控訴審判決、女王対フォン・ファット・スーほか事件、1995 VIC LEXIS 1227から明らかである。129頁（添付文書6として添付）で、裁判官は、AFPのオベール捜査官の取調べにおいて、勝野良男に対してなされた黙秘権について注意喚起の通訳の正確性に対してコメントをしている。ここでの通訳の正確性に関する裁判官の発言は、勝野良男の控訴の理由、即ちオベールの取調べは、強圧的であり、[かかる取調べに基づく証拠には] 自発的ではない自白が含まれていることから、公判において証拠から除外されるべきであるとの控訴理由

に関連したものである。良男が控訴において通訳の問題を提起したことを示すものは何もないのであり、裁判所のコメントは、通訳の正確性は勝野良男や他の通報者から控訴において正式に提起されていないことを示すのである。

30. 裁判官の通訳の正確性に関する発言は、オベールの取調べは、そこでなされた良男の自白の自発性に疑問があるため、証拠としては除外するべきであるとの良男の控訴審での主張を検討するためになされたものである。裁判所は次のように述べている。「日本語で良男に対して話されたことは、適切に英語に翻訳されたということに同意する。…既に述べてきたように、これは、公正な翻訳であることを示しているということに同意する。…取調べでのこの回答と他の多くの質問と回答において、話されたことの微妙な差異は翻訳において消えている。実際、取調べの内のこの特定の部分が形式張った英語の翻訳となっているのは、日本語で話されたことが、英語で書かれたものとなるまでの旅路において多くの微妙な差異が消えていったことの証左であろう。しかしながら、本控訴のために、我々は検察側と弁護側の双方が認めた翻訳が正確であるということに基づいて進めなければならない。」以上より、良男が控訴において通訳の問題を提起し、それ故他の通報者は提起するよう注意を促されたはずで、同じように提起したというオーストラリアの主張は、事実に基づいたものではないと結論付けられる。

31. 通報者が［第一審の］裁判と控訴審において通訳の不正確さを正式に提起しなかった事実は、オーストラリアが通報者に問題の程度に気づけるような制度を提供していなかったことが原因である。オーストラリアの主張とは逆に、［第一審の］裁判と控訴審で通訳の問題を提起する救済措置は、まさに実用的な意味で、通報者にとっては利用可能なものではなかった。かかる救済措置を尽くす義務は存在しない。

連邦オンブズマンへの苦情申立て

32. 人権委員会は、連邦オンブズマンへの苦情申立て（又は他の同様の機関）［に対する決定］は、「かかる機関が通報者の主張に有利な決定をしたとしても、拘束力はなく、勧告的な効果しか有さず、行政府はその裁量で、これを自由に無視することができる。そうしたものとして、これらの救済措置は、選択議定書の観点からは効果的であろうものと説明することはできない」との意見を述べた。C対オーストラリア事件（通報番号900/1999）を参照。オーストラリアは、「通報者は、救済の合理的な可能性をもたらす、司法と政府が提供する全ての可能性を用いなければならない」という旨でマンフレッド・ノバックを引用する（Nowak p.704）。しかしながら、この点に続けてノバックは、「効果的ではないと考えられる又は事案の状況を勘案して成功の見込みのない他の法的な救済措置と同様に、例えば、オンブズマンへの申立てを用いる必要はない」と述べている。それ故、この点も考慮すると、通報者は全ての国内的な救済措置を尽くしており、通報者の通報は許容性がある。

まとめ

33. 通報者は、Joseph p. 113で引用された、「選択議定書に基づいて通報を提出した通報者は、国内の法廷でICCPRの問題を提起することのみ要請される。通報者は国内法廷においてかかる問題をしかるべく検討しておくことは要請されない。」（ヘンリー対ジャマイカ事件（通報番号230/87）の第7.2パラグラフとリトル対ジャマイカ事件（通報番号283/88））との人権委員会の先例を想起する。通報者は、関係するオーストラリアの法廷において翻訳と通訳の問題をまさに提起したと主張する。かかる問題がしかるべく検討されていないことで、本件のような事件における許容性が妨げられてはならない。

34. オーストラリアは、通報者が一連の裁判において、生じている事柄が理解できないと裁判所又は弁護人に語ることは自由であったと主張する(AS, 第67パラグラフ)。しかしこの主張の論法は次のようなものである。非常に複雑で馴染みのない手続きにおいて、十分な通訳の制度がない中、十分な通訳を受ける権利を主張する責任を、最も装備の少ない当事者である通報者に負わすというものである。通報者は、文化的にも言語的にも多くの点で理解できない外国の環境にあったにも関わらずである。「通報者にはいかなる時も、一連の裁判において生じている事柄が理解できないことを裁判所又は弁護人に表明する自由があった」というように主張することは、文化的かつ言語上の障害の全てを無視するものである。かかる障害とは、不十分な通訳と翻訳、馴染みのない法制度、効果的に自身の弁護人と意思疎通ができないこと及びオーストラリア連邦警察の捜査官と効果的に意思疎通ができないことで、これらによって通報者は理解できないと表明することを妨げられたのであった。規約の公正な裁判に関する最低限保障を、現実の文脈を無視して、抽象的に解釈してはならない。ヨーロッパ人権裁判所のアルティコ対イタリア事件判決（申立番号6694/74）[1980] ECHR 4 (13 May 1980)を引き合いに出す価値はある。

> 裁判所は、[ヨーロッパ人権] 条約が理論的または架空の権利ではなく、実践的かつ効果的な権利を保障しようとしていることを想起する。このことは、公正な裁判を受ける権利が民主的社会において卓越した地位を有することを考えると、この権利から派生した防御に関する諸権利に当てはまる。

35. 自由権規約委員会のペレラ対オーストラリア事件（通報番号541/193）の見解は、本件において適用されるべきではない。ペレラ事件では、不十分な通訳の問題を、「裁判所が、裁判において上訴においても、注意を決して払っていなかった。」本件では、オーストラリアが通訳に関する十分な制度を最小限に提供していないことによって生じた相当な困難さにも関わらず、問題が、オーストラリアの裁判所において、十分ではなかったが採り上げられた。

36. 加えて、通報者は、ペレラ事件での事実の状況が通報者の事件のそれと大きく異なることを強調したい。ペレラ事件では、通報者が「スリランカ生まれで、現在オーストラリアのクイーンズランド州カンガルーポイント在住の、帰化したオーストラリア市民」である。更に、この通報者は全ての公判を通訳人なしで行なっており、このことは、この者がネイティヴ・スピーカーほど上手くないとしても、英語にかなり堪能であることを意味している。ペレラは、裁判所での手続を通して通訳人が付される権利について知っていなかったと主張するが、もし彼が法廷で進行していることを理解することに困難を本当に覚えていたのであれば、自身の弁護人に助けを求めることは非常に簡単にできたはずである。明らかに、ペレラは英語でこのことを弁護人に伝える能力を有していた。しかしながら、ペレラは国内裁判所で問題を提起せず、突然人権委員会に対して提起した。こうした自由権規約委員会への行為は、［通報の］濫用と言っても過言ではない。

37. 対照的に、通報者は誰一人英語を理解しなかった。通報者の弁護人は日本語を理解しなかった。通報者も弁護人も、通訳人が正確に通訳しているかどうかについて判断する言語能力を持たなかった。もし誰かが、通訳又は翻訳に何らかの問題があるのではと気づいたとしても、人々を深刻に誤解させてしまう深刻な間違いであるとは認識されなかったであろう。そうでなければ、断固とした提起が確実になされていたであろう。問題が可視的なものであれば、弁護人が問題を提起しない理由は、その如何を問わず、全くなかった。

38. 上述したように、通訳の質を確保し問題を見抜く適切な制度は存在しなかった。もし通訳の問題を見抜く制度的保障がなければ、この問題は発見されないので、救済手段は一切ない。通報者は国内的な救済措置が効果的ではなく架空のものであると強調してきているのだが、通報者が直面した状況を国内的な救済措置を欠いたものと説明することは過言ではないだろう。

39. 事実、通訳と翻訳の不正確性に関して、オーストラリアにおいて尽くすべき国内的な救済措置は存在しなかった。

40. 通報者は、自身等置かれていた状況下で、利用可能な救済措置を追求する相当の注意義務を払ったと主張する（A.P.A.対スペイン事件（通報番号433/90））。オーストラリア連邦警察、検察局及び裁判官が、規約に基づく権利の保障を確保する際に、外国語の適切な通訳が最も重要であるとの十分な教育を受けておらず、この重要性への理解を欠いていたことを考えると、通報者は［第一審の］裁判と控訴審において通訳の問題を提起する合理的な努力を行なった（J.R.T.及びW.G.党対カナダ事件（通報番号104/81））を参照）。

41. 通報者は困難な状況に直面したが、それにもかかわらず、通訳の問題を提起する誠実な試みを行なった。ムパンダンジァほか対ザイール事件（通報番号138/83）の状況と同じく、ここでは通報者とその弁護人は、通訳の正確性の問題を提起する試みを、不成功に終わったが、誠実に行なった。

立証をしていないこと：事物管轄による許容性の欠缺

42. オーストラリア政府は、通報者の主張が立証されたものではなく、規約の射程外のものであるとの見解であるが、これは、本案に関する我々の議論で明らかにするように、なんの価値もないものである。

本案

公判前に行なわれた捜査を通じて、適切な通訳業務が提供されなかったこと
―公正な公開審理を受ける権利（第14条第１項）と
無料で通訳の援助を受ける権利（第14条第３項（f））の侵害

通報者の主張

43. 自由権規約委員会に提出した青色の表紙の報告書に掲載した文書と中根報告書で示された通り、通報者に対して公判前の捜査を通じてなされた、オーストラリアが提供した不十分な技術しかない通訳人の間違い、[通訳の]省略及び他の不適切かつ職業倫理に反する行動によって、通報者と警察の捜査官との間での意思疎通ができないことが頻発し、ひいては、通報者は不誠実で、首尾一貫せず、信用性に欠くとの間違った認識を生み出した（「追加情報」、青色の表紙の本、(31) 頁)。取調べの録音が後に通報者の裁判において陪審員に対して証拠として再生され、この誤った非常に偏見に満ちた認識が陪審員に対して伝えられた。欠陥のある翻訳がなされ、後にこれから導かれた誤った証拠が裁判で（特に刑事手続においては通報者の信用性が中心的な問題であった）使用されたために、公正な審理が不可能となり、故に第14条第1項に基づく裁判所の前の平等の権利と公正な審理に対する通報者の権利が侵害された。通報者はまた、AFP捜査官の証言に基づいて、捜査官が通訳と翻訳の問題に不注意であった—そしておそらく真剣に考えてさえいなかったと主張する。通報者は、かかる態度はオーストラリアが捜査官を適切に教育していないことによると主張する。

オーストラリア政府の答弁

44. オーストラリアは、ヨーロッパ人権裁判所の1989年の決定であるカマシンスキー対オーストリア事件（カマシンスキー事件）を、ヨーロッパ人権裁判所が、「捜査段階で提供された通訳の水準が、カマシンスキー氏の公正な裁判を受ける権利や自己を防御する能力を損ねたと判断しようとはしていない。ECHRは、カマシンスキー氏が自身になされた質問を理解し、その応答において自己の考えを理解させることができていたことが明らかであったことを考慮すると、尋問の度に通訳人が出席したことは適切であったと判示した」という考えに基づいて引用する（AS、第99パラグラフ)。オーストラリアは更に、「…通報者には捜査の全ての段階において通訳人の提供を通じて公正な裁判を受ける権利が同様に与えられていた」と述べる（AS、第99及び第100パラグラフ）。オーストラリアは、「AFPと通報者との間で行なわれた全ての取調べにおいて、有能な通訳人が出席したとの報告を受けている」ことに留意する。

45. オーストラリアはまた、次のような主張をする。
・多数の「独立した通訳人」が、公判前の取調記録の反訳を修正するために用いられた（AS、第102パラグラフ）
・裁判官は、陪審員に対して翻訳が完全なものではないことを告げた（AS、第104パラグラフ）
・弁護人は、記録された取調の反訳を証拠として採用することに反対しなかった（第105パラグラフ）
・取調の反訳は修正された（第102パラグラフ）

通報者の反論

カマシンスキー事件：オーストラリアの「AFPと通報者との間で行なわれた全ての取調べにおいて、有能な通訳人が出席したとの報告を受けている」との主張

46. 通報者に提供された公判前の通訳の正確性に関して、オーストラリアは単に、ヨーロッパ人権裁判所判決の第77パラグラフにおける同裁判所の結論部分を言い換えているに過ぎない。同裁判所は実際に、「通訳人は全ての場面において出席していた。カマシンスキー氏が自身になされた質問を理解できず、その応答において自己の考えを理解させることができなかったということは明らかではない」と述べている。第一に、同裁判所はこの結論を補強する事実を何ら提示していない。第二に、そしてより重要なことだが、同裁判所は通訳の正確性を評価するための２つの条件を提示している。それは、単に通訳人が出席するということだけではなく、被告が自身になされた質問を理解できず、又その応答において自己の考えを理解させることがで

きないという兆候がないことである。カマシンスキー事件と著しい違いが見られるのは、通報者が自身になされた質問を理解できず、かつ、その応答において自己の考えを理解させることができなかったという兆候が多く存在する点においてである。この主張の補強証拠は、通報者の発言と、スティーヴン・ヤング氏とクリス・プール氏の発言の中に見ることができる（『青本』、47、52、54頁）。通報者は自由権規約委員会に対して、追加報告書で分析されているように、通報者の取調の反訳でのこの点に関する多くの証拠を提出してきた。その上、この点に関しては、AFPのバセット捜査官の反対尋問の反訳から直接導き出される、同捜査官のメルボルンマジストレート・コートでの公判付帯手続での証言が明確である（『青本』、(68)、(69) 頁)。バセット捜査官は、通報者の１人である浅見氏に対する６月19日の取調べについて、弁護人から次のように尋ねられている。「一般的に６月19日付のその取調を取り扱うにあたって、浅見氏が、彼に何が提示されたのか理解していなかったと、あなたにとって明らかだったに違いない場面がいくつかあったと、これにあなたは同意しますか？」バセット捜査官は、これに「時々、はい」と回答している。

47. 同じくマジストレート・コートでの反訳において（添付７として添付した文書の276頁)、トニー・カン・キットン氏の証言がある。同氏は、オーストラリア旅行のまとめ役で、通報者のグループのガイド兼通訳人の役割であった。キットン氏は、通訳人としての職業上の資格を有していなかった。スティーヴン・ヤング氏の「マジストレート・コートについての考察」(『メルボルン事件個人通報』に再掲、『青本』、(61) 頁）によると、キットン氏は、通報者がメルボルン空港に到着した日の勝野正治に対するAFPの取調べにおいて、通訳人の役割を果たすよう要請された。これは、締約国が提出した情報の中にある「…有能な（competent）通訳人がAFPと通報者との間での取調べの全てにおいて出席していた」との主張には疑問が呈されるであろう。

　次に示すものは、メルボルンマジストレート・コートでのコミッタル・ヒアリングで行なわれた、キットン氏に対する取調べの反訳から取り出したものである。

質問：「カンさん、時々、あなたと勝野氏との話し合いが英語に翻訳されていないようにおもわれますが？」

回答：「実際のところ、私はなんとか、翻訳をしようとしましたが、私の日本語［能力］は限定的なものですので…そして、私が警察に対して翻訳した内容は、私が理解し、説明できたことに過ぎないと思います。」

質問：「あなたは翻訳をしようとしたが、時々、それはあなたの能力を超えていたと、あなたは言いたい訳ですね？」

回答：「もう一度お願いできますか？」

質問：「あなたは正確に翻訳しようとしたのですね？」

回答：「その通りです。」

質問：「でも、時々、仕事はあなたにとって難しすぎたのですね？」

回答：「はい、その通りです。」

48. カマシンスキー事件と公判前の通報者の状況との大きな違いは、カマシンスキー氏が、裁判所が指定した弁護人を付されており、この弁護人はまた英語の通訳人としての職業上の資格を有していたことであった。通報者は、このような者を付されていたら、直接その弁護人と連絡することが可能であっただけでなく、欠陥のあった通訳の問題が弁護人には明快に可視的なものとして現れかつ適切にこれに対応することもできたであろう。弁護人の交代は、カマシンスキー氏が何度か取調べを受けた後の場面で行なわれた。しかし、カマシンスキー氏の新しい弁護人（登録されている通訳人でもある）が双方の言語で生じていたことを直接監視することができたので、この者が通訳の正確性に関するいかなる問題に対しても理解することができたであろうと考えることは合理的である。これが、通訳と翻訳の質を確認するために必要不可欠なやり方である。

49. カマシンスキー事件の事実は次の通りである。セオドア・カマシンスキーは、米国市民であり、1979年にオーストリアに入国し、その翌年に詐欺と横領の嫌疑で逮捕された。彼はインスブルック地方裁判所の拘置所

(prison) に移送され、その日に警察官から取調を受けたが、警察官は英語の能力に限界のある、公判を待つ被疑者（未決囚、prisoner awaiting trial）を通訳人として用いた。捜査判事によって２度行なわれた公判前の取調べにおいては、通訳は登録された通訳人によって行なわれた。カマシンスキーは法律扶助によって任命された弁護人が英語で十分に意見を交わすことができず、弁護人自身が解任されることを望んだため、裁判所に対してこの者の解任を申立てた。別の弁護人（登録された英語の通訳でもある）が、カマシンスキーの弁護人として法律扶助に基づいてしかるべく任命された。カマシンスキーが弁護人を代えるよう申立ててから、新しい弁護人がカマシンスキーに会うまでの間、さらに２度の公判前の取調べがなされ、その両方の取調べにおいて、登録された通訳人が業務に当たった。４回に及ぶ、捜査判事によって全て行なわれた公判前の捜査において、カマシンスキーは判事の質問に応答し、判事は重要と考えた応答の要約を書面で記録に残した。少なくとも２回は、カマシンスキーは記録された書面への書名を拒み、その理由として書面は英語で書かれておらず自身が理解することができないことを挙げた。

50. カマシンスキー事件と通報者の事件において根本的に異なる他の点は、捜査の性質に関するものである。捜査の多くの部分が判事、つまり公平な司法職員によって行なわれた。一方、通報者の取調べは、連邦警察官によって行なわれた。これらの者の任務は告発することにあり、有罪か無罪かに関して公平な取調べをするものではない。カマシンスキー氏に対する捜査環境もまた非常に異なるものである。つまり、公開の法廷か取調室かということである。そして、カマシンスキー氏の新しい代理人を付すようにとの要求は比較的短期間で保証されたが、通報者のカウンティ・コートの公判での主任通訳人のグッドマン氏を有能かつ信頼性のある通訳人に代えるようにとの要求は、完全に無視されたようである。

51. カマシンスキー氏は、自身の権利を完全に理解しているアメリカ人であったので、自己を防御する権利を完全に行使した。逮捕されてすぐに、彼はいち早く、弁護人との意思疎通の問題を指摘し、裁判所に対してより英語に堪能な弁護人を任命するよう申立てた。ヨーロッパ人権裁判所の決定のカマシンスキーの2人目の通訳人でもあり弁護人でもある者との文書でのやりとりに関する記述は、カマシンスキーが絶えず弁護人にプレッシャーをかけ、しばしば積極的に裁判官の行動に関する質問を、書簡を通じて直接裁判官に又は弁護人をとおしておこなっていたことに触れている。換言すると、カマシンスキーは積極的に自身の防御を考え出し、実施することに関わり、彼の弁護人との連絡には少しの問題も生じていなかった。ヨーロッパ人権裁判所は判決の中で、カマシンスキーは、公判前の警察の取調べと判事の捜査において、自身になされた質問を理解することができなかった、又はその応答において自己の考えを理解させることができなかった、ようではないと述べた。

52. このことと鋭く比較されるべきは、公判前の取調べに関わったほとんどの通訳人の活動が、管理されておらず、監視されておらず、欠陥のあるものであったことであり、これらの通訳人は、通報者の発言を誤訳かつ省略したばかりか、捜査官の質問の翻訳をせず、捜査官に対して日本語の用語の意味と用法において間違った説明を行い、捜査官に対して通報者が実際に質問に答えていないのに答えたと語った。様々な通訳人の欠陥についてのリストは、「追加情報」、『青本』(25) 頁と (28) — (29) 頁を、概括的には「追加報告書」、『青本』(71) — (130) 頁を参照のこと。こうしたことによって、通報者は、捜査官と適切に意思疎通をとることができなくなり、自身等の発言が適切に英語に翻訳され記録されているのであれば、どのような発言が適切に英語に翻訳され記録されているのかを判断することができない状況に置かれた。かかる状況によって、通報者の防御する権利は深刻に損なわれることになった。もし通報者が、カマシンスキー氏が提供を受けたもの、即ち被告と法廷の言語の両方を話すことができる弁護人の提供を受けていたら、結果は通報者にとって大きく異なるものになったであろうし、そうならなかったとしても、少なくとも通報者には公正な裁判を受ける権利が与えられたであろう。通報者は、カマシンスキー事件のような状況、つまりカマシンスキー氏が自身になされた質問を理解し、力強く自己の考えをもって応答することができた状況に全く置かれていなかった。また、１人の被告人が関係するカマシンスキー事件は、多数の被告が関係する通報者の事件と比べて、全く複雑ではない事件であった。その上、１人の法廷通訳人から通報者の全てになされる一方向のみで連絡が行なわれた通報者の事件とは異なり、カマシンスキー事件では、カマシンスキー氏と裁判官との連絡に加えて、同氏と弁護人との連絡もほとんど絶えず双方向なものであった。

53. 第44パラグラフで述べたとおり、通報者と弁護人は法廷に対して、グッドマン氏を通訳人とはしたくない旨を述べたようであるが、これは無視された。クリス・プール氏が、添付した供述書において、裁判において、同氏が通報者の法廷通訳への批判を次のように伝えたとしている。即ち、「私は、かつてこの情報と彼女（注釈：ミサ・グッドマン、カウンティ・コートの公判での主たる通訳人）をもう本件で用いないようにとの通報者の要請を、(勝野）正治の法廷弁護士であるフィル・スレード氏に伝えたことをはっきりと覚えています。そして私はスレード氏が裁判所にこの要求を伝えたと理解しました。しかし、私たち［通訳人］はDPPに雇われているので、この問題は彼の所管外であったようで、通訳人の変更は行なわれなかった。」と。カマシンスキー事件と対比しても、大きな違いは見出せないだろう。オーストラリア政府は、通訳人の不適切さについて、そのように通報者から指摘がなされた際に、気づいた又は気づくべきであったにも関わらず、なんらの調査もせず、通訳人に関する批判に対してなんらの対応すらしないまま審理を行なったため、通報者の通訳人が付される権利を保護しなかった。

54. 中根報告書は、通報者本多千香の取調においてなされた通訳人の活動に対する専門家による緻密な分析がなされているもので、通報者が「公判前の段階での通訳の問題に関する追加報告書」(『青本』、(71）頁以下）で提示した多くの不適切かつプロとは言えない例と共に取り上げられるべきものである。本報告書は、公判前の捜査が深刻な間違いで満ちており、通訳人の能力が本多氏の公正な裁判を受ける権利を実際にかつ効果的に保障するためには適切ではなかったということを示す証拠についての重要な論説となっている。通報者は、規約が理論上の又は架空の権利を保障するものではなく、実際的で効果的なものを保障していることを想起する。よって、オーストラリアが現実において通報者の権利を保障し得ない通訳を提供した場合、通報者は救済を受ける権利を有する。

55. オーストラリアの通報者が示した通訳の欠陥の証拠に対する反応は、通報者が提示した証拠に反対するだけではなく、単にオーストラリアは「…AFPと通報者との間で行なわれた全ての取調べにおいて、資格を有する通訳人が出席したとの報告を受けている」と尊大な主張すらしている（AS、第100パラグラフ）。

書面の反訳に対する「修正」が間違っており、かつこれが翻訳者の職業上の水準が低いことを示していること

56. オーストラリア政府は、尋問記録の書面の反訳は、「独立した有能な通訳人」（AS、第102パラグラフ［原文ママ、103パラグラフ］）によって修正されたと述べるが、クリス・プールの見解では、確認と修正を行なった者の専門的技術と能力に疑問が投げかけられている。プールは、２名の通訳人によってなされた修正は、それぞれが反訳の半分ずつを担当するもので、［２人が］チームとして行なったものではないと指摘する（クリス・プールの書簡、第５パラグラフ、『青本』（55）頁）。プールはまた、表面上修正された取調べの記録が裁判において究極的な証拠として用いられたものであった」ことを指摘している。修正されたものにはまだ、多くの間違いがある。「その上、修正が十分なものかどうかを決定するための２回目の文書の検討が行なわれていないので、通報者は修正の正確性を確認する機会が与えられていない（ヤングの書簡、「カウンティ・コートの公判に対する考察」、『青本』47、49及び50頁）。」プールは、通訳人の責任は重要であるが、通報者の事件においてそれは存在しないとの重要な指摘を行なっている。「私は、第三者の確認作業なしに翻訳を信頼できるものとして提出することは、あっては

ならないと信じている。」（クリス・プールの書簡、第７パラグラフ、『青本』、(55) 頁）

57. 反訳のいくつかの部分がまさに翻訳されていないとのプールの指摘に対して、オーストラリア（AS、第103パラグラフ）は、彼の言葉を、文脈を無視して用い、翻訳されていない箇所は主に「単に躊躇した発言であり、言葉に詰まったもの」（クリス・プールの書簡、第７パラグラフ、『青本』55頁）であると彼の意見を引用し、いかなる省略された箇所も反訳において重要な箇所ではないということを主張しようとしている。しかし、プールの指摘はそういったものではない。つまり、翻訳されていない箇所は重要なものではないというものではなく、通訳人が口ごもった発言さえも含めた全てを翻訳していなければ、通訳は正確なもの、又は職業としてなされたものではないというものである。それ故、省略がなされたことは、翻訳人の確認と修正を行なった者がプロのレベルに満たない又はプロのレベルではなかったことの証拠となった。文章から、どんな話された言葉や書かれた言葉をも省略すること、又非言語シグナルさえも省略することは、通訳人・翻訳人の倫理に明らかに違反するものである。「補充報告書」（『青本』(29) 頁）にあるオーストラリア通訳人・翻訳人協会（AUSIT）の実務指針を参照せよ。そこに実務指針、つまりAUSITの倫理規範に対する注釈が述べられている。オーストラリアは、プールの見解を、文脈を無視して引用したが、引用されたまさに次の文章において、彼が「しかし、ある者の証拠として何が重要で、何が重要でないかを決定することは翻訳人の仕事でないことは明らかである」との記述には言及していない。

58. プール（プールの書簡、第５パラグラフ、『青本』(55) 頁）は、文法上の間違いが修正された反訳に残っていると述べている。オーストラリアは、陪審員が「英語の反訳の文章が通報者の会話を性格に反映していないことに気づいていたであろう」と主張し、それ故、「英語文章における文法上の誤りは、通報者が主張するような方法で陪審員に影響を与えていないはずである」と主張する（AS、第104パラグラフ）。

オーストラリアのここでの誤った、証拠のない推定は、翻訳された反訳の間違いが基本的に僅かであるというものである。尋問の記録を検討し分析することなし、どのようにオーストラリアがこのような結論に至ったのかは不明確である。通報者はそのようにし、委員会に対して次の通り、分析を提出した。

（1）「補充報告書」『青本』（25）頁以下

（2）「公判前の段階における通訳の問題に関する追加報告書」『青本』（71）頁以下、及び

（3）添付した「中根報告書」。

反訳の修正部分において英語の文法上の誤りが残っているとのプールの指摘は、「確認と修正を行なった者は英語を修正することに適していなかった」（プールの書簡、第5パラグラフ、『青本』、（55）頁）というものである。

59. 関連する抜粋（カウンティ・コートの公判記録340―343頁、添付文書8として添付）から、翻訳における誤りに関するカウンティ・コートでの議論は、いたって当然のことだが、英語を話す者にとって認識できる間違いのみに焦点が当てられていたということが分かる。つまり、議論された誤りは、英語を話す者が、音声記録を書面の英語の反訳と比較しつつ、音声記録を聞いたことによって見つけられることができた誤りである。これらの間違いがほとんど微小なものであり、それで、（被告は間違いがどれだけ多くあり、どの程度深刻なものか判断するのに適任ではなかったので、）一般的に、存在するいかなる誤りも深刻なものでなく又数多いものではないという暗黙の了解があった。マジストレート・コートで反訳が正確なものとして取り扱われたということは、オーストラリアが翻訳と通訳の不適切さを頑固にかつ間違って最小化しようとする多くの例の一つにしか過ぎない。

60. 陪審員が、翻訳された反訳は通報者が話したことを正確に反映するものではないと裁判官から説示を受けていたとしても、これは、翻訳されたものと翻訳の対象となったものとには微妙な違いがあるという自明の理が陪審員に対して伝えられたに過ぎなかった。翻訳には多くの不正確な点があっ

て、それはおそらく取調べをする者と通報者との間の意思疎通を危うくするレベルであるという事実の注意喚起と、この点を考慮に入れるようにとの注意喚起は、陪審員に対して行なわれなかったであろう。それどころか、陪審員に対しては、事実に基づく根拠なしに、あらゆる問題は僅少なものであると説示された。裁判官が、陪審員による審理が行われていない時に語った実際の発言は、反訳はほとんど完璧であることを強く示唆するものである。「私は、陪審員が全ての翻訳が完全なものではないと理解していると考える。そして陪審員は聞いたことに全く驚かないであろう…」(カウンティ・コートの公判記録の謄本、971頁、写しは添付資料9として添付)。

61. オーストラリアは、弁護人が反訳の証拠採用に反対しなかった(AS、第105パラグラフ)と主張する。しかし、記録された尋問の通訳に関わる問題と後に作成された翻訳された反訳の問題を弁護人が見抜くことができなかったのは、オーストラリアの第1に適切な通訳と翻訳を確保しなかったことと、第2に問題を発見するための質を管理する適切な制度をしかるべく用意していなかったことに帰すべきである。『青本』の(37)頁と(38)頁で通報者が指摘しているように、先住民の問題が背景となって、通訳の正確性が非常に重要な問題であることをオーストラリアは経験してきたことを考えると、同国は、深刻な問題が存在することに気づくべき立場にあって、規約に基づく通報者の権利を確保するための効果的な解決策をとるべきであった。しかし、同国はそうしなかった。

はじめから間違った通訳に基づいていた反訳の「修正」が不可能であること

62. この文脈での根本的な問題は、反訳が修正されたと言われているものの(AS、第102パラグラフ)、もし通訳人が捜査官の質問の翻訳を間違っていたら、通報者は自身等に向けられた誤って翻訳された質問に回答しているので、通報者の回答も間違ったものである。故に、「時計の針を元に戻す」または「目玉焼きを卵に戻す」ことは不可能で、最初に質問が正確に訳されていれば、質問を受けた者が回答したであろうことが分かるだろう(o find

what the person being interrogated would replied)。汚れは修復不可能である。

63．これらの事実に照らすと、通報者の刑事手続において、取調べの記録の修正のためにとられた手段は実際には、通報者の公正な裁判を受ける権利に仮に貢献するとしてもほとんど貢献するものではなく、オーストラリア政府を市民的及び政治的権利に仮に貢献するとしても関する国際規約に基づく義務から免除するような手段とみなすことはできない。

裁判における通訳人の不十分さ
—第14条第１項及び第14条第３項（f）

通報者の主張

64．［第一審の］裁判の間、通報者は、不十分かつ専門的でない通訳の提供を受け、３名の通訳人が関わった通訳の過程は管理されたものではなかった。ミサ・グッドマン氏が主たる通訳人で、クリス・プール氏とケイ・リード氏は、グッドマン氏と下請契約をした（subcontract）２名の通訳人であったが、週に２、３回はグッドマン氏の代理を行なった。その理由は、「単に、グッドマン氏が毎日働きたくなかったことと、休日にはゴルフやテニスをしていたから」（クリス・プールの書簡、『青本』(56) 頁）というものであった。プールは、公判又は公判前の取調べのどちらを通しても、通訳人に対して包括的な管理がなされておらず、「当初の取調べの際に引き起こされた多くの誤りのうち、１つは、管理の欠落に関係するものであった。短期間に、多くの人々の手により、オーストラリア法制度に固有の、きわめて多数の用語と概念が、当該制度についてほとんど知識を持たない人々によって翻訳されていたのである。」と報告する（プールの書簡、第4パラグラフ、『青本』(54) 頁)。プールは、３名の法廷通訳人（主たる通訳人と、プールを含む２名の補充の通訳人（substitutes））はまったく監督されておらず、２名の補充の通訳人は、公判が始まって数週間経過するまで、お互いの業務内容について知ってさえいなかった。（プールの書簡、第８パラグラフ、『青本』（56）頁）。明らかに、通訳の継続性と一貫性を維持するために、なんらかの調整が必要であった。こうした調整は行なわれず、日本人は、名称や物事の呼び方が通訳人が変わるごとに変化したので当惑した（プールの書簡、第８パラグラフ、『青本』（56）頁）。このように管理が欠如し（つまり、法学用語に対する一貫性のない翻訳とそれ故に混乱させるような翻訳がなされた）、通報者に対してその諸権利に対する注意喚起と告知に一貫性がなかったため、通報者の第14条第１項及び第14条第３項（e）に基づく権利が侵害された。

65. 全ての審理において、同時通訳は通訳人から通報者への一方方向のみで行なわれ、通報者はヘッドフォンを通して通訳人の話すことを聞いていた。クリス・プールが報告するように、主たる通訳人はしばしば、全てを翻訳するというよりも、自身が重要であると感じたことを要約することがあり、それ故通報者は、何が起きているのか、又はどのように応答すればよいのかについて理解することがほとんどできなかった。従って、通報者は自らの防御に参加することから事実上排除されたのである。

66. 最も良い通訳実務は、通報者の裁判で用いられたものではない。ラスターとテイラーが、『通訳人と法制度』（シドニー：連邦出版（The Federation Press）、1994）の216頁において次のように述べている。「刑事の問題で多くの被告がいる場合、もっとも良い実務は、依頼人それぞれとその法律顧問との連絡が秘密裏に行なわれることを確保するため、１人の通訳人が閉鎖循環式で全ての被告に公判手続きを翻訳し、追加の通訳人がそれぞれの被告に提供されることである。」通報者の事件では、通報者が代理人と連絡をとるための通訳人がいなかったので、通報者は公判を通じて代理人と協議することができなかった。このことは重大な欠陥であって、これら英語を話さない被告が英語を話す被告と平等な立場に立つことを妨げるものであった。通報者の裁判所の前の平等に対する権利はこのように深刻な侵害を受けた。

67. 通報者とその弁護人との開廷前と閉廷後の打ち合わせに通訳人が頻繁にいなかったため、かかる打合せを行なうことは、言語の壁のために非常に難しいものとなった。特にプールが以下で指摘するように、主たる通訳人であるグッドマン氏は、法廷が閉会になった後に、代理人との打合せを各通報者のための通訳をするために個室に下りて行くことを拒否した（プールの書簡、第９パラグラフ、『青本』（56）頁）。通報者とその弁護人は意思疎通をするためにジェスチャーをすることを減らされた。通報者と弁護人が、途方に暮れた状態に置かれて、以降の審理を準備するために多大な困難を抱えたことは言うまでもない。

68. 通報者は、弁護人と膝を付き合わせた議論をすることができなかったので、電話によって問題を議論しようとしたが、言語の壁があったため、電話での会話は直に行なう打合せよりも一層の困難を極めた。

69. どの時点においても、５名の全ての日本人の被告には、一人の法廷弁護人しか付されなかった。１人の通訳人では、５名の被告が公判手続きを理解し、かつ、英語を話す者と検察側と同じ程度に公判に参加できるようにすることを保障するには不十分であった。規約に基づく通報者の公正な裁判を受ける権利と通訳人の援助を受ける権利を確保するために、通報者は、全ての発言を翻訳させ、公判において質問や申立てをすることが必要な時に通訳人を通して弁護人と協議し、そして通報者が明確にすべき必要性を有した際に弁護人に質問を要請することができなければならなかった。英語を話さない多数の被告に１人の通訳人しか提供されなかったことから、オーストラリアの裁判所が、十分な通訳の便益を提供する重要性と困難性に対する理解と注意深さを欠いていたことが分かる。かかる状況の下では、通報者が公正な裁判を受け、裁判所の前の平等を享受することは、全く不可能であった。

70. 既述したとおり、公判の中ほどで、日本人は異口同音に、その弁護人に対して最初の通訳人を解任し、残りの公判でプールを主任通訳人として引き続き用いるよう要請したが、この要請は裁判所によって無視されたようだ。

71. プールは次のように述べている。「こうした要請の理由は次の通りである。

1. 彼女［訳者注：グッドマン通訳人のこと］は全ての事柄を翻訳していなかった。彼女は、重要な点と考えるものだけを単に要約していた。私は、話されたすべての言葉をとらえることに全力を尽くした。
2. 彼女は、閉廷後に、毎日個室に下りて行き、弁護人と打合せをする個人のために通訳をすることを拒否した。彼女は単に「別料金になります」と述べ、帰宅した。わたくしは常に、そのような会議のために、時間を空けていた。
3. 通報者の主な苦情は、彼女が、検察側のソリシターと、非常にあからさまな交友関係を示し、日本人の目の前で、休憩時間のほとんどを彼との会話に費やしていたことであった。二人の親密さは、お互いについて愛称を持つに至っていた。最も不愉快であったのは、彼女が検察官と密接な関係を明らかに持っていたことだった。

このことによって利益の衝突があったことを強調し、私は通報者の意向をその法廷弁護人に幾度となく伝えた。しかしながら、何もなされなかった。私は法律通訳サービス（その後民営化され、現在はVITSと呼ばれている）にこの問題について書簡を送った。しかし、通訳人のための法律入門講習では、彼らが常に、倫理的問題について支援を提供できると強調していたにも関わらず、何も行わなかった。」（プールの書簡、第9パラグラフ、『青本』、(56) 頁）

72. 主任通訳人は、通訳人の職業上の責任の基本的な原則である公平性という義務を破った。オーストラリア通訳人・翻訳人協会（AUSIT）の倫理基準（これはオーストラリアにおける通訳人と翻訳人の全国的な基準である）第4条で定められているように、「通訳人と翻訳人は、全ての職業上の契約において公平性を遵守しなければならない」(AUSITのウェヴサイト http://www.ausit.org.code.html)。加えて、広く援用されている合衆国の公定の通訳人の職業上の責任基準は、その基準第9で、「公定の法廷通訳人は、承認、弁護士および被告とその家族との不必要な接触を避け、かつ、陪審員とのいかなる接触を避けることで、公平性を維持する」よう命じている。

73．ここで指摘するのは次の点である。（1）非常に親密な会話が明らかになされたという事実は、それが実際は事実ではなかったとしても、不公平に見えることに貢献した。（2）かかる事象が生じ、司法裁判所においてそれが許された事実から、オーストラリアの裁判所は職業上の倫理についての深刻な問題に合理的な注意を払うことを怠り、かつ組織的な問題が存在したことが示されている。（3）こうしたことが露呈したことにより、そしてこれらが寛容に取り扱われたという事実から、通報者の通訳人に対する信頼は客観的に損なわれ、通報者が通訳人とやりとりをすることが強く妨げられ、そして裁判手続きが本来公正ではないという通報者の確信が間違いなく強くなった。(注：「追加報告書」第34項目)

オーストラリア政府の答弁

74．オーストラリアは次のように述べる。

（1）裁判で用いられた通訳人を1人とする方法によって、通報者のそれぞれが裁判で生じていることを［聞き、かつ］理解することができた。(AS、第11パラグラフ)

（2）DPPは、通報者の弁護人が通訳人は1名で、ヘッドセットを用いた通訳の方法を希望するとしたと述べた。(AS、第112パラグラフ)

（3）通報者とその弁護人は、通訳の方法に満足しており、法廷通訳人の業務は受け入れられることを示した。

（4）本件は、カマシンスキー事件の通訳の基準に合致する。

（5）弁護人がこの［通訳の］方法の使用に同意した。通報者が公判手続きを理解できない、又は通訳の方法に不満足であることが示されたことは、裁判のどの段階においてもなかった。オーストラリアは特定の通訳人を雇うようにとの通報者の要請に従った。

通報者の反論

75. オーストラリアの（1）の主張は、なんらの証拠も示されておらず、無価値なものである。これは、裁判所の通報者が経験したことに関する報告書と明らかに矛盾するものである。勝野光男は「公判で起きていたことの、たった20から30パーセントしか理解できなかった」と報告している。

76. （2）に関して、弁護人が通訳人を１人とする希望を示したかどうかに関係なく（我々はかかる希望が示されたという証拠を見つけていない）、国際的な最高の実務（上述の、ラスター及びテイラー『通訳人と法制度』を参照）は、多くの被告の裁判では、被告の公正な裁判を受ける権利を保護するのならば、２人以上の通訳人が必要であるとする。

77. オーストラリアの（3）の主張は、通報者が通訳の方法とグッドマン氏の業務に「満足」したというものだが、これはクリス・プールの供述と、グッドマンをプールに交代させるよう異口同音に申立てた通報者自身［の行動］とに矛盾する。もしその通訳人が専門的に機能するものでないなら、通報者の規約上の権利に関する問題は解決されず、オーストラリアの規約に基づく義務は満たされないだろう。

78. （4）、つまりカマシンスキー事件の基準については、我々が先に提示した膨大な議論を参照されたい。そこで我々は、カマシンスキー氏に提供されたものと、通報者に提供されたものとの違いを説明している。

79. （5）のオーストラリアの主張は、通報者とその弁護人が、通訳の方法と通訳人に満足している意を示したというものである（AS、第113パラグラフ）。しかし、かかる表明がかつて行なわれたという証拠は一切ない。そして、日本語しか理解できない通報者と、英語しか理解できないその弁護人が通訳における問題を発見することは不可能であるので、かかる表明が例えなされたとしても、それは重要なことではない。「追加報告書」の中で、通報者は具体的な通訳の問題を多く指摘したが、この深刻な問題の大部分は、専門の通訳人と大学関係者の分析に基づいて、「追加報告書」が準備されて初めて発見されたものである。通報者が今指摘する通訳の不備は、審理が行なわれている時点では気づくことができないものであった。それ故に、通報者の通訳に関連する規約の権利を保護し確保するためには、適切な知識と技術を有するものによる質を管理する制度が必要［であった］。

80. 規約に基づいて、オーストラリアは十分な技術と専門性を有する通訳人を確保する責任を有する。通訳に不備が生じた場合、それを発見し是正する責任を負うのは、国家であって個人ではない。通訳上の問題を気づくことは被告にとっては不可能であるので、被告が審理の間において問題を取り上げなかった事実を、被告に不利になるように考えることは間違っている。

81. オーストラリアは、本件において通訳の問題は存在しなかったと主張し、ヨーロッパ人権裁判所からカマシンスキー決定を引用することで結論を導きだしている（AS、第114パラグラフ）。しかし、既に指摘したように、カマシンスキー事件は［本件とは］完全に異なる問題である。本件での通訳の問題は、カマシンスキー事件のそれよりも、一層深刻なもので、誤審が生じたという点でより重大である。

浅見喜一郎にその逮捕の理由を告げなかったこと
―第９条第２項

通報者の主張

82. 第９条第２項に違反して、浅見氏は、刑事犯罪の容疑者として逮捕されたことを適切に伝えられていない。

オーストラリア政府の答弁

83. AFP捜査官は、ICCPRに基づく義務を遵守し、浅見氏にその逮捕の理由を告げた。それは、たとえ、AFP捜査官が浅見氏に行なった質問の翻訳である「あなたは、自身がオーストラリアに白い粉を持ち込んだということを理解していますか？」が、本来なされた質問の正確な翻訳ではなかったとしてもである。

通報者の反論

84. 通報者は、浅見氏が自身の逮捕の理由を「合理的に気づかせ」られることはなかったと主張する。オーストラリアが上述で参照する尋問において、連邦警察捜査官は「私は彼（浅見）に対して、彼がこの白い粉をオーストラリアに持ち込んだのかという質問をしていることを、彼は理解していますね？」と述べたが、[これは] 捜査官が浅見氏にその逮捕の理由を適切に告げるものではなかった。その上、捜査官の発言の日本語への通訳が誤訳であったことから、事態はより悪化した。つまり質問は、「あなたは、自身がオーストラリアに白い粉を持ち込んだということを理解していますよね？」になった。捜査官は、オーストラリアにヘロインを持ち込んだことによって罪を犯したという嫌疑に関連する質問を受けていることを浅見が理解しているかどうかを尋ねている。捜査官は、浅見氏が白い粉を持ち込んだ事実を理解しているのかどうかを尋ねてはいない。これは、浅見氏にその逮捕の理由を告げていることとは大きく異なるものである。別の場面では、バセット捜査官が、逮捕の理由を説明するために犯罪を行なったとされる被疑者に向けてオーストラリアで発せられる標準的な又は形式的な言葉を用いた時、浅見氏は自身が疑われていることを理解していなかったと明快に答えている（マジストレート・コートの謄本、223—224頁、添付書類10として添付）。

85. コミッタル・ヒアリングでのバセット捜査官に対する反対尋問において（マジストレート・コートでの謄本、236頁、添付文書11として添付）、バセットが浅見氏が重大な犯罪を行なったと疑われていると同氏に伝えた際、浅見氏はバセット捜査官に対して自身が何故疑われているのか理解できないと答えたことが記録されている。浅見氏はその時、自身が疑われている理由を理解する必要がないと告げられた。彼はまさに輸入と所持の罪が問われていることをまさに知る必要があったのにもかかわらずである。バセット捜査官は反対尋問において（マジストレート・コートの謄本、223頁、添付文書12として添付）、通訳における困難性と文化的な違いといったことが理由の１つとなって、浅見氏が自身になされた質問を理解しておらず、起きていること全般に対して困惑の様子をしめしていたことが、バセット捜査官が質問をしている間にあったと証言している。

86. 困惑の様子と不十分な通訳によって生じた特別の困難性を考慮すると、浅見氏が自身の逮捕の理由を合理的に気づかされるようにすることを確保するための迅速な措置をとることはオーストラリアの責任である。記録から、かかる措置はとられず、浅見氏は時折、起きていることを理解するのに途方に暮れていたことが分かる。これは、規約第９条第２項が防止しようとしている不幸かつ望まれない状況である。これはまた、通報者を不平等な立場におくこととなる不適切な通訳の明らかな例である。

通報者が自ら選任する弁護人の援助を受ける権利を適切に伝えられていないこと
—第14条第３項（d）

通報者の主張

87. 不適切な通訳（法律用語と法手続きに通訳人が無知であったことも含める）がなされたことによって、通訳の間違いが、通報者に規約第14条に基づく権利を適切に伝えられない事態を引き起こした。例えば、通報者の本多千香と勝野光男は弁護人を付される権利を知らなかったし、それ故この権利を告げられていなかった。従って、この２名の通報者はまた、この権利を行使できなかった。本多氏の事件については「追加報告書」『青本』(97)—(98) 頁を参照、勝野光男氏の状況については、同上 (102) — (106) 頁を参照のこと。

オーストラリア政府の答弁

88. オーストラリア政府は、本多千香と勝野光男の自ら弁護人を選任する権利の通知が不正確に翻訳されたことを認めている。にもかかわらず、同政府は、通知は元々なされた発言の意味と文脈に非常に近いもので、あらゆる点から考えて、被告は弁護人を選任する権利を通知されていたことを強調する（AS、第164パラグラフ）。

通報者の反論

89. 翻訳の不正確さを認識しながらも、趣旨は伝わっているので問題はなかったとのオーストラリアの主張は、弁護人を付される権利の重要性と、被拘禁者にその権利を注意喚起する際に用いられるべき言葉の正確性に関する重要性（これは、諸国が払ってきた注意から示される）の観点から極めて見境のないものである。特にオーストラリアの刑事手続は、法律家が公判前の尋問において同席することを許可しており、そして法律扶助の制度を有していることから、しばしば高圧的で、戦闘的で、混乱した状況になる捜査の段階で、弁護人の努力によって人権侵害を防ぎ得る可能性が非常に高い。かかる状況では、弁護人選任権の通知は非常に重要な意義を持つ。その上、日本において、弁護人が尋問において同席することが許可されることが一般的ではないので、［オーストラリアで］通報者に弁護人を同席させる権利を適切に気づかせさせることは特に重要である。従って、通訳人の翻訳が正確なものでなかったこと（オーストラリアはこれを認めている）と不正確さの性質と程度から、現実には通報者は適切かつ効果的に弁護人を付される権利を告げられていなかった。

90. これとの関連で、中根氏の被拘禁者にその権利を適切かつ性格に告げることの重要性に関する報告書は有益である。中根氏は、本多千香氏が1992年7月20日に受けた尋問において、同氏に8回なされた注意喚起の全てを分析している。それぞれで実際に話された会話は、取調べの謄本の1、24、56、82、110、131、138及び144の各頁にある。中根氏は、報告書の中で、「(尋問が）停止される度になされたこれらの注意喚起の手続きは、黙秘権又は被拘禁者は行ないたくない何らのこともしなくてもよい権利のみを扱っているが、通訳では相当の省略が8回の全てにおいて見られる。特に何らのこともしなくてもよい権利が、取調べのテープに記録された注意喚起の手続からは、最後の手続を除く残りの［7回の］手続きで、落とされている。」と結論付ける。中根氏はまた、「本多氏がホテルの部屋の地図と計画を書くよう求められたと共に、尋問中に指紋を提供するよう求められたことから、強制されて何かを行なわなくてもよい権利が彼女に伝わっていないことは問題がある」と結論付ける。中根氏はまた、本多氏の権利の通知において別の問題があることに留意する。通訳人は常に本多氏から肯定的な反応があると思い込んでおり、「理解していますか？」という問いに対してなされた回答を、通訳人独自の判断で、「はい」と述べていたようである（中根報告書の「警察の注意喚起における被拘禁者の権利の伝達の省略」、30—31頁参照)。

通報者は証人を召喚する機会を与えられなかったこと
—第14条第3項（e)

通報者の主張

91. A氏とB氏は、通報者と一緒に旅行をしていた者で、通報者に有利な証言をすることができたはずであったが、彼女らが検察官から、もしオーストラリアに再び来ることになれば逮捕されることになるだろうと言われた（テイラー検察官の州裁判所裁判官への供述、州裁判所謄本、428頁、添付資料13として添付）ことが原因で、証人として彼女らを尋問することは阻止された。この検察官による脅迫的な発言は、通報者の自己に不利な証人を尋問し又はこれに対し尋問させること並びに自己に不利な証人と同じ条件で自己のための証人の出席及びこれに対する尋問を求める権利を侵害した。

オーストラリア政府の答弁

92.（1）弁護人は最初に証人を召喚するよう求めなかった。
（2）このことは、通報者の控訴審で検討された（AS、第174パラグラフ）。
（3）通報者の権利は現実には侵害されていなかった。それらが侵害される可能性があったに過ぎない（AS、第177パラグラフ）。

通報者の反論

93.（1）弁護人が証人の召喚を求めなかったとの主張は、状況から判断して、通報者の現実の起訴と裁判を無視する形式的な考え方である。カウンティ・コートでの公判開始の少し前での審理（予備審理、1994年2月8日）で、弁護人は検察官に対して、A氏とB氏を証人として召還するのが検察としては合理的であろうと述べ、どちらかの側が彼女らを召還した場合の彼女らが受ける取扱いについて質問している。検察官はこれに応答して、A氏とB氏が証言のために召喚に応じてオーストラリアに来た場合、自身は到着時に彼女らを逮捕することを考えていると述べた。A氏とB氏が逮捕される可能性について述べた検察官の発言によって、彼女らをオーストラリアに召喚することは事実上不可能となった。検察官の発言は事実、A氏とB氏を召喚することを諦めることを決定するような状況に弁護人を追い込むことになった大きな障害となった。

94. このように検察官は、A氏とB氏から通報者にとって有利な裁判所での証言を得る機会を通報者から奪った。したがって、オーストラリア政府の上記（3）に基づく答弁は正確ではない。通報者のこれら証人から証言を得る権利は現実に侵害されたのであり、単なる侵害の可能性ではない。

記録５　自由権規約委員会の決定

〔解説〕

自由権規約委員会における審理の結果、2006年11月15日、日本人５名の申立は、却下となった。

個人通報の審査は２段階に分かれる。第１段階が、許容性審査であり、手続的要件である。許容性審査がクリアーできれば、第２段階である実体審査が行われ、人権侵害の有無が審査される。許容性審査の中で重要な要件である、「国内的救済手段を尽くしていること」が必要である。メルボルン事件の場合、国内的救済手段を尽くしていない、ということで却下となった。

その要点となる部分は、以下のとおりである。

① 「国内的救済手段を尽くしていること」という要件に関して述べると、当事者らの申立ては、通報者らの逮捕の時点から有罪に至るまで、締約国により提供された通訳が不適切だったということが、第９条及び第14条に規定された様々な権利の侵害をもたらすに至ったという主張に基づいている。

② 当委員会の理解するところでは、これらの申立ては、証人の召喚及び陪審の選定の点を除いて、いずれも上訴において取り上げられなかった。

③ 通報者らは、通報者らのみならずその弁護人たちも、当時、通訳の欠陥の深刻さに気付きようがなく、結局、問題の深刻さに気付いたのは、有罪判決から７年経った2001年のことであったという。

④ しかしながら、当委員会の理解するところでは、通報者らは、トライアル（正式裁判）の間のみならず、既にコミッタルヒアリング時点でも、通訳の質について懸念を持っていた。

⑤ したがって、通報者らが2001年まで通訳問題に気付いていなかったという主張は、証拠により裏付けられていない。

⑥ いずれにせよ、国内的救済手段を尽くしたかどうかという目的の観点からは、上訴に用いうるだけの関連事実と主張を確保しなかったことは、通報者らと彼らの弁護人たちの責任だったと、当委員会は考える。

⑦通報者らが、専門家の情報を裁判の７年後にしか入手せず、上訴に先立って入手しなかったことは、可能な国内的救済手段を尽くすという要件を免除す

るものではない。

市民的及び政治的権利に関する国際規約の選択議定書に基づいて
通報を許容性を欠くと宣言する自由権規約委員会の決定
第88会期
通報番号1154/2003

通報者：勝野正治ほか（弁護人トービン氏により代理）
被害者であると主張する者：通報者
締約国：オーストラリア
通報日：2002年１月21日（最初の提出）
自由権規約委員会（市民的及び政治的権利に関する国際規約第28条に基づき設置）は、2006年10月31日に会合を開き、
以下のことを採択した。

許容性に関する決定

１．通報者は、勝野正治、勝野光男、勝野良男、本多千香及び浅見喜一郎の各氏で、全員が日本国籍である。この通報者は、通報の提出時、オーストラリアの様々な矯正センターで拘禁されていた。その後、通報者は全員釈放されている。通報者は、全員が市民的及び政治的権利に関する国際規約の２条、９条２項、14条１項、２項、３項（a)、(b)、(d)、(e)、(f）及び（g）並びに26条違反の被害者であると主張している。通報者は、弁護人であるジェームズ・トービン氏を代理人としている。

通報者が提出した事実

2.1 通報者は1992年６月17日、クアラルンプール経由で到着したメルボル

ン空港で逮捕され、商業目的でのヘロイン輸入の嫌疑をかけられた。通報者は、空港での税関検査官による取調べとこれに続いてなされた連邦警察捜査官による取調べの間に行なわれた通訳が不適切であると主張する。そのため、通報者は、自身らが逮捕されたこと及びそこでの供述が後に自身に不利に用いられ得ることを理解していなかった。本多千香と勝野光男は、自身等に対する取調べがなされている間、弁護人が立ち会わせることはなく、それは通訳人が行なったこの権利に関する通訳の仕方が理解できないものであったからだと主張した。

2.2 通報者は、1992年11月９日から12月７日にかけて、マジストレート・コートにてコミッタル・ヒアリングを受けた。［そして］1994年の３月から５月の間、通報者はまとめて、メルボルンのカウンティ・コートで陪審員による裁判を受けた。1994年５月28日、通報者は起訴通り有罪判決を受けた。勝野良男は禁固25年の判決を受け、他の通報者はそれぞれ禁固15年の判決を受けた。

2.3 裁判において、検察官のみが、「不適格な陪審員」の名簿を検討することができた。「不適格な陪審員」とは、陪審の業務の資格を有しない者ではないが、［過去に］犯罪歴があるか、「警察に敵対的」であると知られている者を指す。裁判は、全国的なマスコミ報道がなされる中、行なわれた。マスコミは、通報者のそれぞれを「ヤクザ」であると貶めるような表現で報道した。一般に「ヤクザ」とは、日本人が組織する犯罪集団に属する者を言い表すために用いられる単語である。

2.4 通報者とは別の２名の日本人女性は、空港で通報者と共に逮捕されたが、日本に帰国することを許された。申立てによると、彼女らは警察から、オーストラリアに戻った場合、逮捕され起訴されるだろうと脅されており、その結果彼女らの証言を通報者の裁判において得ることができなかった。

2.5 通報者は、ビクトリア州最高裁判所上訴部に控訴した。1995年12月15

日、勝野良男のみ控訴が認められた。彼に対する有罪判決は破棄され、再審理が命じられた。1996年11月12日、彼に対する再審理がメルボルン・カウンティ・コートで行なわれ、再度有罪の評決が下された。1997年12月23日、ビクトリア州最高裁判所上訴部に対する彼の控訴の申立は却下された。1999年9月、オーストラリア連邦最高裁判所に対する上告の請求が却下された。

2.6 通報者は、法的手続を通じて、不適切かつ不適当な通訳人が提供されたと申立てた。通報者は、法的手続を通じて、自身らが主張する通訳の欠陥に関する情報を、通訳の専門家が準備した報告書とあわせて提出しており、そこでは次のような欠陥が特定されている。

- 捜査官の質問と通報者の答えの通訳が間違っている又は非常に不正確である点
- 捜査官の質問が通訳されていない点
- 通訳人が恣意的に通報者に対して、通訳人自身の質問を行なった点
- 通報者が全くしていない回答が通訳された点
- 日本語の社会的な意味について捜査官に間違った説明がなされた点
- 文法的にも構文的にも極めて欠陥性が高くかつ知性を欠く場合もある回答が英語［への通訳］でなされた点
- 捜査官が参加していないところで、通報者と長々と日本語でやりとりがなされた結果、生じている事態がしばしば不正確に、簡単に要約された点
- 重要な法律用語を翻訳する能力がなかった点

通報者によると、これら全ての欠陥が、広く受け入れられている通訳人の職業倫理違反にあたることになる。

2.7 通報者には［第一審の］裁判中、たった1人の通訳人しか提供されておらず、彼らの主張によると、主たる通訳人とこれを補助する2人の通訳人との間での連携がなかった。従って、難解な用語の翻訳には一貫性がなかった。通訳人は毎回、審理が終わると直ちに法廷を後にしたので、公判の前後

での通報者とその弁護人との相談は困難なものとなった。弁護人と打ち合わせをするための法律扶助は、十分になされなかった。

2.8 通報者は、文化的な相違から生じる問題を解決する可能性がなかったと主張する。そのような文化的な相違から、通報者にとって、公判前と公判中の手続きの間になされた不公正に対して抗議をすることは困難であった。文化的な相違は、通報者が自身の無実を積極的に主張しなかったことに一役買っている。つまり、かかる主張は、日本においては不適当であるとみなされるが、締約国ではかかる主張をしないことは有罪を示すと考えられるのである。

主張

3.1 通報者は国内的な救済措置を尽くしたと主張する。通訳の不適切さについて、通報者は、弁護人が［第一審の］裁判において通訳が正確であると誤って合意し、控訴の際にこの問題を提起しなかったことは認めるが、「このことは、オーストラリア政府が正確な通訳を保証する適切な制度をしかるべく用意しなかったことに起因する」と主張した。通報者は、専門家が反訳を検討した2001年になってはじめて、通訳の欠陥に気づくことができた。専門家の見解によれば、［欠陥通訳の］看破と評価には問題の言語に関する専門知識が必要とされるため、通訳の問題は弁護人によって理解できるような問題ではないとのことである。弁護団が問題の深刻さを認識できていたとしても、適切な専門家を雇う術はなかったであろう。

3.2 通報者は、捜査のための取調べを通じて、不適切な通訳業務がなされ、そこでの取調べの反訳が裁判で証拠として使用された結果、通報者の信用性が不公正に損なわれた。このことは、第14条第１項に基づく裁判所の前の平等と公正な公開審理を確保していないことにあたると主張する。

3.3 通報者は、自身等が逮捕されており、供述が後の自己に不利益に用いられるとの認識がなかったため、第９条第２項及び第14条第３項（a）に基づいて、その罪の性質及び理由を告げられる権利が否定されたと主張する。

3.4 本多千香と勝野光男は、警察が行なった取調べを通じて弁護人が付せられなかったため、第14条第３項（d）及び同第１項に基づく権利が侵害されたと主張する。本多千香と勝野光男は、弁護人が付されないことにより、被疑者が自己に不利な証言をする可能性が高くなることから、取調べの間、弁護人が付される権利が告げられなかったこともまた、第14条第３項（g）に基づく自己負罪を強要されない権利の侵害にあたるとも主張する。

3.5 通報者は、［第一審の］裁判において不適切な通訳業務が提供されたことは、人員の不足、管理の不行き届き及び専門家としての行動の欠如によるもので、このことは第14条第３項（f）に基づく、無料で通訳の援助を受ける権利の否定にあたると主張する。通報者は、裁判のために付された通訳人がたったの一人であったため、弁護人と連絡をとることができなかったとして、第14条第３項（b）違反を主張する。

3.6 通報者は第14条第３項（d）に基づく権利が侵害されたと主張し、その理由として身体的な法廷への出席は「言語的な出席（linguistic presence）」と一致し得ないことを挙げた。「言語的な出席」とは、通報者の主張によれば、証人と向き合い、弁護人と連絡し、そして自らを防御することができることを意味する。

3.7 通報者は、２人の証人となり得る日本人が、脅されたことから締約国に再入国することを非常に恐れることになったと思われると主張する。この状況は、主張によると、第14条第３項（c）に基づく自己に不利な証人と同じ条件で証人を求める通報者の権利侵害であった。

3.8 通報者は、文化的な違いの問題を解決する制度が然るべく整えられていなかったため、第２条及び第26条に基づく権利に反して、言語を理由とする差別を受けたと主張する。

3.9 通報者は、締約国から不十分な金銭的援助しか受けられなかったため、適切な通訳業務にアクセスできず、弁護人との連絡ができなかったが、これは第14条第１項に基づく裁判所の前の平等に対する権利と公正な審理を受ける権利の侵害で、第26条に基づく法の前の平等と平等の保護に対する権利の侵害であると主張する。

3.10 通報者は全員まとめて裁判を受けたため、裁判で自身の利益を防御することが十分にできなくなったが、これは第14条第１項違反である。通報者は、通訳の問題は法廷内で生じていたが、このことが十分には理解されていない中で、通報者全員の裁判が単独の法廷でなされたため、通報者それぞれが弁護人と連絡をとり、裁判所で何が起きているのかを理解することが一層困難となったと主張する。

3.11 通報者は、検察官のみが「不適格な陪審員」の名簿を検討する機会を持っていたので、陪審員の選任手続が不公正な裁判に寄与することとなった。したがって、第14条第１項に基づく武器の平等原則に違反していると主張する。

3.12 最後に通報者は、自身等の事案に対するマスコミ報道の過熱ぶりが裁判の不公正さに寄与しているので、第14条第１項に違反していると主張する。

許容性と本案に関する締約国の主張

4.1 2003年４月15日、締約国は、自由権規約委員会に対して、勝野正治、勝野光男及び浅見喜一郎を2002年11日に、本多千香を2002年11月17日にそれぞれ仮釈放したと通知した。勝野良男もまた釈放された。通報者の釈放は司法長官の許可に基づくものであり、通報者は即座に日本に帰国した。

4.2 2004年7月28日、締約国は通報の許容性と本案に関して争った。締約国の主張によると、通報は国内的な救済措置を尽くしていないため許容性を欠くとしている。締約国は、通報者が申立てる取り調べの翻訳の不正確さと通訳業務の質の悪さに関して、[第一審の] 裁判において、また上訴において、通報者が問題提起していないことを指摘する。締約国は、適切な通訳業務の提供を確保するための効果的な制度が締約国にはないとの主張に対しては争うとする。締約国は、通訳人の利用可能性と能力を確保するための監督機関として、オーストラリア翻訳通訳国家資格認定機関（NAATI）が設立されていることを示した。この機関は、翻訳人や通訳人が水準に応じて［そうした者として］認定されるべき専門的な業務の最低基準を要請している。通報者の一連の裁判に付された通訳人は、適切な翻訳人と通訳人の基準を満たす者、又は「レベル３」の基準の者であった。

4.3 締約国によると、刑事裁判における被告人の通訳人の援助を受ける権利は、同国の法制度において十分確立された原則である。裁判所は、手続の瑕疵が不公正な裁判となるであろうことが明らかになった場合、手続を一時停止することができる。同様に、被告人が、これらの権利が否定されていると信じる場合、こうしたことを理由に自身への有罪判決に対して上訴することが可能である。この救済措置は通報者には利用可能であった。勝野良男を除く通報者は、他の多くの理由を挙げて自身等の有罪判決に対して控訴したにもかかわらず、誰一人として1995年の控訴において、不正確な取調べの記録や不適切な通訳のサービスの問題を提起しなかった。この問題が勝野良男によって提起されているので、通報者の弁護人は、この問題を提起できるとの注意喚起を受けていたはずである。

4.4 締約国は、メルボルン・マジストレート・コートのコミッタル・ヒアリングにおいて、元々の取調べの反訳の正確性が問題視されているので、通報者とその弁護人は、通報者の裁判を通じて、本件通報で提起した問題に対する注意喚起を受けていたものと思われると主張する。したがって、裁判において証拠として提出された多くの記録は、独立のかつ有能な（competent）

通訳人によって修正されていた。通訳の業務は、裁判の間中、通報者を援助するために提供されていた。勝野光男と浅見喜一郎が1914年刑法（連邦法）の第１部Cに基づく権利（第14条第３項（d）に基づく申立て内容に類似する）を的確に通知されているかどうかの懸念もまた、コミッタル・ヒアリングにおいて提起されている。

4.5 通報者の弁護人には、オーストラリア連邦警察（AFP）の取調べの記録の証拠能力に対して、通報者の［第一審の］裁判において異議を唱える機会が与えられていた。こうしたことが行なわれなかったので、裁判において取調べの各通報者のビデオテープが全て、陪審員に対して見せられ、この映像の補助として、陪審員には取調べの反訳が提供された。取調べの反訳の証拠能力に疑義を呈しなかったことは、通報者の弁護人がこれらの反訳を証拠として採用されることを望んだことを示している。通報者が裁判において証言しなかったことを考えると、取調べの反訳は事件に対する通報者の意見を陪審員に示す唯一の手段であった。

4.6 主張にかかる通訳業務の不適切さについて、締約国は、通報者が裁判中に何が起こっているのかを理解できないことを裁判所に又は自身の弁護人に対していつでも表明する自由を有していたことを主張する。かかる懸念は、いかなる時点でも提起されなかった。その他に通報者が取り得た救済措置は、AFPの捜査官の行動について連邦オンブズマンに苦情を申立てることであった。（AFPに関する）苦情申立法（連邦法）第31条に基づいて、オンブズマンはAFP構成員の行動に関して寄せられたいかなる者からの苦情に対しても調査を行なうことができる。オンブズマンは、AFPの行動が「不合理で、不正で、制圧的で又は不当にも差別的」であると認定された場合、通報者の事件においてなんらかの救済措置が取られるよう命令することができたのである。

4.7 もし自由権規約委員会が通報を全体として許容性を欠くわけではないと判断した場合、締約国は自由権規約委員会に対して、第14条第１項に基づく不公平な裁判と不適切な金銭的な法律扶助に関する主張と第２条、第９条第２項、第14条第３項（a)、(b)、(e）及び（g）並びに第26条に基づく主張を、通報者がこれらの主張を立証してきていないことを理由に、許容性を欠くとするよう求める。締約国は、第14条第３項（a)、(b)、(e）及び（g）に基づく主張は規約の範疇外であり、よって事物管轄外を理由に許容性を欠くと付言する。

4.8 本案に関して、公判前の取調べの間の通訳の業務が不適切であるとの主張について、締約国は、有能な通訳人が全ての取調べにおいて通報者と同席していたことを確認する。コミッタル・ヒアリングにおいてこれらの取調べに疑義が呈された際に間違いは修正され、修正された取調べの反訳は通報者の弁護人によって正確であると認められた。締約国の見解では、ある言語から別の言語への翻訳の際には、翻訳の微妙な差異が必然的に生じることを考えると、通報者が期待する通訳の標準は達成できない程に高いものである。締約国は、通報者に提供された［通訳の］標準は、欧州人権裁判所がカマシンスキー対オーストリア事件判決（１）で示した標準に合致するものである。AFPの捜査官、DPP［(連邦の検察局長官)］及び裁判官と陪審員は、反訳された英文が精密な通報者の会話でないと分かっていただろう。それ故、締約国は、英文書類の文法上の誤りが、通報者が主張するような形で、陪審員に影響を与えてはいなかったであろうと主張する。

4.9 締約国は、通報者の裁判において用いられた方法が、１人の通訳人がマイクに向かって公判手続きを同時通訳するものであったとしている。被告人には、それぞれにヘッドホンが提供され、それによって公判手続きに関する通訳人の翻訳を聞くことができた。故に、裁判において使用された通訳人は１人ではあったが、被告人のそれぞれは、法廷での全ての状況を話されている通りに聞くことができた。この方法は、通報者の弁護人の１人から出された指示に従ってとられたものであり、この弁護人は、１人の通訳人が用いられる方法と、特にコミッタル・ヒアリングから裁判までの間、同一の通訳人が用いられるようにとの希望を示した。DPPはまた、勝野良男の再審理には特別の通訳人の業務が手配されるようにとの通報者側の要求に従った。裁判を通して、通報者とその弁護人は、この通訳の方法に満足しており、法廷通訳人の仕事ぶりは容認できると述べている。通訳人は、審理が終わった後も留まり、通報者や弁護人からいかなる懸念も提起されなかった。事実、通報者とその弁護人は通訳人の仕事ぶりを実際に誉めていた。

4.10 締約国は、マスコミが裁判をめぐって報道したことと陪審員の選任に関する国内法によって、裁判の公平性に関する義務の違反があったとの主張に異議を唱える。このようなマスコミの報道の本質にかかわる証拠が、裁判では一切提起されていない。

4.11 締約国によると、陪審員の選任過程は、刑事裁判において公平な裁判所を生み出すための公正な手続である。オーストラリアは、国内法の適用が明らかに恣意的であるか、裁判拒否に相当する場合でない限り、その適用の検討をするのは締約国であるとの自由権規約委員会の先例を想起する。自由権規約委員会は同様に、陪審員への指示が明らかに恣意的である、裁判拒否に相当する、又は裁判官が明らかに公平であるべき義務に違反している場合でない限り、規約締約国の上級裁判所が具体的な事件における事実と証拠の評価をする責任を有するとしている（3）。いずれにせよ、通報者が苦情を申立てている［陪審員の名簿の検討に関する］手続は、通報者の裁判に影響を及ぼしていない。その理由は、検察官に提供された不適格な陪審員の名簿は、実際には通報者の裁判においてDPPにより使用されなかったからである（4）。締約国は、1967年陪審員法（ビクトリア州法）39条に従い、通報者はそれぞれ、陪審員候補者の４名に対して専断的に忌避する権利を有していた。

4.12 文化的な相違が裁判を通じて考慮されず、不十分な金銭的な法律扶助が提供されなかったことを理由とする第26条及び第２条に基づく申立てについて、締約国は、通報者が同様の状況に置かれた被告人なら誰もが従う同一の法律に服し、かつ、同一の取扱いを受けたと主張する。締約国は、被告人の文化的かつ言語上の相違を補正し、通報者に平等に自らを防御する機会を与えるために、手続の全ての段階で通訳人を提供し、かつ、裁判中は通報者それぞれに個別の弁護人を提供した。通報者は、通訳を援助するための不適切な金銭的な法律扶助がどのように、規約が禁じる差別につながったのかを証明するいかなる証拠も提出していない。

4.13 締約国は、浅見喜一郎が第９条第２項を遵守する形で自己の逮捕の理由を十分に告げられたと主張する。この申立ては第14条第３項（a）と矛盾するものであり、この規定に基づく主張を補強する証拠が提出されなかった。締約国は、本多千香と勝野光男が弁護人を付される権利を告げられなかったとの主張を否定する。通訳人によるこの権利に関する翻訳は、この通報者にこの権利の意味を十分に伝えるものであった。どちらの通報者も、[第一審の］裁判と控訴審の裁判において法的に代理されており、このことはこの２名の通報者が法的に代理される権利を認識し、かつ、結局のところこの権利を告げられていたことを示している。締約国は、この２名の通報者が第14条第３項（g）に基づく権利を否定されたことを否定する。通報者が現実に自白したことが決してないため、申立ては純粋に仮説に基づくものであるばかりでなく、本条に基づく先例は、何らかの強要の形態が違反認定のためには必要であることを示している。

4.14 自己に不利な証人と同じ条件で［自己のための］証人の証言を求める権利が否定されたとの通報者の申立てについて、締約国は、これは通報者の権利が侵害される可能性に言及したものに過ぎず、現実の違反への言及ではないため、かかる申立を許容性を欠くものとして拒否すると述べる。いずれにせよ、通報者は、弁護側が有する当該証人を召喚する機会を持っていたがそのような選択をしなかったので、第14条第３項（e）違反は存在しなかった。控訴審は、この問題を検討し、誤審はなかったと判示した。

締約国の答弁に対する通報者の反論

5.1 通報者は2005年12月24日、以前に行なった主張を再度行い、許容性に関して次の点を付け加えた。通報者は、不正確な通訳によって、通報者の信用性を不公正に損ねるような形で、公判前の警察による取調べが根本的に汚れたことが中核の問題であると主張する。通報者は、当時通訳の問題の程度については知らなかったため、弁護人が取調べの記録の証拠能力に反対しなかったと主張する。弁護人は通報者と警察とのスムーズな意思疎通が行なわれてはいないことを認識していたが、通報者にとっては、問題が通訳の不正確さに起因していることを知ることは不可能であった。

5.2 通報者は、勝野良男が控訴の理由として通訳の不十分さの問題を正式に提起したことを否定するが、AFPとの取調べの間に彼が行なった自白の任意性に関する主張を控訴審で行なった際に、この問題が生じたと主張する。オンブズマンに対する苦情の申立ての可能性について、かかる救済措置は効果的であり得ないと議論されている。文化的・言語的な障害、不十分な通訳及び不慣れな法制度が原因で、通報者は裁判において生じていることが理解できないと裁判所や弁護人に述べることが出来なかった。

5.3 本案に関する締約国の主張に関して、通報者は、本件において被告人が自身に対してなされた質問を理解できなかったということが示されているという事実への指摘も含めて、本件がカマシンスキー対オーストリア事件（第4.8パラグラフ）と異なる理由を詳細に示している。コミッタル・ヒアリングにおいて、捜査官の１人が、浅見氏が自らに質問されている内容が理解できていないようであることが何度かあったことを認めた。

5.4 通報者によると、［第一審の］裁判において、交代用の通訳人の１人に対して、主任の通訳人を交代させるための要請を行なうよう求めた。その理由は、主任の通訳人が話されたことの全てを翻訳するのではなく、それを要約する習癖があったこと、審理が終わった後にとどまることを拒否したこと、そして検察官との親密な関係の結果生起した利益の衝突があったとされることである。通報者は、締約国の通訳上の誤りはいずれも些細なものに過ぎないとの主張を否定し、通報者が提出した３通の報告書における詳細な分析に言及する。通報者は、かかる誤りがコミッタル・ヒアリングの後に「修正」されたことを否定する。事実、弁護人が裁判において、１人の通訳人が望ましい旨を示したことは認めるが、通報者によると、国際的に慣行では、複数の被告人の裁判には２人以上の通訳人を付すのが最も望ましい。日本から２名の証人を召喚しなかったことに関して、通報者は、被疑者の逮捕手続において検察官が彼女らに対して、締約国に戻った場合、逮捕することになるであろうことを示唆し、このことによって彼女らを証言させるために召喚することが不可能になったということを再度指摘した。

自由権規約委員会に提起された争点と手続

許容性に関する検討

6.1 通報に含まれる主張を検討する前に、人権委員会は、手続規則の規則93に従って、主張が、規約の選択議定書に基づいて受理可能かどうかを決定しなければならない。

6.2 国内的な救済措置を尽くしていることの要請に関して、自由権規約委員会は、主張の大部分が、通報者の逮捕から有罪判決に至るまで、締約国が提供した通訳が余りにも不適切なため、第９条及び第14条に基づく通報者の権利へのおびただしい侵害に至ったとの申立てに基づくものであることに留意する。自由権規約委員会は、証人の召喚（第14条第３項（e））と陪審員の選任（第14条第１項）に関する主張を除き、これらの主張の全てが上訴において提起されていないとの意見である。自由権規約委員会は、通報者とその弁護人のどちらも当時は通訳の欠陥の程度を知りようがなく、有罪判決から７年後の2001年にようやく問題の程度を認識したとの主張に留意する。しかしながら、自由権規約委員会は、通報者が既にコミッタル・ヒアリングの間と（第5.3パラグラフ）［第一審での］裁判中に（第5.4パラグラフ）、通訳の質に関して懸念を抱いていたという意見であり、この点については争いがない。それ故、2001年まで通報者が問題に気づかなかったとの主張は裏づけのないものである。いずれにせよ、自由権規約委員会は、［国内的な救済措置を］尽くすためには、上訴のための当該事実と論拠とを自由に使いこなせるよう確保しておくことは、通報者とその弁護人の責任であったと考える。上訴までに専門家による情報を獲得（procure）せず、［第一審の］裁判のようやく７年後になって獲得したということは、利用可能な国内的な救済措置を尽くす要請を通報者から免除しない。したがって、自由権規約委員会は、選択議定書第５条第２項（b）に基づき、本件の主張を許容性を欠くと判断する。

6.3 陪審員の選任に関する第14条第１項違反の主張に関して、自由権規約委員会は、この問題が控訴において提起され、上訴部が詳細に検討したことに留意する。自由権規約委員会はまた、締約国の主張の通り、そして控訴手続において立証された通り、検察に提供された不適格な陪審員の名簿は、通報者の裁判においてDPPにより現実には用いられなかったことに留意する。自由権規約委員会は、それ故、通報者は、選択議定書第２条に基づき、受理が可能とされるための、主張の立証を行なっていないと判断する。

6.4 自由権規約委員会は最後に、14条第３項（e）に基づく通報者の主張、即ち２名の証人が裁判で証言をするためにオーストラリアに戻ることを要請された場合、日本に帰国する前にオーストラリアの警察が行なった脅迫により、逮捕されるとの恐怖心にとらわれていたが故に拒否したであろうとの主張に留意する。しかしながら、自由権規約委員会は、公判手続を検討した結果、上訴部によりこれら証人の問題が深く検討されており、上訴部は被控訴人と控訴人のために、証人が召還に応じるとの仮定に基づき手続を進めるよう求められていたことに留意する。自由権規約委員会はまた、上訴部でなされた議論がこれら証人を検察が召喚しなかったことにより誤審が生じたとの申立てに関連するもので、審理のために証人が戻ってこないことが警察の脅迫の結果であるとの主張に関連するものではないことに留意する。上訴部は、検察が当該証人は被告人と共謀の関係にあると合理的に結論づけていたので、弁護側によって（戻るために金銭的な援助をすることで）証人を召喚できるようにする決定をできたが、検察自身は証人の召喚をしなかったのであり、検察はこれにより誤審が生じたとは考えなかったと判示した。実際には、通報者は、当該証人を自身で召喚し得たことに疑義を差し挟んできていない。これらの理由により、自由権規約委員会は、通報者が主張を立証していないと考える。したがって、自由権規約委員会は、選択議定書第２条に基づき、この主張を許容性を欠くと判断する。

6.5 第26条に基づく主張、即ち文化的相違の問題を解決するために然るべく整えられた制度が存在しなかったために通報者が差別され、法律扶助を十分に提供されなかったために通報者は法律の前の平等と法律による平等の保護を拒否されたとの主張に関して、自由権規約委員会は、通報者がこれらの主張を受理可能とされるために立証していないと考える。したがって、これらの主張は選択議定書第２条に基づき許容性を欠く。

7．自由権規約委員会は以上より次のように決定する。

a）通報は、選択議定書第２条及び第５条第２項（b）に基づき許容性を欠く。

b）この決定は、通報者と締約国に対して通知されるものとする。

この見解は、英語、フランス語、ロシア語及びスペイン語で採択され、英文が原文である。総会に対する自由権規約委員会の年次報告書の一部として、アラビア語と中国語の年次報告書も後に作成される。

＊次に挙げる自由権規約委員会の委員は、本件通報の検討に参加した委員で

ある。Mr. Abdelfattah Amor, Mr. Nisuke Ando, Mr. Prafullachandra Natwarlal Bhagwati, Mr. Alfredo Castillero Hoyos, Ms. Christine Chanet, Mr. Edwin Johnson, Mr. Walter Kälin, Mr. Ahmed Tawfik Khalil, Mr. Rajsoomer Lallah, Ms. Elisabeth Palm, Mr. Rafael Rivas Posada, Sir Nigel Rodley, Mr. Hipólito Solari-Yrigoyen and Mr. Roman Wieruszewski.

自由権規約委員会の手続規則の規則90に従い、委員会の委員であるMr. Ivan Shearerは、自由権規約委員会の決定の採択には参加しなかった。

注釈

1．申立番号1783/82, [76], [11]-[12].

2．ドール・チャデほか対トリニダード・トバゴ事件、通報番号813/1998、1998年7月29日採択。

3．ケリー対ジャマイカ事件、通報番号253/1987、1991年4月8日採択。

4．締約国は、バーン判事によるこの問題に関する議論に言及している。そこでは、バーン判事は、不適格な陪審員の名簿を提供する実行は、審理される原因（cause）に対して公平かつ中立な陪審員を検察官が選任できるようにするために、オーストラリアで確立したものであると述べている。バーン判事は次のように述べる。「検察官が（公平かつ中立な陪審員を確保するという）目的を達成する権利を行使することは、かかる権利の行使に関する知識なしには望めない。このためにこそ、『不適格ではないとする確信』という情報が検察に提供される実行が発達してきた。」女王対スーほか事件、前掲注53、686頁。

6．自由権規約委員会の決定に対する批判

自由権規約委員会の却下決定は、オーストラリア政府の反論に即した判断であるといえよう。

その骨子は、通報者らが通訳の不適切さを2001年までに気づかなかったという通報者らの主張を認めず、すでに通報者らは、裁判において通訳に問題があることを気づいていたということであった。その前提に立って、通報者らの弁護人らが供述調書の許容性を争わなかったこと、及び通報者らも以後、第一審や上訴のなかで、通訳の問題につき、異議を述べようと思えばできたのにもかかわらずこれを行わなかったことは、国内的救済手段を尽くしていないということにあると思われる。

しかしながら、刑事裁判で、当時の弁護人らが供述調書の許容性を争わなかったことは、通訳の能力に問題があったことを認識した上でのことではなかった。というのは、オーストラリアにおける供述調書は、日本のような一人称形式（独白形）の調書ではなく、問答形式のまま記載されているところ、調書は当然英語で書かれてある。取調の際に通報者らが、日本語で答えた部分については、「(Foreign Language)」と記載されているだけであり、日本語で何と答えたのか全く不明なものとなっている。したがって、英語で書かれた供述調書だけをみても、通訳が不適切であったかは全くわからない。もちろん、取調のビデオテープが法廷で上映された際に、「(Foreign Language)」の部分が、日本語の音声で検出され、法廷通訳人が正確に翻訳すれば、取調に立ち会った通訳人の能力及び通訳が正確でなかったことが明らかになったのであろうが、法廷通訳人自身の日本語能力に問題があったのであれば、それも明らかにならない。しかしながら、「(Foreign Language)」の部分が、英語に正確に訳されて、その中味が判明したのは、マジストレート・コートが終わって実に７年以上経ってからのことであった。前述した通訳人、学者の方らの翻訳と分析によって初めて明らかになったのである。にもかかわらず、弁護人が供述調書の許容性を争わなかったことを取り上げて、第一審や上級審で問題にできたのに問題にしなかったと認定したことはあまりに不当である。

通報者らは、意思疎通が十分できていないことに対する多少の不満はあったが、ここまで通訳が不十分であることまでは刑事裁判当時、気づいていなかった。通訳の不適切さにどの程度気づいていたのかということを問題にすることなく、

たとえ少しでも気づいていたのであれば徹底して争うことが必要であるとするならば、外国人の刑事事件において、個人通報制度の門戸を閉ざすことになってしまう。通報者らは、英語を理解できないのであるから、通訳がどの程度正確に通訳しているか正しく判断できない立場にある。まして、メルボルン事件の通報者らは、外国の司法手続に置かれることも初めてだったのである。

弁護人としても、通訳の日本語部分が正確か否かについては、正しく理解することは不可能である。裁判時に、少しでも通訳がおかしいと感じたのであれば、その場もしくは控訴して通訳の不備を主張しなければ通報を受理しないというのであれば、通訳が問題になった刑事事件のほとんどが審査の対象外となってしまうであろう。

そこで、決定について、弁護団で議論して、弁護団声明を出した。

7．自由権規約委員会の決定に対する弁護団声明

国連の自由権規約委員会は、2006年11月15日、被害者5名（以下、「通報者ら」と言う。）による個人通報を却下する決定を行った。通訳の不当性に踏み込まない、門前払いの決定である。

弁護団は、以下の理由により、この決定は誤りであると考える。

却下理由の要点は、通報者らやその弁護人が、第1審の裁判終結までに通訳の正確性について懸念を持っていたのに、これを上訴を含む裁判手続で主張しなかったのだから、オーストラリアにおける国内的救済手続を尽くしていないというものである。

確かに通報者や弁護士らは、第1審の裁判において、取調時の通訳や法廷通訳の質について懸念は持っていた。

しかし、そもそも、通訳は、互いの言語を理解できない当事者の間で、双方のコミュニケーションを橋渡しするために付されるものである。その「橋渡し役」に欠陥があるときに、片方の言語しか理解できない通報者や弁護人らが、通訳の欠陥を正確に認識するのは非常に困難である。

よって、通報者らが通訳の正確性に対して懸念を持ったことがあるという一事をもって、最高裁まで通訳の欠陥を争い抜くことを求める本件決定は、通報者らに不可能を強いるものであり、えん罪被害者の救済の道を不当に狭めるものに他ならない。

第3部

メルボルン事件における個人通報の実務

1．メルボルン事件における国際人権規約及び手続規定の適用

(1) はじめに

本件は、日本人が主体となって個人通報制度を利用した初めての、そして本書出版時においておそらく唯一の事例である。

本件において国際人権規約等の諸条項がどのように適用されたかを概観しておくことは、将来の個人通報制度の利用に向けた参考になるものと考える。

〈条文等の出典〉

① 英文（市民的及び政治的権利に関する国際規約）The International Covenant on Civil and Political Rights：

http://www2.ohchr.org/english/law/ccpr.htm#art41

② 日本語訳「市民的及び政治的権利に関する国際規約」：

http://www.mofa.go.jp/mofaj/gaiko/kiyaku/2c_001.html

③ 英文（市民的及び政治的権利に関する国際規約の選択議定書（第1選択議定書））Optional Protocol to the International Covenant on Civil and Political Rights：

http://www2.ohchr.org/english/law/ccpr-one.htm

④ 日本語訳「市民的及び政治的権利に関する国際規約の選択議定書（第1選択議定書）」：

http://blhrri.org/library/hr_convention/hr_convention-04-j.pdf

⑤ 英文（自由権規約委員会の手続規則）（RULES OF PROCEDURE OF THE HUMAN RIGHTS COMMITTEE）：

http://www.unhchr.ch/tbs/doc.nsf/(Symbol)/CCPR.C.3.Rev.8.En?Opendocument

なお、この手続規則はしばしば改訂されている。以下の説明で引用する条約番号は、本書出版時現在のものである。

⑥ 英文（一般的意見）General Comments：

http://www2.ohchr.org/english/bodies/hrc/comments.htm

⑵　メルボルン事件における個人通報手続の経過

1）　1998.09.22　４名による個人通報申立

2）　2000.08　勝野良男氏、個人通報追加申立

3）　2000.11.08　自由権規約委員会からの連絡（堀田牧太郎教授宛て）（現在、不見当だが、通報受領の旨と整理番号の通知と思われる。）

4）　2000.11.28　通報者側（トービン氏）から自由権規約委員会への連絡【連絡文書１】
　・堀田牧太郎教授が逝去された旨
　・トービン氏を連絡担当者に指定する旨

5）　2001.10.22　通報者側、補充報告書（Additional Information＋Supplementary Report）提出

6）　2001.11.16　自由権規約委員会から通報者側（トービン氏）への書簡【連絡文書２】
　・各手続要件に関する釈明

7）　2002.01.21　通報者側（具体的にはメルボルン事件弁護団顧問であるアメリカ人弁護士ジョン・ジャック・トービン氏を指す。）から自由権規約委員会へ手紙【連絡文書３】
　・【連絡文書２】に対する回答
（注：オーストラリア政府は、後に答弁書で「2002.01.21の手紙」として引用。ということは連絡文書は相手方当事者に開示されうるということである。従って、①相手方に開示されうることを念頭において作成すべきである。又、②適切な時期に自由権規約委員会連絡担当者に、相手方当事者との連絡文書の開示を求めるべきである。）

8）　2002.02.11　自由権規約委員会から通報者側（トービン氏）への書簡【連絡文書４】
　・国内的救済措置の完了に関する釈明

9）　2002.11.06　勝野正治氏・勝野光男氏・浅見喜一郎氏の仮釈放（日本に強制送還）

10）　2002.11.17　本多千香氏の仮釈放（日本に強制送還）

11）　2003.01.30　個人通報申立書の受付（事件番号 Communication No. 1154/2003）【連絡文書５】

12)　2003.04.16　自由権規約委員会がオーストラリア政府から通報者側への問い合わせ（釈明）を転送【連絡文書６】

①勝野良男氏も通報者となっているか

②４名が帰国した後であっても個人通報を維持するのか。

13)　2003.07.02　通報者側（トービン氏）からの回答【連絡文書７】

①勝野良男氏はビクトリア州の刑務所内から自分で申立書を送付しているはずなので確認されたい

②早期の身柄解放のみならず、冤罪を晴らし名誉を回復することも目的であるから、帰国した後であっても個人通報を維持する。

14)　2003.11.20　自由権規約委員会から通報者側への通知【連絡文書８】

・通報者側からの書簡を受領した旨

15)　2004.07.28　オーストラリア政府、答弁書提出

・なお、ジュネーブから日本への送付書の日付は2004.09.27。【連絡文書９】

・通報者からの再反論書提出期限は、同送付書の日付から２か月以内までに到達との指示あり。

16)　2004.11.08　通報者側（トービン氏）から自由権規約委員会にメール

①オーストラリア政府答弁書に引用されている書面4通(通訳制度に関する書面２通、連邦検察局からオーストラリア政府への手紙２通）が添付されていないので、早急に送付されたい旨

②再反論書の期限を全部の書面の受領から３か月後を希望する旨

17)　2005.01.24　自由権規約委員会から資料の送付（2005.02.09到着）

①ただし、通訳制度に関する書面２通のみ

②再反論書の提出期限を送付書の日付から６週間以内(2005.03.07まで）とする旨

18)　2005.02.09　通報者側（トービン氏）から自由権規約委員会にメール

①連邦検察局からオーストラリア政府への手紙２通を送付されたい旨

19）　2005.02.11　自由権規約委員会から通報者側（トービン氏）へのメール

①オーストラリア政府から送付されてきた文書をそのまま転送しただけである旨の弁解

②早急に再反論書を提出されたい旨

20）　2005.02.12　通報者側（トービン氏）から自由権規約委員会にメール

①連邦検察局からオーストラリア政府への手紙は内容的に重要であること、及び武器対等の原則から、手紙２通を早急に提出するようオーストラリア政府に連絡されたい旨

②再反論の内容につき弁護団全体で検討する必要があることから、全部の書面を受け取ってから３か月後を期限とされたい旨

21）　2005　自由権規約委員会から通報者側（トービン氏）への手紙

・オーストラリア政府に公式文書で送付を依頼するのでハードコピー（紙）で要請文を自由権規約委員会まで送ってもらいたい旨

22）　2005　通報者側（トービン氏）から自由権規約委員会への手紙

・上記依頼に沿った要請文

23）　2005.03.03　自由権規約委員会から通報者側（トービン氏）への手紙

・オーストラリア政府に公式文書を送付した旨

24）　2005.03.21　通報者側（トービン氏）から自由権規約委員会にメール

①オーストラリア政府に公式文書を送付してもらったお礼

②再反論書の提出期限を、オーストラリア政府が手紙２通を提出してから、あるいはオーストラリア政府が提出しないことを自由権規約委員会が確認してから３か月とすることを早急に確認していただきたい旨

25）　2005　自由権規約委員会から通報者側（トービン氏）への手紙

・締約国の答弁書に対する反論は２か月とされているが、期限延長の希望は、締約国が特に反対しない限り認められる。審査待ちの滞留案件が多いこともあり、本件でも期限延長は認められると思うが、締約国から

書面が提出された際に正式に通知する旨。

26） 2005.06.14 通報者側（トービン氏）から自由権規約委員会にメール
・オーストラリア政府から手紙２通の提出がないということは拒否されたと考えられるので、期限を設定していただきたい旨

27） 2005.08.10 通報者側（トービン氏）から自由権規約委員会に手紙
・再度オーストラリア政府に手紙を提出するよう要請していただきたい旨と、期限を設定していただきたい旨

28） 2005.11.05 自由権規約委員会から、オーストラリア政府答弁書で引用されていた資料の送付【連絡文書10】
送付書中に、再反論書の提出期限を「送付書の日付から２か月以内に必着のこと」とする旨の記載あり。

29） 2005.12.24 通報者、再反論書提出（同26日大阪発送、29日ジュネーブ到着）【連絡文書11】

30） 2006.10.16 自由権規約委員会の第88セッション開始（～11.03）

31） 2006.10.31 本件に対する審理

32） 2006.11.07 自由権規約委員会による却下決定（許容性なし）【連絡文書12】

⑶ 各手続段階における関連条文について

１） 1998.09.22 ４名による個人通報申立て

1998年（平成10年）９月22日、勝野正治氏・勝野光男氏・本多千香氏・浅見喜一郎氏の４名は、メルボルン事件の捜査及び裁判の過程において、自分たちは「市民的及び政治的権利に関する国際規約」規定の諸権利の侵害の犠牲者であるとして、締約国オーストラリアを相手方として、自由権規約委員会に対し個人通報を行った。

ア 個人通報制度の根拠法

個人通報制度は、「市民的及び政治的権利に関する国際規約の選択議定書（第１選択議定書）」（Optional Protocol to the International Covenant on Civil and Political Rights）に規定された制度である。

第１条

この議定書の締約国となる規約の締約国は、規約に規定するいずれかの権利の当該締約国による侵害の犠牲者であると主張する当該締約国の管轄の下にある個人からの通報を委員会が受理しかつ検討する権限を有することを認める。委員会は、この議定書の締約国でない規約の締約国についての通報を受理してはならない。

Article I

A State Party to the Covenant that becomes a Party to the present Protocol recognizes the competence of the Committee to receive and consider communications from individuals subject to its jurisdiction who claim to be victims of a violation by that State Party of any of the rights set forth in the Covenant. No communication shall be received by the Committee if it concerns a State Party to the Covenant which is not a Party to the present Protocol.

この第１条第１文により、市民的及び政治的権利に関する国際規約に規定するいずれかの権利の、当該締約国による侵害の犠牲者であるという主張を、委員会が受理しかつ検討する権限を有することが、認められた。

これが個人通報制度である。

イ　日本人による個人通報制度の利用可能性について

わが国は、この選択議定書を批准していないから、日本国民は個人通報を利用できないのではないかという疑問も生じうるところではある。

しかし、上記第１条第１文によると、個人通報の主体たりうる者は、「規約に規定するいずれかの権利の当該締約国による侵害の犠牲者であると主張する当該締約国の管轄の下にある個人」（*individuals subject to its jurisdiction who claim to be victims of a violation by that State Party of any of the rights set forth in the Covenant*）である。

すなわち、その通報しようとする個人の国籍は問題でなく、その個人が選択議定書の締約国の法律の管轄にあれば足りるのである。

メルボルン事件の場合は、オーストラリアが選択議定書の締約国であり、通報者らはオーストラリア法の適用を受けていたことから、通報が可能となったのである。

ウ　個人通報の様式について

選択議定書及び手続規則（RULES OF PROCEDURE OF THE HUMAN RIGHTS COMMITTEE）には具体的な規定は見当たらない。ただ、選択議定書第２条において、書面によらなければならない旨が定められている。

> 第２条
>
> 前条の規定に従うことを条件として、個人は、規約に規定する個人のいずれかの権利が侵害されたと主張する場合において、利用し得るすべての国内的な救済措置を尽したときは、検討のため、書面による通報を委員会に提出することができる。
>
> ***Article 2***
>
> ***Subject to the provisions of article 1, individuals who claim that any of their rights enumerated in the Covenant have been violated and who have exhausted all available domestic remedies may submit a written communication to the Committee for consideration.***

メルボルン事件において提出された書面が、CD-ROM所収の「Communication」と題されたものである。添付資料については、原本ではなく写しを添付するようにというのが自由権規約委員会の要請である。

エ　個人通報書の送付を受けた自由権規約委員会の取扱い

個人通報に対する審査については、自由権規約委員会手続規則（RULES OF PROCEDURE OF THE HUMAN RIGHTS COMMITTEE）の第17章に規定がある（XVII. PROCEDURE FOR THE CONSIDERATION OF COMMUNICATIONS RECEIVED UNDER THE OPTIONAL PROTOCOL）。

ア　国連事務総長による注意喚起

> ***Rule 84***
>
> ***1. The Secretary-General shall bring to the attention of the Committee, in accor-***

dance with the present rules, communications which are or appear to be submitted for consideration by the Committee under article 1 of the Optional Protocol.

イ　国連事務総長による通報意思の確認

Rule 84

2. The Secretary-General, when necessary, may request clarification from the author of a communication as to whether the author wishes to have the communication submitted to the Committee for consideration under the Optional Protocol. In case there is still doubt as to the wish of the author, the Committee shall be seized of the communication.

上記年表のうち、12)（2003.04.16　オーストラリア政府から通報者側への問い合わせ）【連絡文書６】は、オーストラリア政府からの問い合わせではあったが、自由権規約委員会を経由して通報者らに問い合わせがあったものである。その意味で、本条によるものと解される。これに対する通報者側からの回答が13)（2003.07.02　通報者側（トービン氏）からの回答）【連絡文書７】であり、これは自由権規約委員会に対して回答したものであった。

ウ　申立内容に関する釈明

申立内容の送付を受けた委員会は、内容に不明な点がある場合は、通報者に釈明を求めることが出来る。

Rule 86

1. The Secretary-General may request clarification from the author of a communication concerning the applicability of the Optional Protocol to his communication, in particular regarding:

(a) The name, address, age and occupation of the author and the verification of the author's identity;

(b) The name of the State party against which the communication is directed;

(c) The object of the communication;

(d) The provision or provisions of the Covenant alleged to have been violated;

(e) The facts of the claim;

(f) Steps taken by the author to exhaust domestic remedies;

(g) The extent to which the same matter is being examined under another procedure of international investigation or settlement.

【連絡文書２】【連絡文書４】は、これに該当すると考えられる。

エ　事件の併合について

複数の通報者から個人通報がなされた場合など、適当と認められる場合には、２つ以上の個人通報が併合される場合がある。

Rule 94

2. Two or more communications may be dealt with jointly if deemed appropriate by the Committee or a working group established under rule 95, paragraph 1, of these rules.

メルボルン事件では、勝野良男氏の個人通報は、後から単独で申し立てられた（勝野良男氏のみオーストラリア連邦最高裁への上告が認められ、他の４名の個人通報の時点では、まだ同連邦最高裁で審理中であったため）。

しかし、他の４名と同内容の事件であったことから、併合して審理されることになった。

オ　事件としての登録

自由権規約委員会手続規則には、通報が登録されたり、事件番号が付されることを直接規定した条文はない。

しかし、登録の制度を示唆する条文は存在する。

Rule 85

1. The Secretary-General shall prepare lists of the communications submitted to the Committee in accordance with rule 84 above, with a brief summary of their contents, and all circulate such lists to the members of the Committee at regular

intervals. The Secretary-General shall also maintain a permanent register of all such communications.
Rule 87
For each registered communication the Secretary-General shall as soon as possible prepare and circulate to the members of the Committee a summary of the relevant information obtained.

メルボルン事件において、事件を登録した旨及び事件番号の通知があったのは、11） 2003.01.30 の時点であった。申し立てから４年４か月も経過した後のことである。

個人通報事件が申し立てられてから登録されるまでに、平均してどれくらいの期間を要するのかは不明である。

確かにメルボルン事件の場合には、この間通報者側から追加報告書を提出したり、通報者らの仮釈放がなされたというような特殊な事情もあった。

しかし、いずれにせよ、これだけの期間が経過してやっと登録されるというのでは、余りに時間がかかりすぎるのではないかという危惧を抱かざるを得ない。

オ　締約国への通知

第４条

1　前条の規定に従うことを条件として、委員会は、この議定書に基づいて提出されたすべての通報につき、規約の規定に違反していると申し立てられたこの議定書の締約国の注意を喚起する。

Article 4

1. Subject to the provisions of article 3, the Committee shall bring any communication submitted to it under the present Protocol to the attention of the State Party to the present Protocol alleged to be violating any provisions of the Covenant.

オーストラリア政府に本件通報の通知がなされたことは、【連絡文書５】の中で触れられている。

カ　締約国からの反論書の提出

個人通報書が受け付けられると、直ちに締約国に連絡し、締約国からの反論を求めることになる。書面主義の審理がなされることから、通報同様、反論も書面による必要がある。

第４条

２　注意を受けた締約国は、６箇月以内に、事態及び、自国がとり得た救済措置がある場合には、その救済措置について説明する文書その他の文書を委員会に提出する。

Article 4

2. Within six months, the receiving State shall submit to the Committee written explanations or statements clarifying the matter and the remedy, if any, that may have been taken by that State.

Rule 97（当時の条文番号は、91だった）

1. As soon as possible after the communication has been received, the Committee, a working group established under rule 95, paragraph 1, of these rules or a special rapporteur designated under rule 95, paragraph 3, shall request the State party concerned to submit a written reply to the communication.

2. Within six months the State party concerned shall submit to the Committee written explanations or statements that shall relate both to the communication's admissibility and its merits as well as to any remedy that may have been provided in the matter, unless the Committee, working group or special rapporteur has decided, because of the exceptional nature of the case, to request a written reply that relates only to the question of admissibility. A State party that has been requested to submit a written reply that relates only to the question of admissibility is not precluded thereby from submitting, within six months of the request, a written reply that shall relate both to the communication's admissibility and its merits.

3. A State party that has received a request for a written reply under paragraph 1 both on admissibility and on the merits of the communication may apply in writing, within two months, for the communication to be rejected as inadmissible, setting out the grounds for such inadmissibility. Submission of such an application shall not extend the period of six months given to the State party to submit its writ-

ten reply to the communication, unless the Committee, a working group established under rule 95, paragraph 1, of these rules or a special rapporteur designated under rule 95, paragraph 3, decides to extend the time for submission of the reply, because of the special circumstances of the case, until the Committee has ruled on the question of admissibility.

4. The Committee, a working group established under rule 95, paragraph 1, of these rules or a special rapporteur designated under rule 95, paragraph 3, may request the State party or the author of the communication to submit, within specified time limits, additional written information or observations relevant to the question of admissibility of the communication or its merits.

締約国の答弁の期限が６か月以内であることは、【連絡文書５】の中でも確認されている。とすると、提出期限は2003.07.30のはずである。しかし実際にオーストラリア政府からの答弁書が提出されたのは、15） 2004.07.28のことだった。これだけの期間を要した理由は不明であるが（釈明があったからかも知れない）、いずれにせよ通報者側はこの点につき異議を述べる等はしていない。Rule97（当時は91）の３項で認められた可能性が高かったからである。

キ　再反論等について

締約国からの答弁に対しては、反論の機会が与えられている。

ただし、その期限は任意に定められることになる。

Rule 97

6. Within fixed time limits, each party may be afforded an opportunity to comment on submissions made by the other party pursuant to this rule.

メルボルン事件において、オーストラリア政府からの答弁書に対抗する通報者側からの再反論につき、その期限を巡って自由権規約委員会と様々なやりとりがあったのは、年表に記載の通りである。

ク　許容性の審査

個人通報が自由権規約委員会において登録されると、許容性（admissibility）の審査に進むことになる。

第３条

委員会は、この議定書に基づく通報のうち、匿名のもの又は通報を提出する権利を濫用しており若しくは規約の規定に両立しないと認めるものは受理することができないと判断する。

Article 3

The Committee shall consider inadmissible any communication under the present Protocol which is anonymous, or which it considers to be an abuse of the rights of submission of such communications or to be incompatible with the provisions of the Covenant.

第５条

１　委員会は、当該個人及び関係締約国により提供された書面によるすべての情報に照らして、この議定書により受理した通報について検討する。

２　委員会は、次のことが確認されない限り、個人からのいかなる通報についても検討しない。

(a) 同一の事案が国際的な調査又は解決のための他の手続により検討されていないこと。

(b) 当該個人が利用し得るすべての国内的な救済措置を尽したこと。ただし、救済措置の実施が不当に遅延する場合は、この限りでない。

Article 5

1. The Committee shall consider communications received under the present Protocolin the light of all written information made available to it by the individual and by the State Party concerned.

2. The Committee shall not consider any communication from an individual unless it has ascertained that:

-1. The same matter is not being examined under another procedure of international investigation or settlement;

-2. The individual has exhausted all available domestic remedies. This shall not be the rule where the application of the remedies is unreasonably prolonged.

Rule 95

1. The Committee may establish one or more working groups to make recommendations to the Committee regarding the fulfilment of the conditions of admissibility laid down in articles 1, 2, 3 and 5, paragraph 2, of the Optional Protocol.

2. The rules of procedure of the Committee shall apply as far as possible to the meetings of the working group.

3. The Committee may designate special rapporteurs from among its members to assist in the handling of communications.

Rule 96

With a view to reaching a decision on the admissibility of a communication, the Committee, or a working group established under rule 95, paragraph 1, of these rules shall ascertain:

(a) That the communication is not anonymous and that it emanates from an individual, or individuals, subject to the jurisdiction of a State party to the Optional Protocol

(b) That the individual claims, in a manner sufficiently substantiated, to be a victim of a violation by that State party of any of the rights set forth in the Covenant. Normally, the communication should be submitted by the individual personally or by that individual's representative; a communication submitted on behalf of an alleged victim may, however, be accepted when it appears that the individual in question is unable to submit the communication personally;

(c) That the communication does not constitute an abuse of the right of submission;

(d) That the communication is not incompatible with the provisions of the Covenant;

(e) That the same matter is not being examined under another procedure of international investigation or settlement;

(f) That the individual has exhausted all available domestic remedies.

メルボルン事件について最も問題となったのは、許容性の要件のうち「国内救済手段を尽くしていること」という要件を満たしているかどうかである。

この要件につき注意すべき点が２つある。

① まず、国内法上利用可能な手続があっても本人がそれを利用しないために利用できなくなった場合は、国内救済手段を尽くした（exhaust＝消尽した）ことにはならないということである。

分かりやすく説明するため、わが国の刑事訴訟に場面設定してみる。第１審判決に不満がある場合は２週間以内に控訴できるが、それを過ぎると控訴できなくなる。２週間が過ぎてしまった場合には、もう国内手続で利用可能なものは残されていないから、国内救済手段を尽くした（消尽した）とも言えそうである。（なお、再審のような例外的手続は尽くす必要がないとされている。）しかし、利用可能な手続を自ら利用しなかったために国内救済手段がなくなった場合は、国内救済手段を尽くしたとは言えない。その意味で、上の例で２週間の控訴期間を徒過した場合は、（再審手続以外には）国内救済手段を取る途も個人通報の救済を求める途も閉ざされたことになる。その後仮に再審をやってみてそれが認められなかった場合、再度国内救済手段を尽くしたと言えるか否かが問題となりうる。しかし、もともと尽くす必要がないとされていた手続を踏んだところで、改めて国内救済手段を尽くしたことにはならないと解釈するのが、残念ながら素直であろう。

② 次に、この要件は、争点ごとに個別に判断されるということである。

例えば、ある事件で取調べの際に暴行を受けたか否かという争点（A）と取調べの際に通訳が付されていたか否かという争点（B）の２つがあったとする。仮に争点Aについては最高裁まで争っていて否定されたが、争点Bについては控訴審までしか争わず確定したとする。その場合、争点Aは国内救済手段を尽くしたことになるが、争点Bは国内救済手段を尽くしていないことになる。従って、この事件全体につき個人通報したとしても、本案審理の対象となるのは争点Aのみである。

ケ　許容性の判断と通知

許容性は、実体面の審査に先立ち、通報者側及び締約国側から提出された書面に基づいて、非公開の会合で審理される。

ここで注意すべき点は、許容性審査と実体面（本案）審査が必ずしも別の手続とされている訳ではないことである。「まず許容性について当事者双方の応酬があり、自由権規約委員会が許容性ありと判断した場合に次に実体面（本案）の応酬が始まる」とは限らない。わが国の訴訟でも当事者は訴訟要件（訴訟条件）と本案の主張・立証は当初から行っておく必要があり、裁判所が判決する時になって訴訟要件が欠けていれば却下され、訴訟要件が満たされていれば本案判決が下されることになるが、基本的にそれと同じである。従って、個人通報を申し立てる通報者は、最初から許容性と本案の両方の主張・立証を行っておく必要がある。

審理の結果については、通報者及び締約国に通知される。

第５条

１　委員会は、当該個人及び関係締約国により提供された書面によるすべての情報に照らして、この議定書により受理した通報について検討する。

３　委員会は、この議定書により通報を検討する場合には、非公開の会合を開催する。

４　委員会は、関係締約国及び当該個人に委員会の意見を送付する。

Article 5

1. The Committee shall consider communications received under the present Protocol
in the light of all written information made available to it by the individual and by the State Party concerned.

3. The Committee shall hold closed meetings when examining communications under the present Protocol.

4. The Committee shall forward its views to the State Party concerned and to the individual.

Rule 93

1. The Committee shall decide as soon as possible and in accordance with the following rules whether the communication is admissible or is inadmissible under the Optional Protocol.

2. A working group established under rule 95, paragraph 1, of these rules may also declare a communication admissible when it is composed of five members and all the members so decide.

3. A working group established under rule 95, paragraph 1, of these rules of pro-

cedure may decide to declare a communication inadmissible, when it is composed of at least five members and all the members so agree. The decision will be transmitted to the Committee plenary, which may confirm it without formal discussion. If any Committee member requests a plenary discussion, the plenary will examine the communication and take a decision.

Rule 98

1. Where the Committee decides that a communication is inadmissible under the Optional Protocol it shall as soon as possible communicate its decision, through the Secretary-General, to the author of the communication and, where the communication has been transmitted to a State party concerned, to that State party.

2. If the Committee has declared a communication inadmissible under article 5, paragraph 2, of the Optional Protocol, this decision may be reviewed at a later date by the Committee upon a written request by or on behalf of the individual concerned containing information to the effect that the reasons for inadmissibility referred to in article 5, paragraph 2, no longer apply.

（最後に、余談になるが、これからの「人権の国際的保障」の時代にあって国際人権救済手続に実務家として携わるためには、「法律実務に使える英語力」を持っていることが必須不可欠である。例えば、以下の連絡文書の原文はすべて英語であるが、英文の連絡文書を誰かに日本語に訳してもらって初めて意味が分かるとか、こちらの用件を伝えるのにまず日本語で起案しそれを英語に訳してもらうというようなことでは、およそ話にならないだろう。今後、「実務に使える英語力」を持った弁護士、あるいは「実務に使える英語力」を持っている人がロースクール等を経由して弁護士となり、国際人権救済の現場で活躍されることを強く希望する次第である。）

2．メルボルン事件弁護団と国連自由権規約委員会個人通報担当者とのやりとり

・以下では連絡文書のうち適宜ピックアップしたものを掲載する

連絡文書１　2000年11月28日付書簡

2000年11月28日

ハミド・ガハム氏
支援サービス部　主任
国際連合人権高等弁務官

親愛なるガハム様
選択議定書に基づく個人通報について、下記の被害者を支援している弁護士と通訳人チームの一員として、私は、堀田牧太郎教授に宛てたあなたの2000年11月８日付書簡（整理番号C/SO 215/51 AUSTL GEN）の返信としてこの書簡をしたためています。あなたの書簡は、勝野正治氏、勝野光男氏、勝野良男氏、本多千香氏、および浅見喜一郎氏を代理して提出された個人通報に関わるものです。

私は、堀田教授が３週間ほど前にお亡くなりになったことをお知らせしなければなりません。

私は、上記申立人を代理する弁護団の一員です。私は、同弁護団事務局長の田中俊弁護士から、これら通報に関連する書簡の受取人に任命されており、できましたら今後の書簡を、下記の住所で私宛にお送りいただけますと大変ありがたく存じます。

ジョン・J・トービン教授
聖和大学
人文学部

英米文化学科
(住所略)

Email：(略)
Tel：(略)
Fax：(略)

1998年９月22日付の個人通報申立書３頁に示されている、信書のために示唆されたいずれの住所も、現在もはや有効ではありません。堀田教授はお亡くなりになりましたし、スティーブン・ヤング牧師はオーストラリアから米国へ帰還されました。

私たちは、自由権規約委員会に提出するための追加情報を準備しているところです。数週間のうちに、追加情報をあなたにお送りする予定です。

連絡文書２　2001年11月16日付書簡

国際連合人権高等弁務官
FAX：(略)
電報：UNATIONS, GENEVE
テレックス：41 29 62
電話：(略)
インターネット：www.unhchr.ch
E-mail：(略)

住所（略）

整理番号：G/SO 215/51 AUSTL GEN

2001年11月16日

親愛なるトービン教授

私は、2001年10月22日付のあなたの書簡を拝受しました。これは、あなた方が勝野正治他を代理して、市民的及び政治的権利に関する規約の選択議定書に基づく検討を求めて、1998年９月22日に自由権規約委員会に提出した事件に対する補充的な情報を記載したものです。あなた方は、通報者の裁判が、様々な理由によって、特に、通報者の逮捕の時点から最終的な上告審に至るまで、通訳の不十分さによって、不公正であったと主張しています。

あなた方の情報に資するために、私は、自由権規約委員会の作業に関する出版物を同封いたします。ここには、市民的及び政治的権利に関する国際規約、並びにその選択議定書の条文が含まれています。選択議定書の手続に従って、自由権規約委員会は、市民的及び政治的権利に関する国際規約に定めるいずれかの権利について、締約国による侵害の被害者であることを主張する個人からの通報を検討することができます。

あなた方は、通報者を代理して自由権規約委員会に事件を提出するためには、通報者が自らの代理人として行動する権限をあなた方に付与した旨の授権に関する文書を提示しなければならないことをご留意ください。

また、事件を自由権規約委員会に提出する以前に、すべての国内的な救済措置を尽くさなければならないこともあわせてご留意ください。このことが意味しておりますのは、委員会に申立をしようと希望する者は、まず、当該国の裁判制度または行政手続を完遂しなければならないということです。提出された文書からは、通報者は、オーストラリア連邦最高裁判所に、自らの事件を上告したことによって、国内的救済措置を尽くしたように見受けられます。しかしながら、通報者が不公正な裁判を受けたと主張する理由の３点、すなわち、逮捕から上告に至るまでの通訳の不十分さ、通報者の事件が併合されたという事実、及び事件に対する圧倒的なメディアの関心が、手続きのいかなる段階においても取り上げられなかったようにも見受けられます。このことが正しいかどうかをご確認いただき、なぜこれらの争点が裁判過程それ自体においても、また連邦最高裁判所に対する上告の理由としても取り上げられなかったかをご説明ください。もしこのような評価が不正確であるとすれば、これらの争点がいつ取り上げられたか、そしてこれらの主張に対し裁判所がどのように対応したかを示してください。

私は、あなた方の次の主張に留意いたします。すなわち、通報者が「可能な限り短期間なものにするために手続きを急がせようとする弁護人の戦略、彼らが自らの証拠となることができなかったこと、および防御のために証人を申請することができなかったことにより、自らを十分に防御できなかった」ため、裁判所の事件を併合する決定は不公正であるという主張です。事件の併合によって、通報者が十分に防御できず、かつ彼らのために証拠を提示する証人を召喚することが妨げられたと、あなた方がいかにして考えるに至ったか、より詳細にご説明いただけますとありがたく存じます。メディアによる報道の問題については、通報者を日本の「やくざ」集団と言及したことの重要性について、ご説明いただけますか。

裁判が不公正であったと信じるその他の２つの理由、すなわち、陪審員の選任方法と、２人の証人を召喚する権限を行使しないという検察官の決定の関係では、通報者が明確な裁判の恣意性や裁判拒否を立証し得た場合を例外として、締約国の国内裁判所による事実及び証拠の評価を再検討しないこと、また、国内裁判所及び当局による国内立法の解釈を再検討しないというのが、自由権規約委員会の一貫した判例であります。したがって、オーストラリア連邦最高裁判所が、これらの主張の双方をしりぞける詳細な推論をすでに示している事実に照らして、なぜあなた方が本件において委員会がそのように判断すべきと考えるのか、さらなる情報をご提示ください。

最後に、より一般的な問題として、すでに提供された情報からは必ずしも明らかではありませんので、法的手続の時系列に関する説明をご提供ください。例えば、あなた方は、勝野良男氏が上訴する許可を与えられた唯一の通報者であると述べておられますが、他の通報者もまた、自らの事件について、オーストラリア連邦最高裁判所に上告しているように見受けられます。

私は、あなた方の都合がつく限り早期に、上記の情報を受領することを心待ちにしております。

敬具

（署名）

マリア・フランシスカ・イゼ＝シャリン

支援サービス部　主任

ジョン・J・トービン教授
聖和大学
人文学部
英米文化学科
(住所略)

連絡文書 3　2002年 1 月21日付書簡

2002年 1 月21日

マリア・フランシスカ・イゼ＝シャリン氏
支援サービス部　主任
国際連合人権高等弁務官

整理番号：G/SO 215/51 AUSTL GEN
勝野正治他

親愛なるイゼ＝シャリン様
あなたの2001年11月16日付書簡をありがとうございました。その書簡においてあなたは、5 人の通報者、すなわち勝野正治、勝野光男、勝野良男、本多千香、及び浅見喜一郎の個人通報に関わって、情報を要請されました。

まず、私は、勝野良男の個人通報の 4 頁に欠落があったことを訂正できれば幸いです。第 9 節の最終段落、「請求の事実」の 7 行目において、「第一審において導き出されたものと同様の、有罪に関する根拠のない結論を陪審員に導きださせることを回避するために」という文があります。この不完全な文は、次の文を付け加えることによって、完全なものとなります。すなわち、「クアラルンプールにおいてスーツケースの消失と取り替えに関して、証拠が提示されなかった。」というものです。その結果、その文は次のようになります。「第一審において導き出されたものと同様の、有罪に関する根拠のない結論を陪審員に導きださせることを回避するために、クアラルンプールにおいてスーツケースの消失と取り替えに関して、証拠が提示されなかった。」

通報者が、自らを代理する権限を私たちに付与していることについて

通報者が、自ら代理する権限を私たちに付与していることに関して、私たちは、関連する委任状を添付いたします。

法的手続の時系列に関する説明

・法的手続の時系列について、私は、(補充報告書『個人通報を支持する追加的な法的及び事実的主張』の2頁において)、手続の時系列の不記載について、お詫びいたします。以下に示した時系列から明らかなように、1994年のメルボルン・カウンティ・コートにおける審理の結果なされた有罪判決の後、被告人全員が、自らの有罪判決について、ビクトリア州最高裁判所上訴部に控訴いたしました。上訴部は、勝野良男の控訴を認め、その有罪判決を破棄し、新たな審理が行なわれるよう命じました。他の4人の通報者の控訴、及び6人目の被告人スー氏の控訴は棄却され、原審による有罪判決が支持されました。勝野良男は2度目の審理が行なわれ、有罪判決を受けました。彼はその有罪判決を、ビクトリア州最高裁判所上訴部に控訴いたしましたが、彼の控訴は棄却されました。そこで良男はオーストラリア連邦最高裁判所に上告する許可を申請しましたが、この申請は却下されました。

法的手続の時系列

・逮捕：5人の通報者は、1992年6月17日、オーストラリア連邦警察によって逮捕された。フォン・ファット・スー氏は、1992年6月19日に逮捕された。

・メルボルン・マジストレート・コートにおけるコミッタル・ヒアリング

1992年11月9日から12月7日。5人の通報者全員とスー氏が起訴される。

・メルボルン・カウンティ・コートにおける第一審：1994年3月—5月

被告人は6人であった。5人の通報者に加え、フォン・ファット・スー氏である。1994年5月28日に、6人の被告人全員について、有罪

の評決が言い渡される。裁判所判事による判決の言渡しは1994年６月10日である。

・ビクトリア州最高裁判所上訴部に対する控訴：女王対フォン・ファット・スー他

1995年12月15日判決（レクシス・リーガルデータベース・ビクトリア州未搭載 1995 VIC LEXIS 1227; BC952564にて入手可能）

勝野良男の控訴は許容される：彼の有罪宣告は破棄され、新たな審理が命じられる。

他の４人の通報者の控訴は棄却された。スー氏のものも同様である。

・勝野良男の再審理：メルボルン・カウンティ・コート、1996年10月—11月

1996年11月12日、勝野良男に対し、有罪の評決が言い渡される。裁判所判事による判決は1996年11月30日であった。

・勝野良男のビクトリア州最高裁判所上訴部に対する控訴許可の申請

1997年12月23日、判決が言い渡される。

1997年12月23日、申請は棄却される。（レクシス・リーガルデータベース・ビクトリア州未搭載、The Queen v. Yoshio Katsuno, 282 of 1996, BC9707353にて入手可能）

・勝野良男のオーストラリア連邦最高裁判所（キャンベラ）に対する上告許可の申請

連邦裁判所である連邦最高裁判所は、オーストラリア裁判所制度の最上級裁判所である。連邦最高裁判所は、「特別上告許可」と呼ばれる手続を通じて、わずかなパーセンテージの上告のみを受理している。1999年９月、申請は棄却された。

通訳の不十分さの争点は、第一審及び控訴審において提起されたか

スティーブン・ヤング牧師による報告書に示されているように、マジストレート・コート及び第一審において、すべての通報者の取調調書の正確性について、

大きな議論がありました。スティーブ・ヤング牧師は『カウンティ・コートの審理に関する考察』において、「裁判官は、翻訳が完全なものではないと認め、陪審員はその点に驚かないように」(971頁)と述べています。上訴部1995年12月15日決定129-130頁(関連する頁の複写を添付しております)において、裁判所は、不十分な通訳について言及しています。裁判所は、オーストラリア連邦警察官オバース氏と勝野良男との間で行われた裁判前取調での、オバース氏が良男に対して黙秘権について告知した際のやり取りに関して、次のように述べています。すなわち「すでに述べたように、この調書が、日本語で述べられた内容について、英語の公平な翻訳を表現するものであることが以下のように合意された。取調べにおけるこの回答や、他の多くの質問と回答において、述べられた事柄のニュアンスが、通訳において失われていることは明白である。まさに、取調べの当該特定部分の不自然な英訳が示唆するのは、日本語で述べられた内容を英語で書面に表現するまでの長い旅路の過程で、きわめて多くの事柄が失われたということであろう。しかしながら、この控訴の目的のためには、検察官と弁護人双方によって同意された、この翻訳が正確であるという前提に基づいて、私たちは審理を進めることとする。」

このように、上訴部裁判官は、裁判及び裁判前手続において提供された通訳の正確さについて、明らかに疑いを有しております。弁護人が審理において翻訳が正確であったと誤って同意し、この争点を第一審及び控訴審において提起しなかったという事実は、適切な通訳を確保する十分な制度をオーストラリア政府が整備しなかったことに起因するものであります。私たちが繰り返し述べたように、通訳の問題は法律の専門家が識別できる問題ではありません。その発見と評価は、問題となる言語の専門知識を要するのです。

したがって、不十分な通訳の争点は、充分に評価されず、第一審及び控訴審段階において提起されなかったというまさにその事実は、刑事被告人のために、適切な通訳を確保する十分な制度をオーストラリア政府が整備しなかったことの直接的な結果なのであります。

『補充報告書(個人通報を支持する追加的な法的及び事実的主張)』(以下、『補充報告書』)の10—13ページにおいて説明したように、当該文書12—13頁に引用したアボリジニの人々に関する諸事件の証拠が示すところによれば、オーストラリア政府は、その司法手続において、一般的に深刻な通訳の問題（これは注目を要します）があることを認識していたのです。オーストラリア政府はまた、本件の裁判前の取調べにおいて提供された通訳に問題があったことも認識していました。それにもかかわらず、オーストラリア政府は最小限の十分さをもってこの問題に取り組むことを怠ってきたのです。

『補充報告書』において説明したように、私たちの中心的な主張は、オーストラリア政府が、十分な通訳を確保し、問題を発見するための実行可能で効果的な制度を整備しなかったことによって、通訳の無料の援助を受ける通報者の権利が制度的に侵害されたということであります。外国語通訳の十分さを監視することは、法とは別の高度に専門的な知識を要するので、通報者や、弁護人までもが問題の大きさを理解することは期待されえないのであります。このことから、彼らがこの問題を第一審及び控訴審において適切に提起することは、実際には不可能だったのであります。

十分な制度の整備を怠ったことによって、通訳の問題が発生し、その深刻さが通報者やその弁護人に十分に理解されなかったことが事実上確実なものとなったのでありますから、通訳人の援助を受ける権利に関する通報者の国内的救済措置は、非現実的で、非実効的かつ不十分なものとなり、そしてそれは単に理論的に可能性なものとなったのであります。慣習国際法はこの点についてきわめて明快であり、国内的救済措置は実効的かつ十分でなければならないとしています。そうでない場合は、それらを尽くすことは求められません。したがって、通訳の問題が適切に提起されなかった事実は、通報者の通報の許容性に対する妨げとはなりえません。

私たちはまた、法律扶助の弁護人に十分な財政的資源を提供しなかったことにより、オーストラリア政府は、通訳における深刻な問題が発見され、十分に是正されるという、それでなくともわずかな可能性を、さらに乏しいものにしたと考えます。というのも、かかる発見は、専門家の助力を要するからです。財政的に逼迫した弁護人は、もし仮にいくらかでも問題の深刻さを認識しえていたとしても、助力してくれる適切な専門家を雇うことはできなかったでしょう。添付しておりますのは、オーストラリアの財政の乏しい法律扶助制度によって引き起こされる問題に関する論文の抜粋です。

私たちがオーストラリア政府に対して重い負担を課しているという反対意見があり得るとしても、今回通報者がこの問題を提起することを妨げることは、規約の保護を劇的に弱体化させることになりましょう。通訳人の援助を受ける権利は、結局のところ、絶対的に本質的なものであります。すなわち、もしこの権利が侵害され、救済が実際には不可能であるとすれば、14条の最小限の保障やその他の規約上の権利に対して、破壊的な影響を及ぼし、規約の保護は無意味なものとなるでしょう。

通報者の裁判の併合

勝野正治及び勝野光男は、証拠の許容性に関する第一審裁判所の裁定に関する控訴理由として、裁判の分離の問題を提起しています。刑事事件を併合または合併するか否かは、司法の裁量の問題であり、また「第４審」裁判所として行動しないというのが、委員会の一貫した見解であります。しかし、本件の文脈においては、通訳の問題が広く知られているけれども十分に理解されておらず、すべての被告人について単一の審理をすることによって、各被告人が弁護人と意思疎通を図り、裁判所において何が起こっているかを理解することがより困難となったのであります。

圧倒的なメディアの関心と「ヤクザ」問題

スティーブン・ヤング牧師の『概略説明書（General Summary Statement)』(写しを添付しております）に示されるように、1992年６月時点で、オーストラリアにおいて日本のヤクザ犯罪組織がクイーンズランドに進出しようと試みていると懸念されていました。通報者の逮捕の後、メルボルンの主要な新聞は、彼らの旅行グループを国際的な「マフィア」タイプの集団であると非難して、ヒステリックな態度を示しました。関連するいくつかの新聞記事をご参考のために添付いたします。なぜこのような不公正で偏見に満ちた報道の問題が第一審や控訴審において取り上げられなかったかについては依然として不明であるものの、ヴィクトリアの司法制度には、陪審員候補者が特定の被告人に対して抱いているかもしれない偏見について問われ得るような制度も、また米国の裁判地変更のように、審理を他の裁判地に変更することによって、裁判前の偏見に満ちた報道が陪審員にもたらす影響を最小限にするような制度（Allan Ardill, "The Right to Fair Trial: Prejudicial Pre-Trial Media Publicity", *Alternative Law Journal,* Australaisan Legal Information Institute website,〈http://www.austlii.ed.au〉参照。2001年12月10日掲載確認）も存在しませんでした。しかしながら、このような報道の偏見に満ち、損害を与えるような性質は、陪審員の公平性や中立性を深刻な危険にさらすものであったというのが、私たちの見解です。私たちの主張を支持するために、当時の報道記事をいくつか添付しております。

通報者の旅行グループを日本の「ヤクザ」集団と呼ぶことの意義は、「ヤクザ」という用語が通常、日本の組織的犯罪集団に属する人々を表現するために用いられるということです。この犯罪集団の構成員は危険であるとみなされ、そしてもちろん信頼に値しないとされています。通報者にこのようなラベルを貼ることによって、通常のオーストラリア市民の通報者に対する偏見を容易に惹起させ、通報者の正直さや、真実性に対する深刻な疑いを生じさせるものであります。通報者の信用は、各人の第一審や控訴審の核心でありますから、私たちは、この種のメディア報道は、通報者の公正な裁判を受ける権利に対して高度に偏見的な効果を有するものであったと考えております。

陪審員の選任方法と２人の証人に対する脅迫

上訴部は、1995年12月15日の意見において、この問題について詳細に検討しておりますが、私たちの見解は、検察官のみが陪審員候補者を不適格者でないとする事前の宣告について、情報へのアクセス権を有するというメカニズムは、検察官と弁護人の武器対等の原則に反するというものであります。これは、刑事手続きにおける基本原則の深刻な違反であるので、明白な恣意性に相当いたします。

検察官が２人の証人、すなわちA氏とB氏さんを召喚しなかったことに関して、私たちは、証人を召喚するか否かの検察官の裁量権を問題にしているのではないと申し上げます。私たちはむしろ、検察側が証人を脅迫して、弁護側の証言をするための出廷を妨げようとしたことを問題としているのです。上訴部の1995年12月15日の意見89頁（1995 VIC LEXIS 12267 89）によれば、手続きの初期の段階において、検察官はこれら２人の証人について、次のように述べたとのことです。「彼女らがオーストラリアにこの時点で到着すれば、彼女らは逮捕され、起訴されるであろう。（中略）現在私が指示されているのは、もし彼女らがオーストラリアに来て、彼女らが警察に述べたことと一致する証言を行うならば、彼女らは再びオーストラリアからの退去が許可される、という保証を与えるように、ということだ」。検察側のこのような行動は、２人の証人に対する明白な脅迫であり、このことによって、彼女らが証言をするためにオーストラリアに来るよう同意することが、事実上不可能になったのであります。実際には、弁護人は証言のために証人を召喚しませんでしたが、検察官の脅迫は、規約第14条第３項（e）の主要な最小限の保障、すなわち「自己に不利な証人を尋問し、またはこれに対し尋問させること並びに自己に不利な証人と同じ条件で自己のための証人の出席及びこれに対する尋問を求めること」（下線は引用者）に深刻に違反するものであります。

私たちは、あなたの質問と懸念に十分にお答えできたものと期待いたします。もし明確化を要する追加的な問題がございましたら、どうぞ遠慮なくご連絡ください。

敬具

ジョン・J・トービン
(署名)
聖和大学教授
人文学部
英米文化学科
(住所略)
Email：(略)

添付資料：

・オーストラリア法律扶助制度の乏しい財源に関する論文の抜粋

・日本のマフィアのつながりと麻薬輸入に関する、裁判当時のオーストラリア新聞記事

委任状

ここに私は、個人通報について交渉する完全な権限及び権能をもって、次の代理人を選任いたします。（編者注：以下の所属の弁護士会は当時のものである）

山下 潔、団長、大阪弁護士会
田中 俊、事務局長、大阪弁護士会
秋田 真志、大阪弁護士会
荒尾 直志、愛知県弁護士会
梓澤 和幸、東京弁護士会
藤井 美江、大阪弁護士会
平井 龍八、大阪弁護士会
平栗 勲、大阪弁護士会
池田 崇志、大阪弁護士会
井上 隆彦、大阪弁護士会
石田 法子、大阪弁護士会
岩本 朗、大阪弁護士会
岩永 惠子、大阪弁護士会
金井塚 康弘、大阪弁護士会
笠松 健一、大阪弁護士会
片岡 詳子、大阪弁護士会
片山 善夫、大阪弁護士会
川崎 全司、大阪弁護士会
近藤 厚志、大阪弁護士会
越尾 邦仁、大阪弁護士会
小山 章松、大阪弁護士会
日下部 昇、大阪弁護士会
目方 研次、大阪弁護士会

富﨑 正人、大阪弁護士会
茂木 鉄平、大阪弁護士会
野村 務、大阪弁護士会
太田 健義、大阪弁護士会
佐井 孝和、大阪弁護士会
沢田 篤志、大阪弁護士会
関戸 一考、大阪弁護士会
島尾 恵理、大阪弁護士会
菅 充行、大阪弁護士会
高橋 直人、大阪弁護士会
田島 義久、大阪弁護士会
田中 幹夫、大阪弁護士会
寺沢 達夫、大阪弁護士会
豊川 義明、大阪弁護士会
上柳 敏郎、第一東京弁護士会
山上 耕司、大阪弁護士会
横内 勝次、大阪弁護士会
吉岡 良治、大阪弁護士会
養父 知美、大阪弁護士会

日付　　　　年　　月　　日

住所

氏名

連絡文書4　2002年2月11日付書簡

国際連合人権高等弁務官
FAX：(略)
電報：UNATIONS, GENEVE

テレックス：41 29 62
電話：(略)
インターネット：www.unhchr.ch
E-mail：(略)

住所（略）

整理番号：G/SO 215/51 AUSTL GEN

2002年2月11日

親愛なるトービン教授

私は、2002年1月21日付のあなたの書簡と添付資料を拝受しました。これは、2001年11月16日付の私の書簡に対する返信でございます。

通訳制度の不十分さの争点に関する国内的救済措置の完了に関して、あなたが述べておられるのは、通報者自身も、またその弁護人も、問題の大きさを理解することは期待されえないということ、そして仮に彼らがその問題を認識していたとしても、彼らを支援する専門家を雇う財政的支援を得ることができなかったであろう、ということであります。しかしながら事実は依然として、このような専門家の援助が探求されたということ、そして通訳における食い違いが強調されたということのように思われます。この情報が、最高裁判所に対する通報者の上告以降に知られるようになったことをご確認ください。加えて、最終的な判決の後に、この新たな情報に照らして、他のいかなる救済措置が通報者に開かれていたかについても、述べていただけますでしょうか。この文脈において、私が想定をしておりますのは、新たな情報の発見に基づく、人身保護請求または他の同種の請求の可能性について、でございます。

敬具

(署名)

アルフレート・デ・ザイアス

個人通報チーム担当

支援サービス部

ジョン・J・トービン教授
聖和大学
人文学部
英米文化学科
(住所略)

連絡文書５　2003年１月30日付書簡

国際連合人権高等弁務官
FAX：(略)
電報：UNATIONS, GENEVE
テレックス：41 29 62
電話：(略)
インターネット：www.unhchr.ch
E-mail：(略)

住所（略）

整理番号：G/SO 215/51 AUSTL (51)
MS/stp　　　　　　1154/2003

2003年１月30日

親愛なるトービン教授

私は、あなたが、勝野正治氏他の代理人として、市民的及び政治的権利に関する国際規約の選択議定書に基づく検討のために自由権規約委員会に提出した1998年９月24日付通報が、通報番号1154/2003として登録されたことをあなたに通知する栄誉に浴します。今後の書簡においては、この登録番号を記載されますよう、お願いいたします。

委員会手続規則の規則91（注：現在は規則97）に従い、通報の写しが本日締約国に送付されました。ここには、通報の許容性及び本案に関する問題について、いずれかの情報または所見を６か月以内に委員会に提出すべき旨の要請を付しております。

締約国からのいずれの返信も、希望する場合には、それらについてあなたが意見を述べることができるよう、適切な時期にあなたに伝達いたします。

ご参考のために、添付いたしました委員会の手続規則をご参照ください。

敬具

（署名）

マリア・フランシスカ・イゼ＝シャリン

支援サービス部　主任

ジョン・J・トービン様
聖和大学人文学部教授
英米文化学科
（住所略）

連絡文書6　2003年4月16日付書簡

国際連合人権高等弁務官
FAX：（略）
電報：UNATIONS, GENEVE
テレックス：41 29 62
電話：（略）
インターネット：www.unhchr.ch
E-mail：（略）

住所（略）

整理番号：G/SO 215/51 AUSTL (51)
1154/2003

2003年4月16日

親愛なるトービン教授

私は、あなたが、勝野正治氏他の代理人として、市民的及び政治的権利に関する国際規約の選択議定書に基づく検討のために自由権規約委員会に提出した通報で、通報番号1154/2003として委員会に登録されたものに言及する栄誉に浴します。

私は、締約国による提出物の写しを添付しておりますが、これは、特定の事情において、被害者とされる方が通報の手続を進めるか、または取り下げるかについて伺うものであります。この点につきまして、あなたのご都合の許す限り早期に、あなたのご助言を承れれば甚だ幸いです。

敬具
(署名)
マリア・フランシスカ・イゼ＝シャリン
支援サービス部　主任

ジョン・J・トービン様
聖和大学人文学部教授
英米文化学科
(住所略)

Note No.24/03
File No. 250/3/12/2

在ジュネーブ国際連合事務所及び他の国際機構に対するオーストラリア政府代表部は、国際連合人権高等弁務官事務所に対しその敬意を表し、勝野正治氏、勝野光男氏、本多千香氏、及び浅見喜一郎氏に関する通報番号1154/2003に言及する栄誉に浴します。

オーストラリア政府代表部は、オーストラリア政府からの書簡の本文を送付いたします。これは、オーストラリア政府書簡本文に概説されるような事情があるとすれば、通報者がその通報の手続を進めることを希望するかどうかについて、通報番号1154/2003の通報者の見解を求めるよう、事務総長に要請するものであります。

2003年１月30日付書簡により、国際連合事務総長は、在ジュネーブ国際連合オーストラリア政府代表部に対し、オーストラリアに関する通報番号1154/2003の正文を送付されました。通報番号1154/2003は、市民的及び政治的権利に関する国際規約（以下規約）の選択議定書に基づき、勝野正治氏、勝野光男氏、本多千香氏、及び浅見喜一郎氏に代理して、提出されたものであります。自由権規約委員会は、委員会手続規則の規則91第２項に基づき、通報の許容性及び本案に関する問題に関連して、オーストラリアが情報及び所見を提示するよう要請するものであります。

通報者は、規約第９条、とりわけ第９条第１項、第９条第２項の違反、並びに第14条、とりわけ第14条第１項、第14条第３項（a)、(b)、(e)及び（f）の違反を主張しております。この主張は、通報者の犯罪行為に対する捜査・取調べと第一審、これらの犯罪についての有罪判決、及びこれら有罪判決についての控訴・上告から生起したものであります。

そこで述べられている通報の主張は次の点であります。

（１）オーストラリアにおいて、通報者の事件に関し再審理ないし再審を得ること、

（２）再審理の際に、自らの防御を準備するために、及び弁護人と意思疎通を行うために、十分な時間と便宜を与えられるべきこと、

（３）再審理の際に、証人を尋問し、自らに有利な証人の出席と尋問を認められる機会が与えられるべきこと、

（４）再審理の際に、無料かつ高い能力のある通訳の援助が与えられるべきこと、ならびに

（５）再審理の際に、自らを弁護する現実的かつ実質的な機会が与えられ、もって公平かつ公正な第一審及び控訴審がオーストラリアにおいて遂行されるべきこと。

通報はまた、予備的な主張として、特赦または恩赦によるかどうかはさておき、通報者の即時釈放を求めております。

オーストラリア政府は、次の情報について、自由権規約委員会の助言を

いただきたく存じます。

通報は1998年９月24日付となっております。その当時、通報に言及された犯罪行為についての有罪宣告の結果、４人の通報者はオーストラリアの刑務所に収監されておりました。

通報が提出された後、４人の通報者はすべて、すでに刑務所から仮釈放されております。勝野正治、勝野光男及び浅見喜一郎は2002年11月６日に仮釈放され、本多千香は2002年11月17日に仮釈放されました。彼らの釈放は、1914年刑事法の規定に基づき、オーストラリア司法長官の代理人によって、許可されたものであります。釈放を受けて、彼らは、1958年移民法の規定に基づき、オーストラリアから退去しております。彼らは現在、その国籍国である日本に帰還しております。

このような事情において、オーストラリア政府は、通報者がその通報の手続を進めることを希望するか、あるいは通報を取り下げることを希望するかについて、通報者の見解を求めるよう、事務総長に要請いたします。

もし、通報者が、通報について手続きを進めることを希望する旨明言されました場合には、オーストラリア政府は、2003年１月30日付事務総長書簡に述べられた、通報者の主張に関する許容性及び本案の双方に関する情報及び所見を委員会に提出する旨の要請を遵守することを、事務総長及び委員会に確証いたします。

通報者が通報の手続を進めることを希望する場合には、オーストラリア政府は、委員会手続規則の規則91第３項に基づき、本件の特別な事情により、返信の提出期限が延長されるよう、要請いたします。

オーストラリア政府は、勝野良男に関して、いかなる情報又は所見も提出いたしません。といいますのも、通報においては他の被害者としてその名が示されておりますけれども、個人通報の通報者には含まれていないからであります。

オーストラリア政府代表部は、しかる後に、人権高等弁務官事務所のご助言を承りましたら幸いです。

在ジュネーブ国際連合事務所及び他の国際機構に対するオーストラリア政府代表部は、この機会をとらえて、国際連合人権高等弁務官事務所に対するオーストラリア政府の無上の配慮を新たにする次第であります。

2003年4月15日

連絡文書7　2003年7月2日付書簡

整理番号：勝野他、通報番号1154/2003

2003年7月2日

マリア・フランシスカ・イゼ＝シャリン
支援サービス部　主任
国際連合人権高等弁務官

親愛なるイゼ＝シャリン様

返信が大変遅れましたことについて、心よりお詫び申し上げます。このたび私は、あなたが2003年4月16日付書簡においてお送りいただいた、2003年4月15日付オーストラリア政府の書簡について、返信いたします。

オーストラリア政府書簡は、要するに、個人通報番号1154/2003「勝野他」の通報者が、その通報について手続きを進めることを望んでいるか否かを尋ねるものであります。私たちは、通報者が、その通報について手続きを進めることを希望している旨、お知らせいたします。しかしながら、オーストラリア政府書簡のいくつかの記述について、明確化を要する重要な点が2点ございます。

１．勝野良男が５人の通報者の１人に含まれていること

第１点目は、５人の通報者の１人である勝野良男氏に関するものであります。彼は、現在オーストラリアにおいて収監中でございます。オーストラリア政府書簡の最後から３つ目の段落おいて、「オーストラリア政府は、勝野良男に関して、いかなる情報又は所見も提出いたしません。といいますのも、通報においては他の被害者としてその名が示されておりますけれども、個人通報の通報者には含まれていないからであります。」と述べられています。

私の理解では、勝男良男の個人通報は、2001年８月中か、そのすぐ後に、勝男良男によって直接、あなたの事務所に送付されています。したがって彼は、通報者に含められるべきと存じます。以下に、いくつかの背景を提示いたします。

勝野良男氏が、あなたの事務所に提出された最初の書面、すなわち、「メルボルン事件：個人通報」と題された青表紙の書類集1頁にございます『通報を支持する書簡及び関連する書面』（1998年９月22日付）において、通報者として含まれていなかったのは事実であります。当該書面の２頁において、私たちは、この事件における５人目の被害者として勝野良男氏がいること、しかしながら、その時点において、彼はその国内的救済措置を尽くしていないため、通報に含まれていないことを述べておりました。

2002年１月21日付のあなた宛ての私の書簡において示しましたように、私はすべての通報者に関するオーストラリアでの法的手続きについて時系列を提示しましたが、同時に、勝野良男の有罪判決に対する上告が1999年９月に尽くされました。

当該書簡の第１段落において、私は、通報者が５人おり、勝野良男はその１人であると述べました。その次の段落において、私は勝野良男の個人通報に言及しております。

私のファイルには、『市民的及び政治的権利に関する国際規約の選択議定書に基づく自由権規約委員会に対する勝野良男の個人通報』という文書の複写がございます。

この文書は、2001年８月付であり、かつ言及しましたように、この文書の複写は、勝野良男の署名が付され、勝野良男により、オーストラリアの刑務所から直接あなたの事務所に、2001年８月中か、そのすぐ後に送付されたというのが、私の理解でございます。

一連の主張を提示した後に、当該文書の最終段落において、私たちは、勝野良男の通報が、他の４人の被害者の通報とともに検討されることを要請しております。

２．通報の目的

オーストラリア政府書簡は、明示された通報の目的に言及し、かつ再審理、再審、早期釈放などを列挙しております。

これらの目的は、実際には、当初の４人の通報者、すなわち、浅見喜一郎氏（1998年６月19日付）、本多千香氏（1998年６月18日付）、勝野正治氏（1998年６月19日付）、及び勝野光男氏（1998年６月19日付）の通報において設定されたものであります。

これらは、1998年９月22日に、自由権規約委員会に提出されました。

勝野良男の通報において追求される目的とは、オーストラリアが、通報に明記される市民的及び政治的権利に関する国際規約の諸規定に基づく義務に違反したことを、自由権規約委員会が認定すること、及び勝野良男氏を刑務所から即時に釈放することであります。

しかしながら、ここで重要な事実に関する争点とは、これらが通報の唯一の目的ではないということであります。

これらの救済に加えて、４人の通報者は、自由権規約委員会に対し、「長期の刑務所での収監のみならず、被害者たちの権利の著しい侵害及びその結果として生じた裁判における不公正に照らして、被害者たちが、規約第２条第３項に基づく適切な救済を受けることが認められる」よう求めています。

本件において、適切な救済とは、彼らの釈放、並びに将来同様の違反が生じないことを確保する義務があることをオーストラリア政府に勧告すること（下線は引用者）であります（『勝野正治氏、勝野光男氏、勝野良男氏、本多千香氏、浅見喜一郎氏を代理して、1998年９月22日に提出された個人通報に関する追加情報』参照）。

上記の文書は、自由権規約委員会に提出した『メルボルン事件：個人通報』と題された青表紙の書類集の25頁にございます。上記の文章は、46頁にあります。

もちろんお気付きのように、オーストラリア政府の特定の義務は、その認定するところに照らして、自由権規約委員会によって決定されるべきものであります。かかる義務には、とりわけ、(a) 規約の諸規定の厳格な遵守を確保するために即時に措置を執ること、(b) 被害者たちに対し、即時かつ実効的な救済を提供すること、(c) 被害者たちに対し、賠償を支払うこと、(d) 被害者の即時釈放が含まれます。

根本的に不公正な手続きの結果である長期間にわたる拘禁が、彼らの精神的及び身体的健康に対してもたらす深刻な影響に照らして、オーストラリア政府は、通報者の損害に対して、適切な賠償を支払うべきであるというのが、通報者の見解です。

敬具

ジョン・J．トービン

連絡文書８　2003年11月20日付書簡

国際連合人権高等弁務官
FAX：(略)
電報：UNATIONS, GENEVE

テレックス：41 29 62
電話：(略)
インターネット：www.unhchr.ch
E-mail：(略)

住所（略）

整理番号：G/SO 215/51 1154/2003
KF

2003年11月20日

親愛なるトービン教授

私は、2003年７月25日付のあなたの書簡を拝受いたしましたことを確認いたします。当該書簡において、あなたは、自由権規約委員会に対し、あなたの依頼人が通報番号1154/2003を維持する意思をお持ちであることをお知らせいただきました。本件に関する、締約国の許容性及び本案についての提出物は、受け取り次第、あなたに転送される予定です。

敬具
(署名)
マルクス・シュミット
自由権規約委員会担当事務局

トービン様
聖和大学人文学部教授
英米文化学科
(住所略)

連絡文書９　2004年９月27日付書簡

国際連合人権高等弁務官
FAX：(略)

電報：UNATIONS, GENEVE
テレックス：41 29 62
インターネット：www.unhchr.ch

住所（略）

整理番号：G/SO 215/51 AUSTL (51)
MS/sn 1154/2003

2004年９月27日

親愛なるトービン様

私は、ここに、あなたが勝野正治氏他の代理人として、市民的及び政治的権利に関する国際規約の選択議定書に基づく検討のために自由権規約委員会に提出した通報番号1154/2003に関する、2004年７月28日付の許容性及び本案に関する締約国の提出物の写しを、あなたにご転送する栄誉に浴します。

締約国の提出物に関してあなたが提示を希望するいかなる見解も、この書簡の日付から２か月以内、遅くとも2004年11月29日までに、ジュネーブの国際連合人権高等弁務官事務所気付で、委員会までご提出ください。

敬具

（署名）

マリア・フランシスカ・イゼ＝シャリン

条約・（国連人権）委員会部　主任

ジョン・J．トービン様
（住所略）

連絡文書10　2005年11月９日付書簡

国際連合人権高等弁務官
FAX：（略）
電報：UNATIONS, GENEVE

テレックス：41 29 62
インターネット：www.unhchr.ch

住所（略）

整理番号：G/SO 215/51 AUSTL (51)
KF/sn　　　　　　　　1154/2003

2005年11月９日

親愛なるトービン様

私は、ここに、あなたが勝野氏他の代理人として、市民的及び政治的権利に関する国際規約の選択議定書に基づく検討のために自由権規約委員会に提出した通報番号1154/2003に言及いたします。私は、1004年（訳注：ママ）７月24日付の締約国提出文書に言及され、しかし提供されなかった２つの文書で、あなたが請求したものについて、あなたの注意を促したいと思います。その文書とは、1996年４月15日付と1999年２月15日付の、連邦公訴局長室による司法省宛ての２通の書簡です。

締約国の提出文書に関して意見を提出するに当たり、あなたが３か月の期間延長を要請されたことに留意いたします。問題の文書の調達に要する時間の長さについては念頭に置きますけれども、締約国の提出文書は2004年９月以降、あなたの手元にあることにも留意いたします。そこで、私はあなたに、この書簡の日付から２か月の期間延長を認めることといたします。

敬具

（署名）

マリア・フランシスカ・イゼ＝シャリン

条約・（国連人権）委員会部　主任

ジョン・J．トービンさま
（住所略）

連絡文書11　2005年12月24日付書簡

2005年12月24日

マリア・フランシスカ・イゼ＝シャリン様
条約及び（国連人権）委員会部　主任
国際連合
人権高等弁務官
(住所略)

個人通報番号1154/2003について

親愛なるイゼ＝シャリン様

私は、上記の通報の関係で、オーストリアの提出文書に対する通報者の意見を提出する栄誉に浴します。

添付されているのは、次の文書でございます。

1．オーストラリア提出文書に対する通報者の意見
2．意見に添付された13件の証拠物件
3．個人通報を支持して、これまでに自由権規約委員会に提出された文書をまとめた青表紙の書籍
4．中根育子氏『1992年７月20日オーストラリア連邦警察による本多千香氏に対する尋問に関する鑑定書』
5．中根氏の法定宣誓書
6．1992年７月20日の本多氏の尋問に関する、英語及び日本語の完全な転写
7．クリス・プール氏の供述書

意見書は、しばしば「青本」に含まれている資料に言及しておりますが、この「青本」とは、言及しましたように、すでに自由権規約委員会に提出した文書をまとめたものです。意見書をご覧になる際には、意見書本文に明示される「青本」の特定の頁を参照されますと、非常に有用でございます。

何かご質問がございましたら、どうぞご遠慮なくお知らせください。

敬具
(署名)
ジョン・トービン
弁護士

連絡文書12　2006年11月7日付書簡

国際連合人権高等弁務官
FAX：(略)
電報：UNATIONS, GENEVE
テレックス：41 29 62
インターネット：www.onhchr.ch
E-mail：(略)

住所（略）

整理番号：G/SO 215/51 AUL (51)
MS/KF/sn

2006年11月7日

親愛なるトービン教授

私はここに、あなたに対して、2006年10月31日付で自由権規約委員会により採択された通報番号1154/2003に関する決定の正文をお届けする栄誉に浴します。この通報は、勝野正治氏他の代理人として、市民的及び政治的権利に関する国際規約の選択議定書に基づく検討のために、委員会に対してあなたが提出したものであります。

委員会は、通報は許容性を欠くと決定いたしました。確立した慣行に従い、委員会の決定の本文は、公開されることとなります。

敬具

アレッシオ・ブルーニ
担当官
条約機関・理事会担当部

ジョン・J・トービン様
(住所略)

第4部

メルボルン事件
個人通報関係者のコメント

元自由権規約委員会委員長のコメント　安藤仁介（京都大学法学部名誉教授）

メルボルン事件と国際人権規約「選択議定書」の批准

本書でさきに説明されているとおり、いわゆるメルボルン事件は日本側の懸命の努力にもかかわらず、「国内的救済を尽くしていない」という手続的要件の不備を根拠として、自由権規約委員会により門前払いを喰らわされた。この事件については、私も大阪弁護士会の有志の方々からご相談を受けていたが、当時は現役委員であり、現役委員は自国にかかわる問題から身を引く旨の委員会の不文律のため、何のお役にも立てなかった。ただし、事件に直接間接に関わられた方々のご苦労にお応えする意味で、以下の３点を指摘しておきたい。

第一は、結果のいかんに関わらず、有志の方々のご苦労には大きな意味があったことである。「外国の法廷で、身に覚えの無い事実に関わる刑事事件の被告人とされ、通訳の不備により、事態をはっきり理解できないまま、有罪判決を受けた」ことを証明するのは、きわめて困難である。しかも、多くの日本人が海外旅行に出かける昨今の事情を考えれば、この種の事件に私たちが巻き込まれる可能性は決して低くない。したがって、この事件は、私たちにそういう危険の可能性を知らせたこと、そしてその危険が現実となり、外国の裁判所で有罪判決を受けた場合にも、その判決を国際的に争う可能性があること、の２点を明らかにしてくれたのである。欧州人権条約や米州人権条約では、国内裁判所の最終判決に不満な個人が、その不満を争う国際的な手続が保障されている。事実、この手続により国内最高裁の判決が覆された事件は、いくつも存在する。グローバリゼイションの進む今日の国際社会では、私たちの人権保障は、一国の司法手続で尽きるのではなく、その手続が国家の枠を超えて普遍的に認められるようなものでなければならない。そうした可能性を、日本のマスコミが伝える形で、日本人全般に知らせたこと――その意味で、オーストラリアが自由権規約選択議定書を批准していた事実に着目し、今回の事件で個人通報制度を活用された関係者のご努力とご苦労はきわめて有意義であった。

第二は、今回の事件で「門前払い」の根拠とされた“国内的救済を尽くしていない”ということの意味を検討する必要である。オーストラリア側は、被告人とされた日本人たちが第一審でも控訴審でも「通訳の不備」という主張（抗弁）をしていなかった点を指摘し、それを国際手続の段階で新たに持ち出すことは許されない、と反論した。委員会もこの反論を認めて「国内的救済を尽くす」という手続上の要件が充たされていないので、「通訳の不備」という実体的主張（本案）の当否の審理に進むことはできない、と結論したのである。日本側は、取調段階でも審理段階でも被疑者・被告人が英語を理解せず、通訳もまた日本語の知識が不十分であった、と反駁したが、委員会の判断を覆すに至らなかった。国内裁判でも手続的要件の不備は問題となるが、とくに国際裁判では「国内的な救済」つまり国内で利用可能な人権侵害に対する救済（防御・擁護）手続をすべて試みたうえで、なお不満が残る場合にはじめて国際的な救済に訴えることができる、という手続的要件が確立していることに留意する必要がある。ついでながら、委員会における私の経験によれば、国際人権規約の規定に明らかに矛盾しない限り、「委員会は、国内法の解釈に関する国内裁判所の判断には立ち入らない」、「国内裁判所の事実認定や証拠評価については、判断を加えない」という原則が確立していることにも留意する必要がある。

第三に、そして最後に、上記２点を踏まえたうえで、日本はできるだけ早く自由権規約選択議定書を批准すべきである。メルボルン事件も、仮にオーストラリアが選択議定書を批准していなければ、そもそも委員会に個人通報を提出できず、海外で不当な判決を受けたと見られる日本人は泣き寝入りせざるをえず、自分たちの人権保障を国際的な場で争うことができなかったはずである。逆に、日本の裁判所の判決に不満な外国人は、現状では泣き寝入りを強いられているのである。確かに、日本の司法制度はそれなりに機能しており、あえて国際的な人権救済手続を利用する必然性は無いのかも知れない。しかし、最近の相継ぐ冤罪判決を見れば、日本の司法制度が万全であるとは到底考えられない。日本が選択議定書を批准して、日本に関わる個人通報が自由権規約委員会に寄せられれば、法務省はそれに対応するために、英語を含む国連公用語で関係書面を作成するなど、これまでに無い時間とエネルギーを費やすことになるだろう。しかし、およそ政治（統治）はリンカーンの名言を借りるまでもなく、最終的には“人民のため”に在る。現政権を担う民主党は「選択議定書の批准」を公約の一部に掲げていた。同党政府の最近の体たらくにもかかわらず、この公約だけは実現してもらいたいと願うのは、私一人ではないだろう。

国際人権法
研究者のコメント

藤本晃嗣（敬和学園大学教授）

―自由権規約個人通報No.1154/2003 2006年11月15日決定―

1　はじめに

「メルボルン事件」に関して、通報者は自由権規約委員会（以下、「委員会」）に対して、「捜査での尋問中に提供された通訳サービスが不適切であったことと、これらの尋問の反訳（Transcription）が裁判で証拠として用いられた結果、通報者等の信頼性を不公正に侵害された」として自由権規約（以下、「規約」）14条1違反を、「裁判で提供された通訳サービスが……不適切であったことが、通報者等の無料で通訳の援助を受ける権利の否定にあたる」として規約14条3（f）違反を主張する個人通報を行った。通報者はこの他にも多くの締約国オーストラリアの規約違反を委員会に主張した。

通報段階では、一連の刑事手続での通訳に重大な欠陥が多数明らかになっていたことから、委員会は通報者の主張を認めるだろうとの期待が寄せられていたと思われる。しかし、個人通報を受けた委員会は、本件に関する審査を本案にまで進めず、その前段階である許容性審査でとどめ、しかも通報者の主張の全てを許容性を欠くとする結論を示した。特に既述の通訳に関わる主張に関しては、後述するように、すべて国内的救済措置を通報者等が尽くしていないことが許容性を欠くとの結論の理由となった。

本個人通報（以下、「Com・No.1154/03」という）での最大の争点は、一連の刑事手続での通訳の重大な誤訳に関する問題と自由権規約選択議定書5条2bが定める国内的救済措置完了原則との関係であると考えられるので、本コメントでは、この問題に分析の対象を絞ることとする。なお、選択議定書5条2bの規定は次の通りである。

「委員会は、次のことを確認した場合を除き、個人からのいかなる通報も検討してはならない。

a（略）

b 当該個人が利用し得るすべての国内的な救済措置を尽くしたこと。ただし、救済措置の適用が不当に遅延する場合は、この限りではない。」

2　Com・No.1154/03の概要

まず、ここではCom・No.1154/03での委員会の見解（views）の概要の紹介と簡単な考察を行う。

（1）通報者の主張

通報者側は、国内的救済措置の完了に関して次のような説明を委員会に行った。「通報者等は国内的救済措置を尽くしていると主張する。通訳が不適当であることに関して、通報者らは、弁護士が裁判で誤って通訳が正確であることに同意し、上訴においてこの問題を提起しなかったことについては認めるが、『このことは、オーストラリア政府が通訳の正確さを保障する適切な制度を整えていないことに原因がある』と主張した。通報者らは通訳の欠陥を、専門家（experts）が反訳を検討した01年まで認識していない。通報者らの意見では、通訳の問題は弁護士が認識できる問題ではない、なぜなら、通訳の問題の看破と評価には当該言語の専門的な知識が必要であるからだとしている。……」

このように通報者側は、通訳の問題を締約国の裁判所に提起していないことを認め、この点で国内的救済措置が完了していないことは認めている。しかし、通報者側は、通訳の問題が当時においては通報者等には認識し得ない性質のものであると述べていることから、この問題に関しては国内的救済措置を尽くせない旨の主張を行ったと捉えることができる。

（2）委員会の許容性審査における決定

本件の許容性審査において、委員会が、通報者の多くの主張が国内的救済措置を完了していないとして許容性を欠くとの結論に至った見解での該当箇所は次のとおりである。本稿では、この箇所を便宜上、［A］、［B］、［C］の３つに分割して検討する。

「［A］委員会は国内的救済措置の完了の要請に関して、主張の大部分が通報者の逮捕から有罪判決までの間に、締約国により提供された通訳が［規約］９条と14条に基づく通報者等の権利の数多くの侵害をもたらすほど不適当であったとの申立に基づくことに留意する。委員会は、証人の召還（14条3e）……に関連する主張を除き、これら主張が上訴において提起されていないとの意見である。(［］は筆者の挿入、以下同じ)［B］委員会は、通報者とその弁護士のどちらも当時は通訳の欠陥の程度を気づきようがなく、有罪判決から７年後の01年に漸く問題の程度を認識したとの主張に留意する。しかしながら、通報者が既に［裁判前に治安判事が主催する］コミッタル・ヒアリング（the committal hearing）の間と（para, 5.3）と裁判中（para, 5.4)、通訳の質に関して懸念していたというのが委員会の意見であり、この点について争いはない。それ故、01年まで通報者等が問題に気づかなかったとの主張は裏づけのないものである。［C］いずれにせよ、［国内的救済措置を］完了するためには、委員会は、上訴のために当該事実と議論の論拠とを自由に使いこなせるよう確保しておくのは、通報者と代理人との責任であると考える。上訴までに専門的な情報を獲得（procure）しなかったこと（しかし、裁判後のわずか７年後には獲得した（but only seven years after their trial)）は、利用可能な国内的救済措置を尽くす要請を通報者から免除しない。従って、委員会は、本件主張を、選択議定書５条２に基づき、許容性を欠くと判断する。

委員会は、［A］において、問題とされた通訳の欠陥に関して通報者等が国内的救済措置を完了していないことを確認する。そして、［B］では、当時では通訳の欠陥に気づき得なかったことが、通報者から国内的救済措置の完了を免除することになるのかどうかにつき検討を加える。この点に関して委員会は、通報者が委員会に提出した説明書の内容（本見解のパラグラフ5.3と5.4）に注目しておりず各パラグラフには次のような記述がある。即ち、「コミッタル・ヒアリングの間、［通報者の一人が］自身に対して何がなされているのか理解できていないことが明らかになったことが度々あったと取調官の一人が認めた」(para, 5.3)、「裁判が行われている間、通報者等は、メインの通訳者が話されたことの全てを訳さず、それをかいつまんで述べる癖があることを理由に、この通訳者を辞めさせるよう代わりの通訳者の一人に要求した」(para, 5.4）と。委員会は、このことを以って、通報者の01年まで通訳の欠陥について気づけないとの主張を認めないとした。

しかし、通報者が問題としているのは、委員会が［A］の箇所で指摘しているように、「通訳が……通報者等の権利の数多くの侵害をもたらすほど不適当」であることであり、このことは01年になって漸く明らかになったものである。委員会がここで指摘した通訳の質に関する通報者の「懸念」の原因となった通訳の欠陥と、通報者が問題とする「不適当」な通訳の欠陥とは必ずしも一致しない可能性がある。或いは委員会の意見としては、通報者等が締約国の裁判所で当時分かっていた通訳の誤りを提起しておけば、その際01年になって発覚した重大な通訳の欠陥も自ずと明らかになった可能性があるとのことなのかもしれない。

こうした点を委員会が意識したかどうかは不明であるが、委員会はこの後に、「いずれにせよ、」ではじまる［C］へと論点を移す。ここで委員会は、本件で通報者から国内的救済措置の完了が免除される可能性を完全に否定した。「専門的な情報を獲得」できなかった理由として、通報者は通訳の欠陥を見破ることの不可能性を挙げていたが、これは委員会の認めるところとはならなかった。「裁判後のわずか７年後に」獲得できたことが、逆に委員会に、当時においてもそれは可能であったとの考えを抱かせた可能性すらあるであろう。委員会の立場としては、通報者と代理人は上訴までに、「専門的な情報を獲得」しておく責任を果たすべきであり、この責任を果たしていないのであれば、通報者が国内的救済措置の完了の義務を免除しないとのことであろうと考えられる。したがって、［B］の箇所だけであれば、締約国の一連の刑事手続において通訳の欠陥を誰もが認識していなければ、通報者は通訳の欠陥についての主張を国内的救済措置を尽くさずに委員会に提起し、委員会の審査を本案審査へと進めさせることも可能であったかもしれないが、［C］の箇所でこの可能性も完全に失われてしまった。

3　Com・No.1154/03での許容性：審査に関する考察

ここでは、本件での委員会の決定を、委員会のこれまでの先例に照らして考察することにする。

（１）国内的救済措置の完了とこれが免除される事例

選択議定書５条2bの規定を厳密に読めば、通報者は利用可能な国内的救済措置のすべてを完了することが求められ、これが免除されるのは、当該救済措置が不当に遅延する場合のみということになる。しかし、周知のように、委員会はこれまでの個人通報制度において、この規定を字義通り運用してきてはいない。そこでここでは、どのような場合に国内的救済措置の完了が通報者から免除されるのかを検討することにする。

委員会は、*Pratt and Morgan v Jamaica*（Com・Nos.210/86&225/87）で、「国内的救済措置の原則が客観的に成功の見込みのない上訴を利用することを要請していないことは、国際法上の原則と委員会の先例での原則で十分確立されている」とし、また当該救済措置が効果的ではないとの裏づけのない疑念から、これを利用しなかった通報者に国内的救済措置の完了を免除しない運用も示してきた。即ち、対象となる国内的救済措置が効果的ではないと客観的に判断できる場合、通報者はこれの完了を免除されるのである。また「慣習国際法は、国内的救済措置を尽くすことが効果的ではないと証明する被害者側に対して国内的救済措置完了原則を適用しないことに非常に重きを置いている」ことから、委員会のかかる実行は、慣習国際法の原則に概ね沿って運用されていると評価できる。委員会はこれまでの先例で、締約国の司法機関が通報者の事案と同様の事案を過去に審査したことがあり、その結果から通報者がそれを尽くしたとしても失敗に終わると判断できる事例や、締約国が用意した国内的救済措置を通報者が国内法上の制限により利用できない又はこれを利用するために必要となる条件を締約国が通報者に準備しないといった事例で、通報者からかかる国内的救済措置の完了を免除してきた。

ここで重要となるのは、通報者が、当該国内的救済措置そのものを効果的ではないと立証することである。つまり、通報者側の立証の方法が問題となるのである。委員会の国内的救済措置完了原則に関する先例では、通報者側はこの措置を尽くしたかどうかの主張をする必要があるが、それは「一応の証明」で足りるとされてきた。即ち、通報者が国内的救済措置の完了を免除されるためには、締約国の国内法上存在する国内的救済措置が当該事案では尽くしても無駄であるとの一応の証明をする必要がある。これに対して締約国が一応の証拠を挙げて反論した場合、通報者にはこれへの反論が求められる。この際、委員会は、「個人は、国際法廷に請願する前に、国内司法手続の過程で国際文書が定める実体的な権利を援用しておくことが、国際法上の一般的に受け入れられた原則である」との観点から、通報者の主張を検討してきた。また薬師寺教授は、*Mazurkiewiczova v Czech Republic*（Com・No.724/96）を検討し、本件で委員会は、通報者が「少なくとも最終審において規約違反についての実質的な主張をある程度明確な形で主張していなければ国内的救済措置を尽くしたことにはならない」との姿勢を示しているとしている。なお、委員会は、対象となる国内的救済措置において、通報者が規約の条文を具体的に挙げて自身の権利侵害を主張しておくことまでは求めていない。

さて、Com・No.1154/03において通報者が、最初の申立て段階で、国内的救済措置に関して行った主張は、２（１）で紹介した通りである。これに対して、締約国は、刑事手続における通訳の欠陥に関して、通報者が尽くしていない救済措置として次のものを挙げている。それらは即ち、①裁判で通報者等は、締約国の連邦警察の取調べ記録の承認に異議を唱えることができる、②通報者等は裁判中、何が起きているのか理解することができないことを裁判所かその弁護士にいつでも自由に述べることができる、③通報者等は、連邦警察の捜査の不合理さや不当さなどの苦情を連邦行政監察官に申立てすることが可能であったことである。従って、通報者等はこれら国内的救済措置そのものが効果的ではないと主張する必要がある。

締約国の以上の説明を受けた通報者は、委員会に対して次のような主張をしている。即ち、当時通訳の問題の程度について通報者とその弁護士には気づきようがなかったと。そして、連邦行政監察官による救済措置は効果的であると考えられないと述べた後に、「通報者等は、文化的・言語的な障害、質の悪い通訳および法制度への不案内により、裁判で何が起きているのかが理解できないことを裁判所やその弁護士に伝えることを妨げられた」と続けた。これらの主張は、通訳に欠陥があったことを当時では気づきようになかったため、連邦行政監察官による救済措置が存在するとしても、これを利用することができない旨の主張と考えられる。しかし、通報者が主張すべきは、尽くすべき対象の国内的救済措置自体が効果的ではないことであり、本件での通報者の主張はかかる主張とみなすことができない。むしろ通報者の主張は、通訳の質の程度が不明である当時の状況によって国内的救済措置を尽くせなかったとの主張と考えることができる。刑事手続での通訳の欠陥を看破するのは裁判実務上困難であるとされているので、この通報者の主張は論理的なものと考えることができるが、国内的救済措置の完了の免除が認められる主張とは言い難いのである。

なお、委員会の先例では、通報者が国内的救済措置を尽くせなかった事情から、通報者に該措置の完了を免除した事例がある。例えば、国内的救済措置を尽くせば、通報者が締約国により虐待を受けることが予見される場合が挙げられる。他に政府による人権侵害の恐怖が国内に広がる中で、軍と政府の上層部が通報者等の殺害に実行・関与し、反体制派の者の弁護をした弁護士が殺害される状況で、締約国裁判所に救済を求めなかった事例なども挙げられよう。これらの事例は、通報者が国内的救済措置を尽くそうにも、締約国がそうした状況を作り出すことに消極的であるため尽くせず、しかも尽くせないことが通報者に帰責できない場合であると考えられる。Com・No.1154/03は、これらの事例と同列に論じることができないと考えられる。

（2）弁護過誤と国内的救済措置完了原則

Com・No.1154/03で通報者等の弁護士は、問題の通訳の欠陥に気づかないばかりか、その正確性を認める行動に出ていた。例えば、締約国は、「コミッタル・ヒアリングにおいて、取調べの反訳に対して疑義が呈せられた際、誤りは訂正され、修正された取調べの反訳は通報者の弁護士によって正確なものであるとされた」と主張している。こうした所謂「弁護過誤」を本件で通報者が、国内的救済措置の完了の免除の理由として挙げている訳ではない。しかし、委員会は、許容性審査の［C］の箇所で「当該事実と議論の論拠とを自由に使いこなせるよう確保しておくのは、通報者と弁護士との責任である」と述べ、若干この問題に言及していると考えることもできる。そこで、ここでは締約国の国内的救済措置において通報者に付された弁護士の弁護過誤に関する委員会の先例を検討する。

この点で参考となるのは、*Pinkney v Canada*（Com・No.27/78）であろう。この事件は、アメリカ人の通報者が、締約国において、ゆすりの罪で逮捕された後になされた同国の退去強制手続での特別審査官による審査が公平になされず、また出入国特別調査局は自身への退去強制令に対する出入国上訴局への上訴権を告知しなかったため、法定期限内に再審理請求をする権利を奪われたと委員会に通報した。締約国は、通報者が法定期限内に退去強制令に関して出入国上訴局への上訴を起こしていないこと、特別審査官の審査に対しては、締約国の連邦裁判所に対して再審理請求ができるのにもかかわらず、これを行っていないこと、そして通報者は常に弁護士に代理されており、上訴と再審理の請求の権利を助言するのは弁護士の責任であるとして、本通報が国内的救済措置を尽くしたものではないことを主張した。委員会は、許容性審査において、ほぼこの締約国の主張を認めて、通報者のここで挙げた申立を許容性を欠くとする決定を下した。この決定に対して、薬師寺教授は「外国人にとっては出入国管理当局による上訴権の告知がなければ滞在国の出入国管理に係る訴訟手続の詳細を知ることは困難であるといえるが、通報者が弁護士によって代理されていたことが留意されたものと思われる。この点では弁護士自体が国内手続とともに国内的救済完了の要件についても十分知識を持っていなければならないことを示している」と評価している。この評価に沿えば、弁護士であれば、上訴と再審理請求の権利を通報者にその職務として伝えるべきであるのに伝えておらず、その結果通報者が国内的救済措置を尽くせなかったとしても、通報者からこの措置の完了を免除しないというのが委員会の立場ということになろう。

この委員会の決定に沿って、Com・No.1154/03を検討すれば、後に問題が発覚した通訳の欠陥を当時の弁護士が誤って正確なものと認め、その結果通報者がこの問題に関する救済を締約国の救済措置を通じて求めていなかったとしても、通報者の国内的救済措置の完了は免除されないということになろう。即ち、委員会の［c］の記述の箇所は、従来の先例を意識して、通訳の重大な欠陥の責任が締約国にないこと示しているとも考えられる。

尤も、委員会はこれまで、「締約国は被告側弁護士の活動について責任を負わない」とし、弁護過誤等が規約上の問題にはほぼなり得ない姿勢を示している。例えば、*Campbell v Jamaica*（Com・No.618/95）で、締約国の刑事裁判にかけられた通報者は、締約国が提供した法律扶助の弁護士の無能力が規約14条３（b）及び（c）に当たるとして委員会に通報した。これに対して、「委員会は、自身の次の判例法に言及する。即ち、締約国は、被告人の弁護士の行動に対して責任を負わされない。但し、弁護士の行動が司法の利益に合致しないことが［国内裁判所の］裁判官にとって明白であったか、明白であるとしなければならなかった場合はこの限りではない」と述べた上で、通報者の弁護士の活動が但書に該当しないとして、規約違反の主張を認めなかった。これまで委員会がかかる主張に対して規約14条３（d）違反の認定を下したのは、弁護士が通報者との相談もなく上訴を取り下げた事例など、弁護士の誤った行為や無能力があからさまな事例のみである。このような立場をとる理由を委員会は、必ずしも明らかにはしていないが、規約14条が手続上の平等と公正さを保障しているのみであること、締約国が被告側の弁護活動に干渉しない姿勢であることなどが挙げられよう。

このように、弁護過誤が争点となった委員会の先例から判断すると、委員会が弁護過誤を国内的救済措置の完了を免除する理由として認める可能性は極めて低いというべきであろう。

4　おわりに

Com・No.1154/03での許容性を欠くとの委員会の決定は、これまでの委員会の先例に照らし合わせれば、これに適った結論であったということが言えよう。従って、通報者が今後委員会から個人通報制度に基づいて規約違反の認定を受けるためには、01年に発覚した通訳の重大な欠陥とこれに起因する問題に対する救済を締約国に求める必要がある。そして、この申立に対して締約国が十分な救済を用意しなかった場合、通報者は国内的救済措置を尽くしたことになるので、委員会の審理を本案審査にまで進めさせる可能性が見えてくるだろう。では、この新たな個人通報が委員会の許容性審査を通過した後の本案審査で、規約違反の認定を受けることができるのであろうか。

委員会は、これまで自身が締約国の第四審ではないとの立場から、締約国裁判所による事実や証拠の再評価と国内法の適用を再審理する権限がないとの先例を確立してきたが、「明らかな誤審」に相当する場合は、その限りではないとも繰り返し述べてきている。本件において、通訳の重大な欠陥が有罪判決を導いたことは相当明らかであるので、委員会が当該判決を誤審と判断する可能性については十分にあると思われる。

最後に、通訳の重大な欠陥に対する委員会と通報者との認識のずれを再度指摘しておきたい。2（2）でも指摘したように、委員会は、この問題を事件当時においても発見できたはずとの認識であったことが本見解から窺える一方で、通報者側はこれを発見するのは無理であるとの認識であった。そして、委員会は［c］の箇所で、事件当時これが発見できなかったとしても、それは通報者とその弁護士の責任でしかないとの立場に最終的には立ち、通報者の国内的救済措置の完了を免除しなかった。この考え方は、従来の委員会の先例に概ね沿っているとはいえ、通訳の欠陥を当該裁判時に発見できないとする通報者側にとっては刑事手続における通訳の欠陥によって発生した規約違反の事態は、それが発覚した時点で委員会により審査されないとの結果をもたらす。

実際、刑事手続での通訳の重大な欠陥による規約14条違反の問題は、どこの国でも起こりうる。人の国際移動がさかんに、かつその形態が多様になった現代においては、なおさらのことである。

本件の締約国オーストラリアのように、NAATIを設立し、通訳者の質を高める措置を採っていても、この問題は発生した。委員会としては、この問題を発見できなかった責任を通報者とその弁護士に型通り着せるだけではなく、今後の国家報告書審査などで、通訳の重大な誤訳により規約上の権利侵害を受けたとする者に対する迅速な救済措置を用意するよう各規約締約国に求めていく姿勢をとっても良いのではないだろうか。

日弁連個人通報等実現委員会のコメント　菅 充行（日弁連個人通報等実現委員会委員長）

委員会は門前払いをすべきではなかった。

通報者らは、その逮捕から有罪判決確定に至るまでの間、締約国が付した通訳人がきわめて不適切な通訳しかなさなかったために、有罪判決を受ける結果になったと主張したが、自由権規約委員会は、通報者らが国内（オーストラリア）における救済措置を尽くしていないとの理由で、これを門前払いとし（選択議定書第５条２項（b））、実体判断をなさなかった。その理由とするところは、通報者らは、すでにコミッタル・ヒアリング（予審）の段階において通訳の質に懸念を有していたこと等が認められ、判決確定後数年を経て初めて通訳の問題が判明したとの通報者の主張は認められないというものである。

しかし、予審段階において質問が通報者らに通じないことがあったとか、公判段階において主たる通訳人が要約通訳をしているらしいことに異議をとなえたことから、直ちに通訳の重大な瑕疵に気付き得たとか、その救済措置を国内段階で求め得たとするのは、あまりにも乱暴な認定である。通訳を介した公判廷がどのようなものかの実態に対する理解が欠如しているという外ない。

昨今は、日本においても、外国人の関係する刑事事件や民事事件は少なくないし、通訳を介した公判廷を経験した弁護士も少なくないと思われる。その一人として言えば、完璧な通訳などというものは期待しがたいし、通訳過程で、しばしば混乱が起きたり、つっかえが起きたりすることは日常茶飯事である。しかし、たとえギクシャクしながらでも、何とか通訳過程は無事完了するのが通例である。少しギクシャクした位では、通訳人の質そのものに疑念が生じるまでには至らないし、余程のことがない限り、通訳人を入れ替えることにはならない。しかし、実のところは、重大な誤訳があったかも知れないのである。通訳人以外の訴訟当事者は、通常は、外国語に精通しているわけではないから、たとえ、訴訟当事者の誰もが気付かない誤訳があっても、そのまま見過ごされてしまう危険は常にある。メルボルン事件の場合は、まさにそのようにして重大な通訳上の欠陥が見過ごされたのである。これを国内裁判の段階で是正可能であったなどというのは机上の空論である。

例を挙げてみる。筆者が実際に日本の法廷で経験したことであるが、証人はアメリカ人で証言は英語で行われた。法廷通訳人は日本人であったが、時折、誤訳をするので、ある程度英語を解する筆者はその度に指摘して訂正を求めていたが、さして重要でもなく争点にも関わりのない場合は、敢えて指摘しない場合もあった。ある時点で、証人が「車をcurbに止めた」と述べたのを、通訳人は「車をカーブした所に止めた」と訳した。curbは歩道の縁（石）であるが、通訳人はこれをcurve（曲線）と間違えたと思われる。この事件の場合、車を歩道脇に止めたか、カーブした箇所に止めたかは争点に関連性を有していなかったので、敢えて指摘はしなかった。そのため他の誰もが気付かないままに証言は終了した。しかし、これが争点と重大な関連性を有する事項であったら、大変なことになりかねない。法廷通訳の正確性をチェックする者がいない場合には、とんでもない誤訳がそのまま見過ごされてしまう危険は常に存するのである。

メルボルン事件では現実にそのような事態が起こったのである。通訳人以外の関係者は、当事者や弁護人も含め、いずれも日本語か英語かのどちらかしか解しない。通訳の重大な欠陥に気付いた者はいなかったのである。それが判明したのは判決確定後何年も経過してからであり、日本の学者、通訳人らが記録等を精査して初めて分かった事柄である。捜査や裁判過程で、通訳がギクシャクしたことがあったからといって、このような重大な欠陥があることに気付くべきであったとし、その段階で救済措置を求めるべきであったというのは無理な話であり、外国人被疑者・被告人に対する捜査・裁判の実態から懸け離れた議論である。

自由権規約委員会が通報者らの主張を門前払いし、通訳が不適切であった実情について正面から検討し判断しなかったことは、きわめて遺憾である。

翻訳及び分析担当者のコメント１

長尾ひろみ（広島女学院大学学長）

「メルボルン事件」テープ起こしと分析

1999年に、メルボルン事件の弁護団の田中俊弁護士よりお電話があり、テープ起こしをして欲しいとのことでした。事情も分からないまま早速弁護士事務所に出向きました。依頼のテープの多さにまず驚きました。相談した結果、弁護団が弁護しようとしている５人の捜査段階での供述調書のテープ起こしを別々の人が担当することにし、「供述調書のテープ起こし及び分析」を、大阪地方裁判所で法廷通訳登録をしている４人（津田守、西松鈴美、水野真木子、長尾ひろみ）に加えて刑事訴訟法の専門家である渡辺修氏の５人で分析チームを作ることになりました。

弁護団からそれぞれ捜査段階のテープが渡されました。オーストラリアは「捜査の可視性」制度があり、すべての捜査が録音され、ビデオ録画されていることがこのことを可能にしたのです。私は勝野光男さんのテープを担当することになりました。12、３本あったかと思います。法廷に出された捜査段階の調書は、捜査段階のテープ起こしされたものでしたが、それは英語で発話された部分のみで、捜査官の質問（英語）を通訳者が日本語に通訳し、それを被疑者が日本語で答えた部分は英語に訳されずにFOREIGN LANGUAGEとしか書いてありませんでした。それ以上に不思議だったのは、その FOERIGN LANGUAGEと書かれている部分が連続で１ページも続いているところもあったのです。

ヘッドフォンを耳にあて、テープを聴き始めました。音がとても小さい部分もあり、捜査段階のテーブルの位置、テープレコーダーの位置、そして捜査官、被疑者、通訳人の座っている位置がなんとなく想像できるようなそれぞれの音量でした。聞き取りにくい音声を繰り返し聴き直し、聞こえてくる通訳人と被疑者の日本語を書き出しました。

この作業の中で、まず驚いたのは、最初のテープの通訳人人定質問の内容でした。“I am a guide.” といっているではありませんか。空港で取り調べられたとき、まず最初についた通訳人が、彼らを迎えに来ていたガイドだったということは、通訳人の中立性が担保されていないことにならないかという疑問が生じました。

次にびっくりしたのは、捜査官の行っている質問の逐次通訳が出来ていないこと。つまり、普通、通訳者はAとBとの会話の仲介に入るとき、XXと聞けばYYと言語変換をする。そしてXとYとは言語が異なるだけで同じ内容でなければなりません。しかし、メルボルン事件の捜査段階での通訳人（特に勝野光男さんの場合）は、自分がどんどん質問してゆき、捜査官の一つの質問に対して10も20もの自分の質問を行い、そこから出てきた答えを数行で要約してしまっている。また肝心な言葉（例えば「カバンが盗まれた」）もその場で訳していない状況でした。直接的な答弁が返ってこないことに捜査官はいらいらし、怒ってしまい“You are talking rubbish!”（「くだらんことを言っている」）と言わせてしまっています。これは完全に通訳人に責任があると思います。またその捜査官の怒りも十分に伝わらない日本語訳をしてしまい、(「あなた今言ったこと意味ないです」)、捜査官と被疑者のミスコミュニケーションを生じさせてしまいました。

また、日本の文化と言葉の微妙な落とし穴にはまり込んでしまったところもありました。(例えば、bagを「カバン」と訳したり、「荷物」と訳したり)。これにより、容器でなく、中身（ズボン、靴など）に意味がすり替わってしまい、Is this your bag?という単純な質問に対して「どれがあなたの荷物ですか」という訳になったため、長い曖昧な答えになってしまいました。普通、日本で「これはあなたのカバンですか？」と問われたら、当然「いいえ」と即答するのが当然なのに、もたもたしてしまったことで、かなり捜査官の誤解を招いたであろうと思いました。

さらに驚いたことには、通訳人が刑事手続きに関しての知識がないということが判明した部分もありました。LEGAL AIDを付けることが出来る権利を捜査官が説明しているにもかかわらず、「リーガルエイドという法律の専門家がいますが、その人と連絡をとりますか？」と訳しています。日本でいう国選弁護人で、無料の弁護士であることは被疑者には伝わっていないし、通訳人も理解していなかったのかとも思えます。また尋問の最後に「You can write a written statement.」と捜査官が言ったことに関して、通訳人が余分な解釈を入れてしまっています。つまり「今までに言ったこと以外に、書くことがあれば書いていいですよ」と訳したので、被疑者は「結構です。すべて言いました」と言って調書を書くことを断っている。しかし、すべて訳されていないことは被疑者には伝わっていないのです。

それ以外にも、通訳人が使う日本語が丁寧すぎて、捜査官のニュアンスが誤解されて伝わったのではないかと思われるところもありました。つまり捜査官がとても丁寧に質問してくれているので、自分に対してはかなり好意的であると被疑者はとらえた可能性があります。一般に、司法通訳と会議通訳（商談通訳）とは異なる職業倫理が課せられます。会議通訳は発話されたことの６割から７割に要約し、内容をしっかりと伝えることを仕事とします。司法通訳の基本は、「正確性」と「中立性」です。つまり、司法通訳（捜査、法廷）においては、無駄と思えても発話されたことでも逐一すべて言語変換することが必要とされます。

このメルボルン事件の通訳人はこの倫理規定を守っていません。また中立性も守られていません。捜査官の質問を自分の質問にすり替えて、どんどん質問を展開して通訳人と被疑者が勝手に話をしています。

オーストラリアは1977年より、NAATI（National Accreditation Authority for Translators and Interpreters）という通訳者用の国家試験が実施されており、現在はその５段階のレベル３以上が司法通訳者には必要とされています。しかし、この事件が1992年に起こっており、その当時はまだ厳密にレベルの規定がなかったことと、日本語という言語がオーストラリアの刑事分野ではマイナーな言語であるため、NAATIレベル３以上の有能で司法分野の経験がある通訳者がこの事件の通訳を担当しなかったということが、メルボルン事件の悲劇の一因であったと思えます。

取調官と被疑者の言語が通じなければ通訳人が介在するのは当たり前ですが、どんな通訳人が担当するかによって、被疑者に有利か不利か決まってしまう場合があります。メルボルン事件の通訳は、まさに後者で、もしもっと有能な通訳人が捜査段階および公判段階で付いていたら、状況が変わっていたかも知れないと思いました。

翻訳及び分析担当者のコメント２　水野真木子（金城学院大学英語英米文化学科教授）

刑事手続と通訳について

私は、メルボルン事件の警察での被疑者取調べのテープの内容を分析し、通訳の正確性についてコメントをするという作業に加わったが、その後、日本国内で起こった外国人事件の裁判で、同様の趣旨により私的鑑定書を控訴審に提出するため、第一審のテープ録音の分析を行うよう依頼されたことがある。この２つの分析を通して、取調べ段階から公判に至るまで、通訳というものが全体の流れに確かに影響を及ぼすということが明らかになった。

通訳というものをよく知らない人は、通訳の正確性と言えば、語句１つ１つ、あるいは文章１つ１つが正確であるかどうかという議論に終始しがちである。確かに、事実関係に直接関わりのある語句や文章が誤訳されれば、それは重大な問題である。しかし、刑事手続きの流れの中で、そのような明らかな誤訳は正されていくため、最終的には正しい訳が付けられたから事実認定に問題はなかったという結論に至ることが多い。だが、通訳の正確性というものは、語句や文章単位で判断できるものではない。通訳の訳し方の微妙なニュアンスで、被疑者、被告人の真意が伝わらなかったり、その人格に対する印象が変わったりする。

メルボルン事件の場合も、事実関係の核心的な部分における個々の誤訳ももちろんあったが、それ以外に、通訳者が作り出した全体の流れが被疑者、被告人の供述の信頼性を損なう方向に働いたという場面が多くあったことも明らかだった。例えば、通訳の不適切な訳出により、被疑者の供述が滞ったことで、取調官の不信感を招いたというようなケースである。

過去にイギリスで、言語上の問題により無実の人間が有罪になっていたということが、後の言語学者の研究により判明したことがある。このように、言葉によって有罪が作り出される可能性が実際に存在する。そういう意味で、要通訳事件では、適正な通訳が公正な刑事手続きの鍵となる。今後、通訳の及ぼす影響についてもっと言語学的な研究が進み、そのメカニズムに対する知識が裁判官をはじめとする法曹関係者の間に浸透し、通訳というものについてもっと慎重に対処していく姿勢が生まれることを願ってやまない。

翻訳及び分析担当者のコメント３　中根育子（メルボルン大学アジア研究所准教授）

メルボルン事件における通訳の問題

ここでは、メルボルン事件における通訳の問題点について、１）通訳の手配・能力　２）通訳の正確性　３）通訳の職業倫理　の３つに分けて述べ、最後に今後の通訳の課題について述べる。

1．通訳の手配、能力

メルボルン事件においては、捜査段階と公判の双方において、日英通訳の手配から通訳の問題が始まっている。オーストラリアの司法通訳専門家によれば、通訳認定機関 NAATI (National Accreditation Authority for Translators and Interpreters) の「Professional Interpreter」(事件当時は「Level 3」と呼ばれていた) レベル以上の認定を受けた通訳者が司法通訳には望ましいとされている。メルボルン事件では、この認定レベルに満たない通訳者が何人も手配された。特に、空港で被告人が逮捕された際にはツアーガイドであり、NAATIの認定を受けていないだけでなく、捜査通訳を行えるレベルには程遠いレベルの日本語力であった。メルボルン事件（1審まで）で通訳を行った通訳者8名のうち、Level 3の保持者は2名であったが、認定のレベルや有無によらず、オーストラリアにおいて日本人の被疑者・被告人が関わる刑事事件というもの自体が少ないこともあって、通訳者が刑事手続に不慣れであったということも通訳の質にかなり影響したのではないかと思われる。

また、裁判では公判手続の内容を被告人に訳し伝えるため、5人の被告人に1人の通訳がついた。公判では被告人が発言をすることはなかったが、司法通訳の専門家によれば、それぞれの被告人が弁護人と相談できるように、各被告人に1名ずつ通訳をつけることが望ましいとされている。さらに、1審公判に関わった通訳・翻訳者のクリス・プール氏によれば、1審では通訳者の入れ替わりが1度ならず行われたにもかかわらず引き継ぎが全くなされず、不慣れであった通訳者間で連携が行われなかったこともあり訳語に不一致が生じ、被告人に混乱を起こさせた可能性があることを指摘している。

2．通訳の正確性

上記に挙げたような背景から、メルボルン事件では通訳の正確性に問題が起こった。そのような正確性の問題について、以下にいくつかの側面に分けて概観する。

誤訳

誤訳は数多く見られたが、中でも最も捜査に影響を与えたであろう例は、自分でスーツケースの荷造りをしたのかという取調官の質問を空港での通訳者が「荷物の整理は自分でやりました？」とあいまいな日本語に訳し、被疑者が混乱したところ、取調官が再度同じ質問をすると、通訳者は「Yes, he did（[そのスーツケースの荷造りを] しました。)」と取調官の質問を訳さずに答えたというものである。この事件ではスーツケースが差し替えられたという被疑者の主張が非常に大きな意味をもっていたため、このような不正確で職業倫理に欠けた通訳が被疑者を事件の最初から不利な状況に置くことになったといえる。また、別の通訳者がついた別の被疑者の取調べにおいて、「ツアー団体の中で、ヘロインがスーツケースの中にあるのを知っていた人がいると思いますか。」という質問が、「ツアーの人の中で、そのスーツケースの中にヘロインが入っている人いたでしょうか。」と、「入っているのを知っていた人」ではなく「入っていた人」と誤訳されたため、被疑者は当然のごとく、「はい。」「３人、同じ、[スーツケースを] 盗まれた人。」と答えることになった。これも誤訳によって被疑者側にとって不利な証言が記録されてしまった例である。しかし、明確に被疑者に不利になる誤訳だけでなく、様々なレベルにおける誤訳が数多く存在したため、取調官と被疑者の間に誤解やコミュニケーションの問題が積み重なり、結果として捜査側に被疑者に対する不信感を抱かせることにもなったのではないかと思われる。

権利の告知と法律用語

取調べ通訳において、開始部分には権利の告知など法律専門用語が頻出し、文法的にも訳しにくい長文が使われるため、多数の誤訳が見受けられた。外国人が取調べや事情聴取を受ける場合、その国の司法制度や手続について知識がない場合が多く、自分が置かれている状況が正確に把握できない危険性をはらんでいる。メルボルン事件では、被疑者への権利の告知において法律専門用語や権利の告知が正確に訳されていなかったために、被疑者たちが事の深刻さを理解できていなかった可能性がある。ある取調べでは、「自分にかけられている嫌疑を完全に理解していますか」という取調官の質問が「異議申し立てをしているわけですけれども、それを十分理解されていますか」と訳されたが、これでは質問された本人は自分が被疑者であり、起訴されて裁判に出ることになるのが予想できなかった可能性が高い（実際、「心配するから」「とりあえず」友人や親戚に連絡しなくていい、とこの後答えている）。別の取調べにおける権利告知でも、「嫌疑」が「審理」と訳されており、以上のような場合、オーストラリアや日本が批准している国際人権規約の自由規約第14条で保障されている「理解する言語で（中略）詳細にその罪の性質および理由を告げられる」権利を保障されなかったこととなる。

語気や発話スタイルの変化

上に述べたような明らかな誤訳に加え、全体に捜査通訳では取調官の語気が通訳過程を通して和らげられる傾向が見られた。特に、権利告知や、厳しい追及が行われている場面ではそのような語気や発話スタイルが訳出されないことで、被疑者らが強い嫌疑をかけられている認識に至ることなく取調べにおいて発言を行い、自らを弁護することができなかった可能性がある。特に、嫌疑や被疑者についての告知を訳す際に日本語母語話者の通訳者によって敬語が頻繁に使われたり、原発言の英語で被疑者や証人に対してよく使われる挑戦的な表現が「私は～だと信じていますが、どう思いますか」のように訳されると、権利告知の不正確な訳と相まって、何としてでも嫌疑を晴らさなければならないという意識が被疑者に生まれない状況を作り出してしまった可能性がある。

３．通訳の職業倫理

オーストラリアでは通訳・翻訳者の職業倫理規則が定められており（注：日本では、通訳の倫理規則が日本通訳翻訳学会によって提案されている）、通訳者はこれに従う義務を負っている。メルボルン事件では、このような職業倫理規則に従わずに通訳を行っている例が多数見られる。通訳者が中立性を保つことが司法通訳では厳密に求められており、原発言者が言ったことをそのまま訳して聞き手に伝えるべきであるが、取調べにおいて被疑者からの質問を英訳して取調官に伝える代わりに自分で答えてしまったり、更には自分から取調官を差し置いて状況把握のため被疑者に質問し、答えの要点だけをまとめて英訳し取調官に伝えている場合も見受けられる。結果的に裁判では取調べにおける英語でのやりとりを証拠としてほとんど頼ることになると、不正確な情報が陪審や裁判官に伝わることになり、非常に深刻な問題であったといえる。

４．メルボルン事件における通訳の問題から学ぶこと

メルボルン事件が起こった1992年当時に比べ、現在オーストラリアでは司法通訳のトレーニングも進んでいるが、そもそも日本語話者が関係する刑事事件が少ないため、実際に司法通訳として経験を重ね、技術を磨いた通訳者が増えているかどうかはわからない。メルボルン事件と類似した麻薬関係の事件が2002年

にシドニーで起こったが、この時に捜査通訳者の誤訳で弁護団が混乱した経緯がある。ここではメルボルン事件から学んだ弁護団が取調べのテープをチェックしたからこそ被告人に不利になる事態が避けられた。やはり海外で日本人が刑事事件に関係した場合、弁護側が通訳の落とし穴に注意していることで被疑者・被告人の権利が損なわれる危険を避けることができるのではないだろうか。

メルボルン事件では、可視化が行われており通訳を介した取調べが録音録画されていたにもかかわらず、当局側が通訳の問題の深刻さを認めるに至らなかったことが残念である。しかし、録音録画があったために通訳の見直しができ、その問題から学ぶことにより通訳を必要とする被疑者・被告人の権利の保障を確実にしていくことができる。本稿の筆者もメルボルン事件の捜査通訳を分析した結果をもとに翻訳通訳の学会で講演を行い、オーストラリアで通訳実務に関わる通訳者の方々と意見を交わした。また、上記のシドニーにおける事件では、取調べのテープに戻り確認ができたからこそ通訳を必要とした被告人が公正な刑事手続が保障された。日本では被疑者の権利を守り、公正な刑事手続を保障するために取調べの可視化を推進する動きが活発になっている。可視化が世界各地の司法制度において実現し、通訳を必要とする被疑者・被告人の言語権を守ることの大切さがさらに認識されることを願ってやまない。

(このコメントは個人通報の申立後1999年４月時点での本人達のコメントである。当時、本多千香氏は匿名を希望されていた。そのため「A子」と表示されている場合がある。)

通報者のコメント１　勝野正治

どうか少しでも考えてみて頂けないでしょうか。もし無実のあなたが不幸にも麻薬の密輸という極めてダーティーな事件に巻き込まれ、訳の分からないまま有罪判決に追い込まれたとしたら。しかも長期の拘束の中で望みの綱の再審の扉は、これも訳の分からないうちにどんどん閉ざされてしまう。そんな時に受ける、じだんだを踏みしかも砂を噛まされるような精神的肉体的苦痛が、いかほどであるかを。精神的にも肉体的にもずたずたになって当然すぎるほどの苦痛がそこにはあるのです。

振り返れば大変感慨深い思いがあります。私たちの拘留は間もなく７年目を迎えます。拘留場所も、言語、習慣、文化が違い、多くの面で自由を束縛された異国の刑務所です。無実の者であればなおさらのこと、肉体的にも精神的にも厳しい状況にあることは、想像におかれましてもご理解頂けるかと存じます。一人での拘留を余儀なくされていますA子さんは精神的にも肉体的にも現在ボロボロになっています。A子さんは、ストレスやショックから何度も呼吸困難に陥り、病院に運ばれたことがありました。体力には人一倍自信のあった私も、拘留期間に十数度の心臓発作を起こし、二度心臓バイパスの手術を受けました。そして４年経過した現在も、毎日欠かさず薬が必要な状態に置かれています。

受ける苦痛は拘留されている当人ばかりではありません。その家族も同様なのです。有罪判決が出た後私の気持ちを占めた思いは、一体どれほどの人が私の無実を信じてくれるだろうかという思いでした。思いの中で考えるだけなら、簡単な事かも知れません。しかし現実に起こってしまった無実で15年の懲役刑は、決して軽々しく済まされる事ではありません。このダーティーな事件は事実関係はどうであれ、その渦中に身を置いているというだけで、本人のみならず身内の者を悲惨の中に引きずり込んでしまう程大きな影響を及ぼすものです。いや、身内の者の一生を台無しにしてしまうほどの影響を、現に与えています。苦痛と投げやりから、息子が自殺するのではといった恐れを抱いて、ここ数年私は過ごしてきました。そうしたやり切れない不安。裁判時における事実と異なる推測に基づく不利な発言を聞かされる苦しみ。事件報道を知った方から受けるののしりや非難の声。芽生え出した支援に対し無慈悲に行われた中傷や妨害。無実の自分が有罪判決を受けて初めて味わった苦しみのどれも、私には極めて苦痛でした。

もし自分が麻薬密輸の計画を知ってその犯行に関わっていたのなら、どんなにひどく罵声を受け、どんなに長い懲罰でも納得して受けられます。たとえそれがマレーシアで発覚し、極刑を受けることになったとしてもです。その場合身から出たサビですから、こんなに苦しむことも無かったろうと思います。身内に対しては肩身の狭くつらい思いをかけますが、命を代償に謝り尽くすことだって出来るのです。

しかし、無実であればそうはいかないのです。誰でも諦めと無気力に襲われない限り、あくまで無実を主張し、無実を証明できる可能性を探り努めようとしないでしょうか。ところが現実には、無実の者が無実を主張するだけで、“反省が無い、反抗的だ”とみなされ、有罪の者が罪を認めた場合と比較にならない程の厳しい弾劾と長期刑を裁判官より科せられ、また報道で事件を知った一般の人々からもより非難を受けてしまうのです。それでも可能な限り、無実を証明出来る可能性を探り求め無実を主張し続けることが、つらい思いをかけている身内に対するせめての慰め、またささやかな償いにつながることだと私は信じています。

そんな意味もありまして、現在、支援者のご厚意で頂いております恩赦申請についても、仮に恩赦が出たとしても私は辞退させて頂こうと心に決めています。勿論、A子さんのように体も心もズタズタになってしまわれた方には、深い同情と共に一日も早い帰国により心身の癒されることを、私も希望してやみません。しかしまだ体力的にも精神的にも頑張れる状態にある以上、私はあくまでも再審裁判を得ることに望みをつないでいこうと思っています。被害者とばかり思い込んでいた自分が、いつの間にか身内に対しては加害者になっていることに、複雑でやり切れない気持ちが致しますが、最終的には無実を勝ち取って初めて真の償いと心の安らぎを身内に与えられ、また自ら人間の尊厳の回復ができると考えているからです。

ですから私の望みは、偏見に満ち誤審の裁判により下された有罪判決を、再審裁判によってその判決が誤りであったことを証明したい事ただ一点です。極論を言えば再審への道一つなのです。そのためには超えなければならない困難な壁が幾重にも有ります。その困難を乗り越えるためにも皆様から頂くご支援が不可欠です。どんな形であるにせよ、頂くご支援の実ひとつひとつが私たちの心を支える確かな力となっているばかりではなく、やがては重い再審の扉を開く力にさえなり得る可能性を秘めているからです。

どうかご支援受け賜わりますように、また再審に向けどうかご指導とご助力も併せて賜りますように、重ねてお願い申し上げます。

1999年4月14日

オーストラリア、フルハム刑務所にて

通報者のコメント2　勝野光男

日本では、私達の事件をテレビや新聞であまり大々的には報道されなかったようですし、事件が起きてからもう少しで7年目を迎えようとしていますので、知っている人は少ないと思います。私達は92年の6月にオーストラリア国内へ大量の麻薬を持ち込んだ容疑で逮捕され、94年に開かれた裁判の結果、全員が有罪となり、私は懲役15年という刑を受けました。その翌年にビクトリア州の最高裁判所へ上訴しましたが全員却下されてしまいました。そして最後の望みであるキャンベラの最高裁判所への上訴は申請も97年に行いましたが、それも却下されてしまい、今は刑期が終えるのを只待つだけになりました。

第一審で有罪になった者が上訴して無罪を勝ち取ることはどれ程難しいかという話は聞いていましたが、それが現実となって、今、私達の身に降りかかっています。私は裁判が終われば無罪で日本へ帰れるものと信じていましたので、20ケ月という長い拘置所生活も辛抱できました。しかし裁判が始まってから私が信じていたものが少しずつ崩れていくような気になりました。私が最初想像していた裁判とはかなり違っていましたし、公正に行うべき裁判なのに決してそうでは無かったからです。私達の裁判は合同裁判という形式で行われました。私達と同じ法廷に、私達の旅行グループとは別人で情況証拠が沢山あった中国系マレーシア人も一緒に裁判を行ったことは、私達にとっては大変不利になりました。

警察側は私達とその中国人と結びつけようとして、その人間とクアラルンプールのレストランで一緒に食事をしたり、行動を共にしていたと主張しましたが、私達はオーストラリアへ来て拘留されるまで、その人は見た事もありませんでした。又私達は証人台に立つ事が出来ませんでした。その理由はもし誰かが証人台に立てば他の被告人に不利になる証言をする恐れがある為、私達の弁護士は立たないことを勧めたのです。しかし、その結果、陪審員が私達をどう判断したかは分かりませんが、悪い審議をすることになった可能性も考えられます。そして英語の分からない私達にとっては、全て通訳を通してでなければ分かりませんので、一応法廷にも通訳は付いていましたが、同時通訳という方法で行われた為、私達に会話の内容が20〜30%位しか伝わらなかったように思います。裁判官も陪審員の下した有罪の判決に対して、その判決は正しかったと本人自身の意思を示していた程ですから、私達に対して最初から偏見を持っていたと言えます。中立の立場をあずかるべき裁判官が私達を最初から有罪と決めていたら、どうしても警察側の方が有利になるような裁判になってしまいます。そんな裁判が公正といえるでしょうか。無実の者が不公正な裁判で有罪となり、服役している気持ちはどんなものか分かるでしょうか。私がこの旅行に誘った為に刑を受けた友人の女性は今でも裁判で受けたショックから立ち直る事が出来ず精神的な病気で体を患っています。私達がこのまま刑期を終えてから帰国しても、一生前科者という立場で生きて行かなければなりません。私はとても納得出来ません。私達の刑が決まってからも、メルボルン在住の日本人の方々や日本語教会の方々は、今までに頻繁に面会に来て戴き私達を励まして下さいました。そして私達の為にバザーやコンサートなどで援助金を作って下さいました。本当に感謝しております。そして昨年と今年の1月には大阪から山下先生を始めとする弁護士の方々や立命館大教授の堀田先生が私達に面会して下さいました。わたしの上訴も全て終わった後、刑期が終わるまで我慢するしか無いとほとんど諦めていたのですが、先生方が私達の事件にとても関心をしめされ、国連の方にも訴えてくださったり、大阪弁護士会の多くの先生方が私達を支援して下さるようになり、今は又希望が持てるようになりました。本当にありがとうございます。

通報者のコメント3　勝野良男

今回、私達の事件の為に、大阪弁護士会の先生方が手助けをして下さることになり、心から感謝しています。

こちらのオーストラリアでも、私達の事件を知り、何とか手助けしたいと集まってくれた人達が支援グループを作ってくださり、支援活動をしてくださってはいますが、なにせ、素人ばかりの為、法律にうとく、オーストラリアということもあって、なかなか良い方向には向かっていきませんでしたが、支援者の方々のおしみない手助けにより、私達の事件が大阪の弁護士会の山下先生に知られるところとなり、今やっと専門家の人達の手を借りることができるようになりました。

ここまでくるのに7年という月日がかかりましたが、私の裁判はまだ終わったわけではありません。

私達の事件はバッグを盗まれたように仕組まれ、それによって麻薬入りのバッグにすり替えられ、運び屋にされたという事件で、事件それ自体はそんなにめずらしい事件ではないように思いますが、事件が起きたのが日本ではなく、オーストラリアである為に言葉の障害があり、通訳などさまざまな問題が起こり、その為に警察にも誤解を招き、私達の証言が作り話のように受け取られ、裁判が始まる前にもかかわらず、書類などがすべて英語で書かれている為に、書類に目を通すことすらできず、何も自分達を防御することもできずに、裁判が始まり、終わってみると有罪で20年という刑期をうたれていました。20年という刑期も無期にひとしいくらい長いものであり、もちろん自分自身は何も罪を犯していませんので、怒りで体が震え、一週間も食事がのどを通らぬほどでしたが、今もその時の気持ちを忘れる事ができません。

今の若い人達は気軽に外国に遊びに出かけて行きますが、私達のようなことが、二度と他の人達に起こらぬよう、外国に出る時には本当に気を付けていただきたいと思っています。

いつも忙しい所、私達の為に手助けいただいて本当にありがとうございます。

通報者のコメント4　浅見喜一郎

(一)　私達は一般市民です。

(二)　国際指名手配されている者が張本人です。

(三)　私達はその者以上の有力な証拠は当事件においてはあり得ないと信じています。

(四)　あの人が犯人です、と名指し出来る人物がこの事件に関して野放しにされている。

(五)　こんな不可解な事が起き得るなどとは夢にも考えられません。

(六)　どうか一日も早く国際指名手配されているキャリー（仮名・編者注）をマレーシアから連れてきて皆の前ではっきりさせて欲しい。

(七)　私達は家族が待っているのです。

(八)　本当の裁判をもう一度やって下さい。

通報者のコメント5　本多千香

1992年６月17日にオーストラリアのメルボルン空港でヘロインの密輸入の疑いで捕まり、３日間ホテルに監禁され、朝の９：00すぎから夜の10：00すぎまで調書を取られ、その時にはまだこの調書が終われば自由の身になれると思い、警察官の尋問に対し一生懸命答えました。私は友人（男性刑務所に私と同じ15年の刑期を受けた）にオーストラリアの旅行に誘われて、唯ついて来ただけです。公判も４ケ月に渡る長い裁判でした。それなのに私の事はほんの少しだけでした。オーストラリアに来た時にはほとんど英語も分からず、何が何だか分からずに夢かと思って早く目覚めたいと何度も頬をつねったり、たたいたりしましたけど、夢ではありませんでした。その時のショックは未だに頭の奥にあり、急に不安と恐怖が重なって息が出来なくなり、体中が震え、死ぬかと思うほど苦しく年中なり、今だにその発作が続いています。特に1998年からまたひどくなっています。かなりの安定剤やその他の薬が出されています。今年の６月で刑務所に入れられ、丸８年になります。以前何度も死のうかと思い遺書も書いた事もあります。私は本当に無実です。麻薬が入っているのを知っていたら……いいえ私にはそんな犯罪は犯せません。1993年にイエスキリストを信じ頑張ってきました。でもどうでもいい、と思うことがたまにあります。こんな不公平な裁判を受け、ただ法律上だけの上告しか出来ず、刑務所内で人間関係に悩んだり、心にナイフを刺されるほど傷つけられたり、死んだ方が楽になるように思えることもありました。私が密輸入をしたならしたとはっきり言えます。そんな事をしていないのにしたと嘘は言えません。刑事がすべて私達の調書は前もって話し合って仕組んだ事だ。マレーシアのサクラカフエで夕食など取ってないなどと作り話を公判の時に12人の陪審員に話し、私はとっても辛く、そしていら立ちました。こんな裁判では外国人は99％有罪になると怒りました。まともな通訳がつかなく、弁護士とも２年半にまともに話したのは一度だけです（二度目の弁護士)。私がヤング牧師に頼んで二回弁護士に会いましたけど、一度目は通訳が来ず、二度目は私が一緒に旅行に来た男性刑務所（拘置所MRC）に一応公判前のミーティングという事でいきました。その時にはもう私の精神が弱ってかなりきつい安定剤が出されていました。何を話したのか覚えていません。これを読まれた方々に私達は本当に無実だということを信じてもらいたいと心から願っています。あわれみでは無く真実を知ってもらいたいと思います。

実際にマレーシアでスーツケースが車ごと盗まれ、麻薬の入ったスーツケースを次の日に受け取り、まったくそれを疑いもせずにオーストラリアに来た私が無知だったとつくづく思います。日本では麻薬の事件があまり無いのでそんな事まったく思いもしませんでした。でも調書をとられていて、刑事の尋問に答えているうちにマレーシアのツアーガイドが仕組んだ事だと気づきました。後２年８ケ月（６月17日になりますと２年半）刑務所に入れられてなければなりません。確かに今思いますと月日が流れるのは早いし、刑務所内で色々な事を学んでます。でも日本での時間が止まったままで、心の奥で苦しさがいつも隠れています。

私の写真や名前を出せないのは母が昔ながらの古い人間で、世間や親類の体裁を大事にする人ですし、子供の頃から今現在までずーっと苦労のしっぱなしな私の大事な母なので傷つけられません。どうかお許し下さい。

私は本当に無実です。

Metropolitan Women's Correctional Centre

編者注：本多千香氏においては自由権規約委員会の却下決定をうけて次のようなコメントをいただきました。

ジュネーブの自由権規約委員会への個人通報手続が受理されなかったことに対しては、とても残念な気持ちです。

私は当時、英語がほとんど分かりませんでした。

もちろん、オーストラリアの裁判の形態などは全く知るはずもありませんでした。

準備裁判では、通訳のレベルが著しく低かったために、連邦警察の刑事の質問と私の答えが食い違ってしまったり、ややこしくなったりしたので、法廷弁護人が裁判でそのことを上申しましたが、公判ではほとんど触れられず、ジュネーブでは、「(裁判で被告人らが) やるべきことを、やっていないのではないか」との判断から、受理してもらえなかったのです。

この「やるべきことをやっていない」との判断に対しては全く納得がいきません。

なぜかと言いますと、当時、弁護人との打ち合わせがほとんどできませんでした。

４ケ月にも及ぶ公判中に、私自身の件に関する審理は３日間ほどで、その間は、弁護人との話し合いや打ち合わせも、できませんでした。

私たちは裁判中、イヤホンを通して通訳の言葉を聞きました。

裁判官と弁護士と検事の話をまとめて聞くだけだったので、その日の裁判の内容の20％～30％程度しか理解できませんでした。

このような、こちらから訴えたいことが全く通じない裁判では、人権侵害と言われても仕方がないのではないかと思います。

常任弁護団のコメント1　弁護士　ジョン・J・トービン

メルボルン事件の回想

私は、安藤教授の見解、すなわちメルボルン事件の結果如何に関わらず、個人通報がなされたという事実が前進するための大切な一歩だったという見解に全面的に賛成するものです。このことは、極めて実際的な意味でも当てはまります。なぜなら、安藤教授もご指摘のように、メルボルン事件は、日本人旅行者が外国において刑事事件で起訴され裁判にかけられうること、不慣れな文化の中で適切な日本語通訳もないこと、従って自分たちに対して行われている手続を理解し適切に自らを弁護する能力もないこと、これらの危険性を多くの日本人に知らしめたからです。

このように‘警告’を与えるという実際的な機能に加えて、たとえ許容性が欠けるとの理由で却下されたにせよ、メルボルン事件は、多くの日本人——そしてオーストラリア人——に人権が侵害されたと信じる個人が国際法上利用可能な不服申立システムを啓蒙するという機会を与えました。この啓蒙は、また一般のオーストラリア人や日本人に国際法についての意識を高めるという効果ももたらしました。世界的には人権委員会（HRC）の活動というのは余り知られていません。そのような活動からどのような効果を導きうるかは一層知られていません。

メルボルン事件が日本及びオーストラリアにおいて劇的な問題となって以来、双方の国において、国際人権法理の形成にHRCが果たす役割、そして人権の回復は国境を越えて果たしうるし、また果たさねばならないという事実を、一般市民がより良く理解するようになったと思います。安藤教授もご指摘のように「グローバリゼイションの進む今日の国際社会では、私たちの人権保障は、一国の司法手続で尽きるのではなく、その手続が国家の枠を超えて普遍的に認められるようなものでなければならない」のです。このような見方は極めて深淵なものを提案するものです。すなわち、すべての人間に同じ保護・保障を提供する地球規模の法的システムという発想です。

メルボルン事件では、多くの障害を乗り越えなければならなかった結果、国際人権訴訟に求められる複雑さを示す良い例となりました。メルボルン事件弁護団のメンバーは、イギリスのコンモン・ローを基礎とした連邦的刑事司法制度の性格、HRCや他の国際法機関の法理、法廷及び取調室双方における適切な通訳の役割と機能を理解しなければならなかったのです。

この個人的感想を終えるに当たって、メルボルン事件弁護団のメンバーの粘り強さと決断力に敬意を表したいと思います。特に、彼らの、国境を越えて事実を追及する飽くなき手法、国際的な法的メカニズムを援用する手法、そしてメディアや広報に対応する手法に対してです。彼らの努力なくしては、日本やオーストラリアの一般大衆に対する啓蒙は決して実現しなかったでしょう。そして、もちろんこのような啓蒙は、世界を社会的正義実現の方向に向かわせるための努力として必須条件と言えるものなのです。弁護士として、そして人権の唱道者として、私にとって真に献身的な弁護士のグループと一緒に働けたことは光栄なことでした。

常任弁護団のコメント2　弁護士　田中 俊

日本人は、歴史的に自由、平等を自ら勝ち取ってきた欧米人とは異なり、自分の権利や考えていることを自己主張する訓練が苦手であるように思える。その背景には、歴史的な違いや民族的な違いがあるのであろう。メルボルン事件のような、英語の理解できない日本人が、日本国外で裁判を受けたような場合、自己主張しないことは不利益に受けとられてしまう。ところが、メルボルン事件の通報者らは、訴訟戦術上、弁護人らと相談した結果、被告人質問さえせず、自分の言葉で無罪であることを直接訴えなかった。

また、通報者らは、通訳の能力に不満を感じていたが、訴訟の中や控訴のアピールポイントとして、最後まで通訳の正確さを問題にはしなかった。通訳人の能力に不安を一旦感じたなら、最後まで徹底的に問題にするべし、という前提が自由権規約委員会の判断の中にはある。それは、極めて欧米人を基準とした、いわゆる人権先進国的な発想なのではないだろうか。

また、実際、個人通報の代理人をして分かったことであるが、英語の理解できない人間には、この制度は、手続的に誠に使いにくい。英文の当事国の反論を日本語に翻訳し、それに対する再反論を日本語で起案しそれを英文化する、証拠関係も全て英訳しなければならない、しかもその期限は指定され、2ヶ月以内と極端に短い。日本が第1選択議定書を批准し、個人通報制度が実現した場合、この問題をどう制度的にクリアーしていくのか考えるときが必ずくるであろう。

メルボルン事件の個人通報申立は、残念な結果に終わった。いまだ第1選択議定書を日本は批准していないが、この事件の教訓が、少しでも批准推進のためのとり組みの一助となったのであれば、申立をした意義はあったのではないかと自負している。

常任弁護団のコメント3　弁護士　近藤厚志

メルボルン事件には、弁護士登録1年目から、関わらせていただきました。

まず、日本の真冬に、真夏のオーストラリアに行き、現地支援者と会い、支援者の方々のご援助で、刑務所まで依頼者と会いに行きました。

それから、弁護団員が協力して、様々な活動を行い、通訳人の皆様の絶大なご協力を得て、死力を尽くして、裁判当時の通訳の不十分性を主張立証する文章を作り上げました。

活動の中で、本当に多くの方々から、カンパなどの支援励ましをいただきました。

それだけに、自由権規約委員会への個人通報が却下され、依頼者の期待に応えられなかったことは断腸の思いです。

このえん罪事件を通し、どの制度も、決して完璧なものはないこと、また、人間の行う判断には限界があるということを実感しました。

様々な活動の中で、思い出されることはたくさんありますが、今、思い出されるのは、雪深い北海道への出張と、帰国された本多千香さんのご自宅への出張です。千香さんは、想像を絶する悔しさと困難を超えて、前向きに生きておられました。

現在も、千香さんは、心のこもった年賀状を欠くことなく送ってくださり、気持ちが伝わってきます。

最後に、会計担当として、厳しい弁護団財政を預かってきた身として、数々の温かいカンパに、心より御礼申し上げます。

常任弁護団のコメント４　弁護士　沢田篤志

メルボルン事件弁護団の活動に私が参加したのは1998年夏頃でしたので、既に10年以上が経過したことになります。参加のきっかけは、故堀田教授、山下弁護団長及び田中事務局長による現地調査実施の後、弁護団に誘っていただいたことでした。本件の支援活動に日本の弁護士が関与したのは1998年が初めてであったと思います。

当時から、既に有罪が確定していたこと、外国の法制度が問題となること、何より言語の壁があること等から、救済活動に高いハードルがあることは十分予想されました。しかし、そのような困難な状況にもかかわらず、当時から現在まで多数の支援者・弁護士が支援活動に関わってきた理由は、ひとえに、冤罪被害についての当事者の切実な訴えに突き動かされたからであったと思います。私自身にとっても、メルボルン事件は非常に思い入れの強い事件です。

弁護団が活動をするにあたって、やはり法制度や言語・文化の違いは非常に大きな障壁になりました。

ただ、それでもなお、法的問題に対する基本的な考え方（人権保障・適正手続等の基本概念から、事実認定の方法に至るまで）には国の違いを超えてかなり大きな共通点があることを実感することができたと個人的には思っております。

ところで、個人通報の手続においては、通訳の問題点を重要なポイントとして取り上げました。日本国内で、通訳人チームの多大なご協力を得て取調べの録音テープを検証し、これによって初めて数多くの不適切な通訳が「発見」されました。仮に被疑者・被告人が通訳に対して漠然と不満を感じても具体的にどのような誤訳が生じているかは認識困難であること、両言語に通じたプロの通訳人でなければ通訳の適正さをチェックすることはできないこと等を考えると、ひとたび通訳に欠陥が生じた場合の問題が特殊かつ深刻なものであることは明らかです。

その特殊性等に照らすと、本件の個人通報手続において、自由権規約委員会が通訳の問題点について当事者本人やオーストラリアの弁護人が国内救済手段を尽くしていなかったと判断したことは、極めて残念な結論であったと思います。

弁護団は、個人通報の手続を主任務としつつも、これにとどまらず、恩赦・再審手続への支援、オーストラリア政府に対する釈放要請、日本外務省に対する支援要請、世論へのアピールその他の支援活動に取り組んできました。この過程で、世論の心強い後押しが得られたり、高齢の当事者について日本外務省のオーストラリア政府に対する人道的理由に基づく釈放要請という異例の措置がなされたりということもありました。これらは、本件における当事者らの切実な訴えが通じたものだと思います。

これまでの活動を振り返りますと、弁護団の行った活動には大きな意義があり、また、当事者の名誉回復や心情面の支援にも一定の効果を挙げたのではないかと思いますが、同時に、当事者を冤罪から法的に救済するまでには至っていないことへの忸怩たる思いももたざるをえません。とりわけ後者については、言うまでもありませんが、救済活動に関わった者としては本当に残念でならないことだと思っております。

常任弁護団のコメント5　弁護士　中西 啓

メルボルン事件では、日本語が分かっていることになっているオーストラリア人が通訳にあたった。通訳を実際にしてもらった通報者達は、英語が理解できなかったが、何となくオーストラリア人通訳の通訳がおかしいとは感じていた（個人差はあるが)。しかし、どれくらい不正確な通訳であったかについては通報者達は分からなかったし、刑事手続にも明るくなかったため、不正確な通訳が自分たちの裁判にどれくらいの悪影響を及ぼすかについても分からなかった。通報者達は、自分の権利は自分で守らなくてはいけないという教育を受けていない日本人であったことから、自分たちは無罪なのであるから裁判でそれは明らかになるであろう、あるいは弁護人が明らかにしてくれるであろうとの淡い期待を有していた。通報者達の弁護人も日本語は全く分からなかったから、通訳の不正確さの程度やそれが通報者達の裁判に及ぼす影響についても認識できていなかった。

このような状況下で、「通訳がおかしいのに気づいていたのであるから裁判で問題にすべきであった。問題にしていないのだから、国内的救済手続を尽くしているとは言えない。」という自由権規約委員会の結論は、あまりに形式的判断にすぎ、結果として通訳人に問題がある今回のようなケースでの通報者達の正当な権利の救済を事実上不可能にするのではないだろうか？　しかも、メルボルン事件で通訳人の通訳の問題性が明らかになったのは、かなり後になって捜査段階及び裁判段階の通訳を子細に分析することができてからである。問題性を分析すること自体が大変時間と労力がかかる作業である。

私には、自由権規約委員会は、通訳の正確性について判断する実質的能力がないことを自認していたからこそ、上記のような形式論で本ケースを許容性の段階で切ってしまったとしか思えないが、このような見方は穿ちすぎであろうか？

いずれにしても、今回の決定は私を暗澹たる気分に陥らせるに十分な決定であったことだけは間違いない。

常任弁護団のコメント6　弁護士　正木幸博

許容性を否定した国連自由権規約委員会決定の残したもの

自由権規約委員会による「国内救済手段を尽くしていない」という判断は何を意味するか。それは、今後、司法通訳（捜査段階であると公判段階であるとを問わない）に少しでも疑問を持った個人は、司法通訳に不備があった旨をその国の最終的有権判断機関（最高裁判所）まで争わなければ、国際人権規約に基づいた救済を受けられないということである。

それは現実的に可能なことだろうか。

完璧な通訳人を用意することは不可能に近い。実務に携わっていると、通訳の適切さに何か問題があるのではないかと思うことはよくあることである。つい先日も、イギリス人被告人が “I don’t remember everything.”（全てを覚えているわけではありません。）と発言したのを、法廷通訳人が「私は全く覚えていません。」と訳すということがあった。部分否定と全部否定とでは、事実認定や量刑判断への影響が全く異なる。しかし、この時も、もし英語でなかったなら法廷通訳人の誤訳に気付くことなく「あっ、接見の時と言い分を変えたな。」と思っただけで終わっていたかも知れない。

捜査段階における通訳、公判での証人尋問における通訳にどのような問題があり、それがその後の手続にどのような影響を与えているかを法廷で採用される形で提出するためには、専門家による言語学的な分析が不可欠である。ところが、刑事事件において無罪を主張する被告人及びその弁護人は、まずは検察側の主張・証拠に対しさまざまな反論をしなければならない。検察の主張は本当に証拠により裏付けられているのか。膨大な調書・証拠物の中に矛盾を示すものはないか。被告人の説明は裏付けうるか。今日の検察側証人の証言を崩す材料はあるか……。そのまっただ中にあって、「取調べ時点の通訳には何か疑問が残っている」「前回の法廷での通訳は何かしっくり行っていなかったように思う」からといって、本格的に通訳の適切さの調査を始めるということは実務的には不可能である。時間的・労力的・予算的制約が存在するからである。

しかし、自由権規約委員会は、明確に次のように言い切った。”Their failure to procure expert information prior to their appeal, but only(*) seven years after their trial, does not absolve the authors from the requirement to exhaust domestic remedies.”「上訴前でなく、ようやく公判の7年後になるまで専門家からの情報を得ることができなかったからといって、国内救済手段を尽くすことという要件を免除できるものではない。」これは、刑事裁判の真っ最中に本書の「補充報告書」あるいは「中根レポート」にあるような分析をしておかなければ、自由権規約委員会は救済の手を差し伸べないということである。これが不可能を強いるものでなくて何であろう。これでは自由権規約が保障する自分の言語で裁判を受けることの保障は画餅に帰す。

仄聞するところでは、ジュネーブの個人通報事務担当者のもとには滞留した個人通報案件がうず高く積み上げられているとのことである。また、自由権規約委員会の委員の中には必ずしも裁判実務に携わった経験がなく、自国で公務員を長年務めた後の名誉職としてその地位に就く者もいるという。このような実態であれば、本件のように許容性に関してもある程度証拠を見た上での実質的な判断を要するような事案では、むしろ型どおりの判断だけで処理済みとしたくなることも十分ありうることなのかも知れない。しかし、それではどこかの国のお役人職業裁判官と何ら異ならない。

誤訳はもちろん怖ろしい。しかし、それ以上に怖ろしいのは、司法通訳人の能力が十分でないがゆえに取調べや証人尋問がスムーズに行かない場合も、その様子を見ている取調官や裁判官・裁判員は、よほど通訳人がしどろもどろになったりしない限り、通訳に問題があるとは気付かないことである。むしろ「被疑者・被告人が言い逃れしようとしているので、質疑応答がスムーズに行かないのだ。」という印象を持ってしまう。これが一番怖ろしい。捜査段階初期の予断は起訴に受け継がれ、さらに公判にも受け継がれ、判決にまで反映されてしまう怖れがあるのである。その結末は、かくも怖ろしき国際的冤罪である。

このような実務の現実の姿を理解していれば、通報者が締約国内の刑事手続で通訳におよそ何らかの疑問を持っていたか否かという形式的な判断ではなく、少なくとも、どの程度の通訳の深刻さの問題があるかを通報者の提出した証拠を精査した上で、そのような通訳問題を当該国内の刑事訴訟で実質的に提起できたか否かを基準に、国内救済手段を尽くしたと言えるかいなかを判断することができたであろう。

裁判所が違憲審査権を有する国では、裁判所は「人権保障の最後の砦」と呼ばれる。その国が第一選択議定書を批准していれば、自由権規約委員会は「人権保障の最後の最後の砦」のはずである。しかし、真にそう呼ばれるような実態を得るには、高い理想を掲げるだけでなく自由権規約委員会自体も脚下照顧すべき点があるのではないだろうか。

人権侵害救済の問題は、机上で理念を闘わせるような問題ではない。切れれば血が流れる人間の、より皮膚感覚な問題である。実務の現実の姿、世の中の実際を知らなければ人権救済など望むべくもない。自由権規約委員会にはこのような現実に即した判断を望みたい。

（*）なお、この “only” は前後の文脈から考えて「わずか」「だけ」の意味ではなく、「ようやく」「やっと」（〜になって初めて）の意味に理解するべきであろう。このようなごく基本的な単語ですら誤解の種を孕んでいるとすれば、誤訳の怖ろしさ、ひいては誤訳による被害からの救済の重要性を改めて痛感させられる。

第5部

資　料

資料1　市民的及び政治的権利に関する国際規約の選択議定書（B規約第一選択議定書）

市民的及び政治的権利に関する国際規約の選択議定書（B規約第一選択議定書）

（1989年採択、1991年発効）
（日本未批准・外務省仮訳）

この議定書の締約国は、市民的及び政治的権利に関する規約（以下「規約」という。）の目的を達成し及び規約の規定を実施するためには、規約第四部の規定に基づいて設置される人権委員会（以下「委員会」という。）が、規約に規定するいずれかの権利の侵害の犠牲者であると主張する個人からの通報をこの議定書に定めるところによって受理しかつ検討し得るようにすることが適当であると考えて、次のとおり協定した。

第1条
この議定書の締約国となる規約の締約国は、規約に規定するいずれかの権利の当該締約国による侵害の犠牲者であると主張する当該締約国の管轄の下にある個人からの通報を委員会が受理しかつ検討する権限を有することを認める。委員会は、この議定書の締約国でない規約の締約国についての通報を受理してはならない。

第2条
前条の規定に従うことを条件として、個人は、規約に規定する個人のいずれかの権利が侵害されたと主張する場合において、利用し得るすべての国内的な救済措置を尽したときは、検討のため、書面による通報を委員会に提出することができる。

第3条
委員会は、この議定書に基づく通報のうち、匿名のもの又は通報を提出する権利を濫用しており若しくは規約の規定に両立しないと認めるものは受理することができないと判断する。

第４条

１．前条の規定に従うことを条件として、委員会は、この議定書に基づいて提出されたすべての通報につき、規約の規定に違反していると申し立てられたこの議定書の締約国の注意を喚起する。

２．注意を受けた締約国は、６箇月以内に、事態及び、自国がとり得た救済措置がある場合には、その救済措置について説明する文書その他の文書を委員会に提出する。

第５条

１．委員会は、当該個人及び関係締約国により提供された書面によるすべての情報に照らして、この議定書により受理した通報について検討する。

２．委員会は、次のことが確認されない限り、個人からのいかなる通報についても検討しない。

(a) 同一の事案が国際的な調査又は解決のための他の手続により検討されていないこと。

(b) 当該個人が利用し得るすべての国内的な救済措置を尽したこと。ただし、救済措置の実施が不当に遅延する場合は、この限りでない。

３．委員会は、この議定書により通報を検討する場合には、非公開の会合を開催する。

４．委員会は、関係締約国及び当該個人に委員会の意見を送付する。

第６条

委員会は、規約第45条の規定に基づく年次報告中にこの議定書に基づく自己の活動の概要を含める。

第７条

この議定書の規定は、1960年12月14日に国際連合総会によって採択された植民地及びその人民への独立の付与のための宣言に関する決議第1514号（XV）の目的が達成されるまでの間は、国際連合憲章並びに国際連合及び専門機関において作成された他の国際条約及び国際文書によって植民地の人民に付与された請願の権利を何ら制限するものではない。

第８条

１．この議定書は、規約に署名したすべての国による署名のために開放しておく。

２．この議定書は、規約を批准し又はこれに加入したすべての国によって批准されなければならない。批准書は、国際連合事務総長に寄託する。

３．この議定書は、規約を批准し又はこれに加入したすべての国による加入のために開放しておく。

４．加入は、加入書を国際連合事務総長に寄託することによって行う。

５．国際連合事務総長は、この議定書に署名し又は加入したすべての国に対し、各批准書又は各加入書の寄託を通報する。

第９条

１．規約の効力発生を条件として、この議定書は、10番目の批准書又は加入書が国際連合事務総長に寄託された日の後３箇月で効力を生ずる。

２．この議定書は、10番目の批准書又は加入書が寄託された後に批准し又は加入する国については、その批准書又は加入書が寄託された日の後３箇月で効力を生ずる。

第10条

この議定書は、いかなる制限又は例外もなしに、連邦国家のすべての地域について適用する。

第11条

１．この議定書のいずれの締約国も、改正を提案し及び改正案を国際連合事務総長に提出することができる。同事務総長は、直ちに、この議定書の締約国に対し、改正案を送付するものとし、締約国による改正案の審議及び投票のための締約国会議の開催についての賛否を同事務総長に通告するよう要請する。締約国の３分の１以上が会議の開催に賛成する場合には、同事務総長は、国際連合の主催の下に会議を招集する。会議において出席しかつ投票する締約国の過半数によって採択された改正案は、承認のため、国際連合総会に提出する。

２．改正は、国際連合総会が承認し、かつ、この議定書の締約国の３分の２以上の多数がそれぞれの国の憲法上の手続に従って受諾したときに、効力を生ずる。

３．改正は、効力を生じたときは、改正を受諾した締約国を拘束するものとし、他の締約国は、改正前のこの議定書の規定（受諾した従前の改正を含む。）により引き続き拘束される。

第12条

１．いずれの締約国も、国際連合事務総長にあてた書面による通告により、いつでもこの議定書を廃棄することができる。廃棄は、国際連合事務総長がその通告を受領した日の後３箇月で効力を生ずる。

２．廃棄は、その効力発生前に第２条の規定に基づいて提出された通報につきこの議定書の規定を引き続き適用することを妨げるものではない。

第13条

第８条５の規定により行われる通報にかかわらず、国際連合事務総長は、規約第48条１に規定するすべての国に対し、次の事項を通報する。

(a) 第８条の規定による署名、批准及び加入

(b) 第９条の規定に基づきこの議定書が効力を生ずる日及び第11条の規定により改正が効力を生ずる日

(c) 前条の規定による廃棄

第14条

１．この議定書は、中国語、英語、フランス語、ロシア語及びスペイン語をひとしく正文とし、国際連合に寄託される。

２．国際連合事務総長は、この議定書の認証謄本を規約第48条に規定するすべての国に送付する。

以上の証拠として、下名は、各自の政府から正当に委任を受けて、1966年12月19日にニューヨークで署名のために開放されたこの議定書に署名した。

資料2　オーストラリア政府報告書に対するカウンターレポート

〔解説〕

弁護団は、2000年7月、ジュネーブの自由権規約委員会に対し、カウンターレポートを提出した。

オーストラリア連邦政府は、自由権規約を批准しているので、5年に1度、自由権規約委員会に対し、国内での人権実施状況を政府報告書として、提出することを義務づけられている。その政府報告書を批判するものとして、弁護団は「オーストラリアにおいては、英語の話せない被疑者・被告人の権利が手続き上保障されていない」と題するレポートを提出した。

このレポートは、オーストラリア政府にも手渡され、自由権規約委員会で議論された。このレポートの提出によって、オーストラリア政府は初めて、メルボルン事件弁護団の存在を公式に知ることとなった。

July，２０００

オーストラリアにおける外国人に対する刑事司法の問題点に関する報告書

メルボルン事件弁護団
Kiyoshi YAMASHITA attorney at law
Shun TANAKA attorney at law
Takashi IKEDA attorney at law
Shunji KOGIRIMA attorney at law
Atsushi KONDO attorney at law
Etsuo KURODA attorney at law
Kei NAKANISHI attorney at law
Hiroto NAKANISHI attorney at law
Takakazu SAI attorney at law
Atsushi SAWADA attorney at law
Hiroko YUHARA attorney at law
Makitaro HOTTA proffessor
John J. TOBIN attorney at law

Ⅰ　この報告書の目的

私たちは、日本の大阪の弁護士、及び、学者のグループであり、メルボルン事件と呼ばれる事件で有罪の宣告を受け現在オーストラリアの刑務所で服役中の無実を訴える日本人５名の救済活動に従事している。

この５名のうち４名は、the Human Rights Committee (hereinafter referred as "the Committee")に個人通報（Communication)している。私たち弁護団は、この個人通報の準備をしたり、オーストラリア政府に恩赦の申立をしたりして、この５名の囚人の１日も早い釈放を求めて活動している。

私たちは、メルボルン事件に取り組む中で、オーストラリアにおける外国人に対する刑事司法に様々な問題点があり、被疑者や被告人の人権を侵害し、公正な裁判を阻害していることを知った。私たちが知っている具体的なケースはメルボルン事件だけであるが、事柄の性質上、オーストラリアの外国人に対する刑事司法一般に共通する問題点であると考えられる。そこで、私たちは、the Committeeがオーストラリア政府提出の報告書を審査する（consider)機会に、オーストラリアにおける外国人に対する刑事司法の問題点について意見を述べる。The Comm

- 1 -

itteeのオーストラリア政府報告書に対する審査の参考になれば幸いである。

私たちは、知っている具体的なケースはメルボルン事件だけであるので、以下、具体的な例としてはメルボルン事件に言及することになるが、the Committeeによる４人の日本人からのCommunicationの審理に影響を与えようという意図は毛頭ない。

私たちは、the Committeeの４人のCommunicationに対する審理のためには、もっと詳細で具体的な報告書を提出する予定である。

II　結論と提言

オーストラリア政府は、現在の同国の通訳人制度の下では、同国で身柄を拘束された外国人被疑者及び被告人に国際人権（自由権）規約（the International Covenant on Civil and Political Rights,hereinafter referred as "ICCPR"）が求める公正な裁判（１４条）は到底保障されるものではないことを認識し、外国人被疑者及び被告人に対して適正な通訳能力を有する通訳を付すことができるように通訳人の人数の拡充と質の向上に至急努力するべきである。

III　オーストラリア政府第３報告書への反論

１　オーストラリア政府第３報告書の内容

オーストラリア政府第３報告書には、「被疑者・被告人が英語を理解できない、もしくはしっかりと意思疎通することができない場合には、警察や裁判所は通訳人を十分に活用する。（Both police and the courts make considerable use of interpreters where accused persons are unable to understand or to communicate effectively in the English language.）」（５６７）、「身柄を拘束されている者が尋問を理解するに足る英語力を有していない場合には、１９５８年ビクトリア犯罪法によれば、捜査官は、尋問や捜査を始める前に、有能な通訳人を手配しなければならず、また、通訳人が来るまでは尋問や捜査をしてはならないことになっている。(Where a person in custody does not have sufficient knowledge of English to understand the questioning, the Victorian Crimes Act 1958 requires an investigating official, before any questioning or investigating commences, to arrange for a competent interpreter to be present and to defer the questioning or investigation until the interpreter is present.)」（５７０）、「１９１４年犯罪法は、警察の尋問の際、英語を話せない者が通訳人をつけてもらう権利を

規定している。捜査官は、被疑者が英語である程度流暢に意思疎通することができないと判断するに足る根拠を持つに至ったら、通訳人が来るまで質問や捜査を始めたり、継続したりすることはできない。(Section 23N of the Crimes Act 1914 provides a right to an interpreter for a non-English-speaking person during police questioning. Once the investigating official has reasonable grounds to believe the accused person cannot communicate in a reasonably fluent manner, questioning and investigation cannot begin or continue until an interpreter is present.)」(772)、「1914年犯罪法は、被疑者が理解できる言語で被疑者に黙秘権があることを伝えなければならないこと、及び逮捕された者に友人や親戚、弁護士に連絡をとる権利があること、尋問の際に弁護士に立ち会ってもらう権利があることを知らせなければならないことを定めている。(The Crimes Act 1914 also requires the cautioning of suspects in a language that they understand and the provision of information to the arrested person on his or her right to contact a friend or relative and a lawyer, and the right to have a lawyer present during questioning.)」(773)、「刑事事件で通訳が必要な場合には被告人に費用を負担させることなく法廷に通訳人を呼ぶ慣行がある。意思疎通に問題があるケースでは、被告人が公訴事実の内容と被告人に不利な証拠を理解することができるよう裁判所はできる限りのことをする。(The practice is that, if interpreters are required in criminal cases, their attendance is arranged without cost to the defendant. In cases where there is a problem of communication, courts go to considerable lengths to ensure that accused persons understand the nature of the charge and evidence against them.)」(803)、「ビクトリア州では、裁判所が被告人が英語を適切に理解できないと判断した場合には、刑務所に服役するおそれのある公訴事実で被告人になっている者のために、マジストレート・コートにおける手続の際、証人と当事者のために通訳人を付する権利が制定法で認められている。(In Victoria, there is a statutory right to an interpreter for witnesses and parties in proceedings in Magistrates' Court proceedings for defendants charged with an offence punishable by imprisonment, if the court is satisfied that the person does not have adequate understanding of English.)」(806)等と記載されている。

すなわち、この政府報告書によれば、たとえオーストラリアで外国人が何らかの犯罪事実で身柄を拘束され、捜査機関の捜査を受け、起訴され、裁判を受ける

- 3 -

事態に陥っても、捜査・公判すべての過程を通じて適正な通訳人が付されるので、当該外国人は被疑者・被告人として有する権利をきちんと認識したうえで十分な防御を尽くすことができ、その結果、外国人にも国際人権(自由権)規約(ICCPR)が要求している公正な裁判が担保されているかのように思われる。

2　評価

しかしながら、この第3報告書は、一般論を述べているにすぎず、英語の理解できない被疑者・被告人の具体的な実態を看過している。

すなわち、オーストラリアの通訳人制度は、我々日本人の目から見る限り、残念ながら極めて不満足なものであり、実際問題として、オーストラリアでは外国人には公正な裁判は保障されていないと言わざるを得ない。

以下、オーストラリアの通訳人制度の不十分さを何点かに分けて指摘する。

公正な裁判の保障が、本事件において尽くされなかったことの中で、最も重要な点は、以下の点である。

①　国際人権(自由権)規約14条違反

まず、捜査、公判の段階で、通訳人の能力が不十分であること、及び、オーストラリアにおいては、英語を話せない被疑者・被告人に対する通訳人のシステムが制度的に確立していないために、被疑者・被告人は、捜査、公判を通じて十分に攻撃、防御が行なえない状況にある。

例えば、この通訳の問題は、メルボルン事件においては、あらゆる面で、彼らの訴訟活動の障害となり、彼らは、防御にとって不可欠な自分たちの意思を捜査機関、法廷に伝えることができないまま審理がなされ、冤罪を生んだ温床となった。

被疑者・被告人に、十分な能力を備えた通訳人が付かないということは、彼らが、当初からハンディキャップを背負わされアンフェアーであるということであり、本来対等の立場に立って初めて成り立つ当事者主義訴訟構造、武器対等の原則に明らかに反する。

このような状況は、国際人権(自由権)規約14条3項(f)に反するし、のみならず公正な裁判原則に反するものに他ならない。

具体的に通訳が不十分であることのポイントについて以下論じる。なお、このような状況は、メルボルン事件当時から現在に至るまで改善はされていない。

(A)通訳人の能力の問題

通訳人の能力が不十分である結果、次のような問題が生じた。

- 4 -

(1) 権利告知が不十分となり、その結果、被疑者らは自分たちの権利を十分に認識できず適切有効に被疑者・被告人の権利を行使できない状況になる。

実際、メルボルン事件においては、捜査段階において警察官が日本人被疑者に対して行った警告（Warning）の通訳が不正確であり、そのため、日本人被疑者は弁護人選任権や黙秘権等の被疑者として有する権利を認識していなかった。

(2) 通訳人の能力が不十分であると、必然、被疑者・被告人と弁護人とのコミュニケーションが不足し、彼らはオーストラリアの法制度を理解することもないまま法廷に臨むことになる。また十分な訴訟準備も期待できない。

実際、メルボルン事件では、このような状況が生じた。

これは、明らかに人権規約１４条３項(b),(d)に反する。

(3) 取調べの段階で、通訳人の能力が不備であると、捜査機関に対し被疑者に対する偏見を持たせ、有罪の心証を与える危険がある。のみならず、その捜査段階の供述が公判において公判において証拠として用いられるから、陪審員まで偏見を持つことになる。

例えば、メルボルン事件においては、通訳人の誤訳や主観を交えた不適切な通訳によって、次のような問題が発生した。

i 供述の一貫性を疑わせる結果となってしまったケース

ii 犯罪事実の核心に関わる点で、彼らが犯罪に関わったであろうことを推認させる結果となったケース

iii 言ってもいないことを訳され、言ったことが訳されなかったケース

（Ｂ）通訳の制度の問題

オーストラリアにおける通訳人の制度は不十分である。すなわち、必要な能力と必要な人数の通訳人を確保するための制度が整備されていない。

そのため、オーストラリアの刑事手続には、適切な通訳を受けるという被疑者・被告人の当然の権利が十分に保障されていないという構造的な問題がある。

その結果、メルボルン事件では以下のような問題が生じた。

(1) 資格のない人間に通訳をさせた

- 5 -

メルボルン空港で日本人被疑者が捜査を受けた際に付された通訳は、通訳人としてNAATI (National Accreditation Authority for Translators and Interpreters) 認証されている者ではなく、空港に迎えに来ていたツアー会社の人間であった。

(2) オーストラリアの刑事手続・専門用語に詳しくない通訳人が付された

その結果、正確な訳がなされず、捜査・訴追側と被疑者側の意思疎通が極めて不十分であり、裁判官や陪審員の心証形成が日本人被疑者に不利に働いた。

(3) 法廷通訳人を確保する制度が整備されていない

オーストラリア政府は、裁判のために必要な人数の必要な能力のある通訳人を確保するための制度を整備していない。そのために、メルボルン事件では、日本人被疑者が「やくざ」と関係があるという報道がなされたために何名かの通訳人候補者が偏見によって通訳人を務めることを拒否するという事態が生じた。さらに、通訳人を確保する制度が非常に脆弱であったために、就任を拒否した通訳人の代わりを務めるための有能な通訳人を十分な人数だけ探してくることができないまま、能力不足の通訳人によって本件の裁判が行われた。

(4) 法廷では、被告人５人につき、１人の通訳人しか付されなかった

このため、弁護人と被告人とのコミニュケーションが十分に図れなかった。その結果、形の上では弁護人が付されているが、実質的には弁護人の適切な援助が受けられなかった。これは明らかに不公正な裁判の典型である。

(5) 通訳人のオーバーワークの問題

捜査段階では数少ない通訳人が連日かなりの長時間にわたり通訳を行っており、集中力を要する通訳という仕事を考慮した場合、明らかにオーバーワークである。そのために、誤訳や不適切な訳がかなり見受けられる。

(6) 通訳人のリーガルエイドによる報酬の問題

リーガルエイドの場合、通訳人の報酬はリーガルエイドから直接通訳人に支払われるのではなく（日本の法律扶助制度では、実働時間に応じて直接通訳人に支払われる）、いったん弁護人に支払われた全額の費用の中か

- 6 -

ら弁護人が捻出して通訳人を雇うシステムになっている。

そのため、弁護人が被疑者・被告人との面会のために通訳人を雇う回数が増えるほど弁護人の取り分が減っていく仕組みになっているので、その結果、弁護人の面会の回数が少なくなりがちになってしまうという構造的問題がある。

(7) 通訳人全体のコーディネイトの不足

複数の通訳人が交替で公判の通訳を担当する場合におけるマネジメントの体制が不十分である。

メルボルン事件のカウンティコートでの審理においては、異なる３人の通訳人が開廷日によって交替で通訳を担当したが、通訳人全体をコーディネートすることが行われていなかったため、日によって、同じ単語の訳が通訳人によってまちまちであった。その結果、日本人被疑者・被告人に無用の混乱を与えた。

(8) 通訳人の職業倫理の問題

通訳人制度の不備のために、通訳人の最低限のレベルの職業倫理も十分に確保されていない。

メルボルン事件では、公判において、被告人が、法廷通訳人に対して、公判終了直後に、弁護人との会話を通訳してほしいと依頼したところ、通訳人に拒否され、弁護人との打ち合わせの機会が確保できなかった。

捜査段階の取調べにおいて付された通訳人は、捜査官が述べてもいないにもかかわらず勝手に次々と自分で被疑者に質問をしてしまうという、通訳の基本的倫理違反を多数犯している。

このようなレベルの通訳人しか付されなかったことは、通訳人制度の不備に原因がある。

② 国際人権（自由権）規約１４条３項（a）、９条２項違反

オーストラリア人と日本人の法文化は、少なくとも２つの点において大きな違いがみられる。

第１は、オーストラリア人は、幼い時から個人主義に立ち自分の意見をしっかりもって発言する。これに対して日本人は自分の意見を強く持たず、集団の中に入って謙譲や和を持つことを美徳とするのが特徴である。

第２は日本の刑事手続とオーストラリアの刑事手続の違いである。当事者主義手続と武器対等の原則が徹底しているオーストラリアでは、自己の不利益な

- 7 -

証拠をあえて提出することはない。これに対して日本人の場合には、警察や裁判所が真実を発見してくれると安易に信じ、自分が主張しなくとも無実は自ずから明らかになると考える傾向がある。

このような異なる法文化を持つ外国人被疑者（例えば日本人被疑者）に対しては、特に、捜査においても公判においても、自分が犯罪の嫌疑を受けていることや被疑者・被告人の権利の告知が明確になされなければならない。

また、取調べの際には、被疑者が理解できる言語で明確に被疑事実が知らされてなければならない。そして、自分が、事案解明のための参考人ではなくてあくまでも被疑者として捜査の対象となっていることを、明確に彼らの理解する言語で知らされなければならない。

ところが、メルボルン事件においては、被疑者は逮捕事実、被疑事実、及び、自分が被疑者であることを明確に知らされないまま、取調べを受けた。そればかりか、かえって、被疑者らは、自己に罪がないと信じて捜査に協力したのである。

このように、オーストラリアでは、法文化の違いを意識、配慮した刑事手続の運用はなされていない。オーストラリア政府は早急にそのような制度及び運用を改善すべきである。

Ⅳ　総括

以上のように、オーストラリアでは、英語の理解できない被疑者・被告人が刑事手続において十分な防御ができない状況がある。

このような状況は明らかに国際人権（自由権）規約１４条、９条に違反しているのであり、直ちに改善すべきと考える。

- 8 -

資料3 マスコミによる報道

1.「朝日新聞」1998（平成10）年9月27日付

朝日新聞　新聞定価 月ぎめ 3,925円（本体価格…）　1998年（平成10年）9月27日　日曜日　…郵便物認可

国連規約委に無実「直訴」

「麻薬密輸」懲役15年 豪の日本人4人

人権侵害を受けた個人が直接、国連の自由権規約（人権）委員会に訴えることができる国際条約に基づき、オーストラリアの刑務所で無実を訴えながら服役中の日本人四人が再審などを求める内容の「個人通報書」を、日本人として初めて送った。大阪の弁護士らが中心になって、四人を支援。同条約は九十カ国以上が批准し、多くの成果を上げているが、日本は批准していない。「なんとか四人の救済の道を開きたい」とする弁護士らは、同時に今回の個人通報を、政府に批准を促す一つの契機にしたいと考えている。

今回の通報者の一人である日本人女性が服役中の女子刑務所／写真提供・田中俊弁護士＝98年6月18日、オーストラリア・ビクトリア州で

人権条約で個人通報

個人通報書は二十三日付で送られた。通報者は、豪ビクトリア州の刑務所に服役している四十二歳から六十六歳までの、男性三人と女性一人。書面や弁護士らによると、事件のあらましはこうだ。

〈一九九二年六月十七日、七人の日本人観光客がメルボルン空港で入国しようとして、そのうち四人のスーツケースから約十三キロ（末端価格約二十三億円）のヘロインが発見され、麻薬密輸の疑いで現行犯逮捕された。

しかし、四人は逮捕の二日前、経由したマレーシア・クアラルンプールで、車に積んでいたスーツケースを盗まれていたという。翌日、現地のガイドから「スーツケースを発見したが、ずたずたに切り裂かれている」として新しいスーツケースをそれぞれ渡された。

それを持って入国しようとしたところ、二重底になっていた各自のスーツケースからヘロインが発見され、逮捕されたという。

四人は九七年六月に最高裁への上告が棄却され、懲役十五年の刑が確定した。

しかし、一貫して無実を訴えている〉

四人はまったく英語ができず、取り調べなどで不利益があったという。現地では、日本語のできるアメリカ人牧師を中心に在豪の日本人ら約三十人が支援活動を続けている。

日本では、約四十人の弁護士らが弁護団（団長・山下潔弁護士）を結成した。このうち山下弁護士、田中俊弁護士、堀田牧太郎・立命館大教授（国際人権法）の三人がことし六月現地を訪れ、四人に面談するなどの調査をした。

通報書では、四人は尋問や裁判、弁護人との打ち合わせで、適切な通訳が付けられなかった▽分離裁判を要求したが併合裁判となったため、各人が自己の弁護を十分にできなかった▽陪審員の候補者リストが弁護側には提示されなかった、などを問題にしている。

やはり日本で支援活動をしているキリスト教関係者の菅野和恵さん(62)＝東京都武蔵村山市＝は「四人は無実だと訴え続けている。刑の軽減ではなく、冤罪を晴らし、晴れて日本に帰りたい、と言っている人もいる。今回の通報で、その道がつくれれば」と話す。

「日本も早く批准を」

支援の弁護士・教授ら

個人通報制度は、国連で採択された「市民的及び政治的権利に関する国際規約（自由権規約）」の第一選択議定書に定められている。人権を侵害されたとする人が、訴訟や行政への申し立てなど、国内のあらゆる手段を尽くしても救済されない場合、同規約に基づき十八人の委員で構成される自由権規約委員会に書面で訴える制度だ。市民個人が国際社会に直訴でき、画期的な制度と言われている。

同委は、通報された当事国、通報者の意見を聞きながら審査を進め、見解をまとめてその国に送付する。見解に法的拘束力はないが、国際監視のもとにさらされることになり、強い影響力を持ち得る。通報の当事国は、条約に批准している国に限られる。

しかし日本は批准しておらず、日本国内のケースには適用できない。これまで日本人がこの制度を利用した例はなかった。今回は、通報者は日本人だが、当事国が条約を批准しているオーストラリアで、個人通報が可能になった。

個人通報制度については、日本弁護士連合会やアムネスティ・インターナショナル日本支部などが、日本政府に批准を求める活動をしている。今年五月現在の批准国は九十三カ国。九七年七月までに七百六十五件の通報が寄せられ、百九十九件で規約違反の見解が出された。これを受けて国内法を改正した国も多い。

政府「司法権の独立侵すおそれ」

自由権規約委員会は日本に対し批准を勧告しているが、日本政府は「司法権の独立を侵すおそれがないかとの点を含め検討中」と同委に報告している。この点について日弁連は、「見解に強制力はなく、日本の裁判所が拘束されるものではない」と反論している。

立命館大の堀田教授は「今回の通報には、政府にできるだけ早い批准を働きかける意味もある」と話している。

資料３
マスコミによる報道

2.「毎日新聞」1999（平成11）年10月30日付

ヘロイン密輸事件 豪で服役

スーツケース盗難▼ガイドが新品用意▼二重底から計13キロ

日本人4人 無実の叫び

1992年6月、旅行先のオーストラリアでヘロイン密輸容疑で逮捕され、同国内の裁判で懲役15年の刑が確定し服役中の日本人4人が「身に覚えがない」と無実を訴え続けている。地元の牧師の活動をきっかけに支援の輪が広がり、大阪や東京などの弁護士52人が弁護団を結成。弁護団は今年8月、ヘロインが発見されたスーツケースを4人に渡したマレーシア人ガイドから「4人はヘロインのことは知らなかったと思う」との重要証言を聞き出した。弁護団はオーストラリア政府に4人の無罪釈放を求めており、今後広く救援活動を展開する。

大阪など 弁護士52人が救援活動

服役しているのは、関東地方出身の40～60代の男性3人と40代の女性1人で、兄弟や知人同士。弁護団によると、別の3人を加えた7人でオーストラリア旅行を計画し、92年6月15日に成田空港を出発。同日、中継地のマレーシア・クアラルンプールで食事中に、4人ともスーツケースを盗まれた。

4人はガイドが用意した新しいスーツケースを持って同17日、メルボルン空港に到着したが、4個のスーツケースの二重底から計約13キロのヘロインが見つかり、ツアーを主催した男性とともに逮捕された。

オーストラリアは日本と同じ3審制度だが、実質審理は1審だけ。94年3月に公判が始まったが、弁護人の依頼が直前になったため準備不足のまま1審が始まった。4人は裁判で「全く身に覚えがない」と無実を訴えたが、英語が分からず、調書も誤訳が多かったため十分な主張ができないまま同年6月、1審判決で全員が有罪になり、その後、控訴審、最高裁でも訴えが退けられた。

このことを地元の報道で知った牧師が日本の知人を通じて弁護士らに働き掛け、昨年6月、弁護士らが現地を訪問。服役中の4人と面会した結果、「十分な防御活動ができず起きたえん罪事件」と判断。昨年9月、国連の規約人権委員会に人権救済を求めた。

現在、米国人少女2人がタイでえん罪のヘロイン所持で逮捕され、苦闘する映画「ブロークダウン・パレス」が評判を呼んでいるが、弁護団事務局長の田中俊弁護士（大阪弁護士会）は「まさに映画通りのえん罪。マレーシア人ガイドは事件の背景に地元のギャングが関与していることもにおわせた。楽しいはずの海外旅行が一転し、無実の罪で獄中に7年もいるのです。一般の人にも支援活動に参加してもらいたい」と話す。弁護団は、本人たちが書いた無実の訴えの手記などを英訳し、国連に郵送する準備も進めている。問い合わせは同事務局（06・6456・0100）へ。

【玉木 達也】

3.「朝日新聞」2000（平成12）年２月16日付

日　新　聞　新聞定価 月ぎめ 3,925円(本体価格 3,738円、消費税 187円)、1部売り(税込み)朝刊 110円、夕刊 50円　第3種郵便物認可

「麻薬密輸」豪で服役７年

日本人の釈放要請へ

「心身不調、配慮を」　在豪領事館

【メルボルン15日＝鈴木まゆみ】五人の日本人が無実を訴えながら麻薬密輸の罪でオーストラリアの刑務所に長期間服役している問題で、在メルボルン日本総領事館は、一部の服役者についてオーストラリア政府側に早期釈放を求める申し入れをする方針を固めた。「健康、精神面の状態が悪く、人道的な配慮が必要」と判断したためで、服役者本人の申し出があり、地元支援者らとの協議が整えば、上野景文総領事がビクトリア州政府を訪れ文書を提出したい、としている。外務省邦人保護課によれば、海外で拘束され、刑が確定した日本人に関し、当事国に対して釈放を要請するのは初めてという。

この事件は一九九二年六月、豪・メルボルン空港に観光旅行で入国した日本人グループ七人のうち、女性一人を含む四人のかばんから約十三キロのヘロインが見つかり、四人とツアーリーダーの計五人が麻薬密輸の疑いで逮捕されたもの。

しかし彼らの訴えによると、ヘロインが見つかったのは、経由したマレーシア・クアラルンプールで現地ガイドに「旅行かばんを[illegible]せた車が盗まれた」と言われ、代わりに渡されたスーツケース。二重構造のふたの内側から白い粉が発見されたが、「麻薬の存在は全く知らなかった。だまされただけ」と主張している。

五人の裁判は九四年に始まり、懲役十五－二十五年の有罪判決を受けた。それぞれ控訴、上告したがいずれの訴えも退けられ、刑が確定した。服役期間は約七年になる。

日本政府はこれまで「司法権の介入になる」として、オーストラリア政府への働きかけはしてこなかった。本人たちは「あくまで無実を晴らしたい」として、出所を[illegible]している。

上野総領事は「現段階で長い期間刑を[illegible]、健康上の支障をきたしている。とくに女性については、このまま刑務所生活を続ければ心理的なダメージはさらに大きくなると判断した。有罪か無罪かということとは関係なく、早く刑務所から出してほしいと申し入れたい」と話している。

女性が服役している刑務所の駐車場で打ち合わせる日本の弁護士たち＝オーストラリアのメルボルンで、鈴木写す

「無実なのに」。裁判は作り話と退けた

発作の中祈る女性

無実を訴えながら、オーストラリアの刑務所に服役している日本人五人の調査のため、大阪の弁護士たちが現地を訪れた。その一行に同行し、服役者のうち、ただ一人の女性にメルボルンの刑務所で面会した。

関東出身の四十歳代の女性にとって、とても楽しみにしていた初めての海外旅行だったという。ところが、スーツケースからヘロインが発見された。「麻薬が入っているなんてまったく知らなかった」

英語がわからず、警察に調べられているときも、自分が疑われているとは思わなかった。事態の深刻さに気づいたのは、拘置所に入れられ、公判が始まる、と聞いたときだった。

不安と孤独でパニックになり、裁判開始の二カ月ほど前から発作が始まった。急に脈が速くなり、息ができなくなって体がけいれんする。裁判中に呼吸困難と硬直を起こしたこともあった。

逮捕された日本人は一貫して無実を主張したが、裁判では「マレーシアの話は作り話である」として退けられた。

九八年、この事件を知った大阪の弁護士たちが中心となって弁護団（山下潔団長）を結成する。早めに刑が確定した四人について、再審などを求めて国連の自由権規約委員会に「個人通報」した。弁護団は、無実とする理由を次のように説明する。

日本、マレーシア、オーストラリアという行動に関する供述に不自然な点がなく、観光目的と認められる。供述は七年経過した今も一貫している。捜査、裁判の際、通訳に不備があり、弁護士とも十分な協議ができていなかった。被告として裁判で一回も証言がなされておらず、無実を晴らす機会もなかった――。

今も裁判がフラッシュバックのように浮かぶ。自分の主張を信じてもらえなかったこと、通訳がきちんと訳してくれない悔しさ、裁判の行き帰りに裸にされて調べられたこと。

去年四月、発作に襲われ、刑務所の自分の部屋でバケツに湯を入れ、その中で手首を切った。二度、三度と切ったが血が出なかった。そのとき「私にはまだすることがあるのかもしれない」と思ったという。

九三年五月から、キリスト教の祈りを始めた。不安や体の不調に苦しみながらも、物事に対しての考え方が変わってきたという。

「私は無実なのに、どうしてこんな風に扱われなくてはいけないのか」と思っていたが、「神様から見たらすべての人間は罪人。ここにいる意味、ここでしか学べないことをさがそう」と思うようになった。

〈私は私を強くしてくれる方によって、どんな事でもできるのです〉＝フィリピ人への手紙四章十三節＝聖書の好きな一節の一つだ。

刑務所内の仕事の合間に人形＝写真＝を作っている。女の子や道化師、クマ。教会などを通じて売られ、売り上げは病気の子どもや老人ホームに寄付される。

「私は支援者やボランティアの人たちなど大勢の人に祈ってもらっている。それにこたえるために、私のできることをしたい」

なによりも母のことを思うという。去年、刑務所の職員から猫の子供を一匹もらった。茶や黒や白の混じった色をしていて、とてもかわいい。母の名をつけた。毎晩一緒に過ごしている。

女性はこう話した。

「毎日、日本の夢を見ます。でも、それは七年前の日本。オーストラリアに来て、日本の私の時間は止まったままなんです。日本に帰って母の顔が見たい」

認定は誤認であり、弁護団の事実ではない。当社の立場は今後、審判で主張する」と話している。

4.「朝日新聞」2000（平成12）年４月８日付

朝日新聞
2000年(平成12年)4月8日　土曜日　13版▲　第2兵庫　東兵　30

素顔の司法

冤罪防止へ問われる通訳

神戸学院大　渡辺　修教授

外国人被告に適切な通訳を保障しなければ「冤罪」が生まれる。これは国際社会が共有すべき教訓だ。それを実感するエピソードが二つある。

しばらく前に関西のある裁判所で外国人被告の傷害致死事件を傍聴した。被害者は被告の妻。法廷には通訳人がいたが、被告の弁解内容が理解できなかった。こんな内容だ。

被告が外出先から自宅マンション一階に帰ってくると、犯人が声をかけてきた。「アパートの前に弟が立っていた」。「弟」が「○○兄さんと、姉さんと、一緒にカラオケに行きませんか。車をとってきます。ここで待っていて下さい」と言う。だが、なかなか戻って来ないので部屋に行くと妻が死んでいた。犯人を捕まえようと思い、「弟を捜すため西成や名古屋などに行った」。だから、警察への出頭が遅れた。

これでは、被告と「弟」「兄」「姉」「被告の妻」の人間関係がわからない。弁護人が「○○兄さん」とはだれかと質問した。「お姉さんのだんなさんのことだ」という。では「お姉さん」とはだれか。被告は、通訳人を介して「私のお姉さんのこと」と言ったり、「いや、家内のことを言います」と言ったりする。「弟」とはだれか。「日本に来てから兄弟になった。私の妻とは知り合いではない。被害者の妻とは知り合いだ。私の家に来てごはんを食べて、知り合いになった」と言う。

血縁関係など調べればすぐに分かる。その説明をごまかす被告の態度に不審感を抱き、犯行への関与を否認する被告の主張も信用できないと思った。弁護人もいい加減な説明をする被告にいらだちを隠さなかった。だが、傍聴を重ねると不十分な通訳の介在に気づいた。

被告の祖国では年上や目上の男性、女性を「にいさん」「ねえさん」と敬意を込めて呼び、年下や目下の男女を「弟」「妹」と呼ぶ文化がある。そのために血族の「兄弟姉妹」と異なる独特の呼称[illegible]るという。被告もその表現を使って説明したのだ。彼の弁解は「目下にあたる妻の知り合いの男性が、『にいさん（被告）、ねえさん（被害者である被告の妻）と一緒にカラオケにでも行きましょう』と誘う振りをして逃亡した」という明快なものだった。

だが、通訳人は被告の説明の文化的背景を抜きにして、機械的に「兄、姉」と日本語に通訳した。このため、被告の弁解の理解に数開廷かかり、しかも被告に対する不審感は最後まで色濃く残ることになった。

メルボルン事件の日本人の被疑者取り調べでも同じ場面があった。この事件は、一九九二年に日本人七名のツアーがオーストラリアのメルボルンに到着した際、うち四人のスーツケースが二重底になっていて中からヘロインが発見された。ツアー参加者五名が薬物密輸の罪で有罪とされ、現在オーストラリアの刑務所で服役中だ。

日本人服役者の主張はこうだ。途中で寄ったマレーシアのクアラルンプールでレストランに行って食事中、駐車場の車に置いていた荷物が盗まれた。ツアーリーダーがレストラン側と交渉し、翌日、新品のスーツケースが提供された。それに細工がされていた。一行を招いたマレーシアの現地の人がレストランで一緒だったが、彼が事情を知っているのではないか。

このツアー・グループは知人が仲間を集めてできた。ある人は、リーダーとの縁でツアーに参加し、マレーシアではリーダーの兄と同室した。しかし、名前は「知らない」し、日本で会ったことは全くない。それなのに「お兄さん」と呼んでいた。オーストラリアの捜査官は、グループの成り立ちに不審を抱き、さらに血縁でない人を「兄」と呼ぶ点でも疑問だったのか、日本人の通訳人に、日本ではそんな呼び方をよくするのか質問した。通訳人は「非常に親しい友人同士であれば、そうした呼び方をします。日本では家族内の地位は大変重要な意味を持ちますから」と説明した。

だが、答えも理由も不適切だ。日本では軸となる人間関係を中心にして相手の呼び方を決める。一例だが、私はゼミの学生の保護者と話すとき、「おとうさん、おかあさん」と呼ぶ。この服役者が、ツアー・リーダーの兄と直接の面識がなくても旅の間だけ「お兄さん」と呼ぶのは、[illegible]然ではなかったのだ。

ところが、彼の英語の調書を読むと、通訳人の誤った説明が介在しているため、ツアー仲間との関係をごまかし、いい加減な答えをした印象が残っている。そして、そんな応答が将来、陪審裁判で本人の有罪、無罪を決める証拠になるかもしれないことに本人は気づいていない。

日本とオーストラリアの刑事手続きに登場した通訳人は、「職業倫理」に反する通訳をした。法律家が外国の国情や文化に関して質問しても、通訳人は「言語」のプロであって文化論のプロではない以上、専門外の情報を提供してはならない。その一方で、通訳は言語の背景にある文化を理解して行わなければならない。文化の違いのため、同じ意味の日本語がないのであれば、その点の補充説明をすべきだ。誤解を招く機械的な通訳は避けねばならないし、それだけの語学力がないのに法廷に立ってはならない。

適正通訳の実現には、「言語のプロ」意識に徹する通訳人を育てる研修が不可欠だ。同じく必要なのは、法律家が通訳人の役割と倫理を学ぶ研修である。ふたつの研修制度が実現すれば、日本の国民も司法通訳の意義と危険さを認識するようになる。日本の裁判で外国人を「冤罪」の犠牲者にせず、外国の裁判で日本人が「冤罪」に巻き込まれないためにも、こうした「司法改革」が急がれる。

筆者略歴　神戸学院大教授（刑事訴訟法）。司法試験考査委員。1953年生まれ。著書は「刑事手続の最前線」（編著、三省堂）「刑事裁判と防御」（日本評論社）など。

あとがき

国際自由権規約第一選択議定書に基づく日本人で初めての個人通報は却下されたが、われわれメルボルン事件弁護団は、この事件への取り組みを通じて様々な知見を吸収し、幅広い経験を積むことが出来たと自負している。海外において日本人が巻き込まれたトラブル、特に刑事事件に巻き込まれた日本人を救済するためのノウ・ハウはその最大の成果である。

例えば、メルボルン事件と同じく、オーストラリアのシドニーにおいて覚せい剤所持で逮捕・起訴された日本人の事件では、公判前から現地の弁護人と協働し、シドニーのディストリクト・コートにて12人の陪審員の評決による無罪を勝ち取ることができた。

アルゼンチンのブエノス・アイレスでは、公文書偽造に関わったとして逮捕・起訴された日本人の事件において、現地の弁護人とメールで緊密な連絡を取り、更には面談による打合せを行った結果、最終的に検察官を無罪求刑に追い込み、無罪判決を獲得することができた。

この間、残念ながら、わが国による第一選択議定書の批准はなかなか進んでいない。

われわれは、今後も海外でのトラブルに巻き込まれた日本人の救済に全力を傾注する所存であるが、同時に、個人通報制度を用いた人権救済が一日も早くわが国でも実施されることを願うものである。

2012年1月

メルボルン事件弁護団

◎執筆分担一覧
山下 潔（やました・きよし）　はじめに、第1部、第2部〔解説〕
田中 俊（たなか・しゅん）　第1部、第2部〔解説〕
中西 啓（なかにし・けい）　第2部〔解説〕
近藤厚志（こんどう・あつし）　第2部〔解説〕
正木幸博（まさき・ゆきひろ）　第2部〔解説〕、第3部

◎編集協力
藤田有紀（ふじた・ゆき）

メルボルン事件（じけん） 個人通報（こじんつうほう）の記録（きろく）
国際自由権規約第一選択議定書に基づく申立

2012年3月10日　第1版第1刷

編　者◎メルボルン事件弁護団
発行人◎成澤壽信
発行所◎株式会社 現代人文社
〒160-0004 東京都新宿区四谷2-10 八ッ橋ビル7階
振　替 00130-3-52366
電　話 03-5379-0307(代表)
F A X 03-5379-5388
E-Mail henshu@genjin.jp(代表)／hanbai@genjin.jp(販売)
W e b http://www.genjin.jp
発売所◎株式会社 大学図書
印刷所◎株式会社 ミツワ
装　丁◎株式会社ファイブセンス グラフィックス(津田 直)
目次・扉デザイン◎Malpu Design(佐野佳子)
CDレーベルデザイン◎Malpu Design(星野槙子)

検印省略　PRINTED IN JAPAN
ISBN978-4-87798-501-1 C3032